中国海洋大学教材建设基金资助

防波堤工程结构设计

董　胜　李　雪　纪巧玲　编著

中国海洋大学出版社

·青岛·

图书在版编目(CIP)数据

防波堤工程结构设计 / 董胜，李雪，纪巧玲编著
. —青岛：中国海洋大学出版社，2019.11(2024.9 重印)
ISBN 978-7-5670-1493-0

Ⅰ.①防…　Ⅱ.①董…　②李…　③纪…　Ⅲ.①防波堤
—工程结构—结构设计　Ⅳ.①U656.2

中国版本图书馆 CIP 数据核字(2019)第 297227 号

出版发行	中国海洋大学出版社			
社　　址	青岛市香港东路 23 号		**邮政编码**	266071
出 版 人	杨立敏			
网　　址	http://pub.ouc.edu.cn			
电子信箱	coupljz@126.com			
订购电话	0532—82032573(传真)			
责任编辑	李建筑		**电　　话**	0532—85902505
印　　制	青岛国彩印刷股份有限公司			
版　　次	2019 年 12 月第 1 版			
印　　次	2024 年 9 月第 2 次印刷			
成品尺寸	170 mm×240 mm			
印　　张	20.25			
字　　数	348 千			
印　　数	1001～2000			
定　　价	58.00 元			

发现印装质量问题,请致电 0532—58700166,由印刷厂负责调换。

前　言

　　随着我国海岸带经济的腾飞,特别是改革开放以来,沿岸港口建设取得了跨越式发展。作为港口水域的防护结构,许多防波堤被相继设计和建造。本书旨在介绍防波堤工程结构设计原理与计算方法,使读者对防波堤有一个比较全面的了解,有助于读者从事防波堤的研究、规划、设计和建造工作。

　　本书在进行理论分析的同时,注重基本概念的介绍。第1章给出防波堤的定义和分类,防波堤的轴线布置,以及防波堤结构的发展。第2章介绍防波堤的设计条件和内容,着重介绍防波堤的设计流程。第3章介绍防波堤设计相关的专题研究成果,包括设计水位和设计波浪、防波堤遭受的波浪力、波浪爬高和越浪、堤前冲刷、护面块体和基床块体的稳定、堤身沉降和基础稳定以及港池泊稳计算等。第4章介绍防波堤工程的数值模拟。第5章给出典型斜坡堤的设计案例。第6章给出典型直立堤的设计案例。

　　本书第1~3章由董胜执笔,第4章由纪巧玲执笔,第5、6章由李雪执笔。全书由董胜统稿、定稿。

　　在成书过程中,研究生廖振焜、焦春硕、王保森、范顺涛、王艺之、吕鹏、刘超、刘传林、赵冠华、于龙基、赵玉良、崔俊男、王宇瀚、杨梓豪和程俊谕协助完成了部分初稿的录入和插图的绘制工作,在此表示感谢。在成书过程中,作者参阅了其他学者的论著,已列入书后的参考文献,在此对这些作者一并表示感谢。同时,也要感谢中国海洋大学教务处等有关部门对本书编撰工作的大力支持,还要感谢国家自然科学基金委员会-山东省人民政府联合基金项目(U1706226)、山东省本科高校教学改革研究项目(2015Z022)、山东省省级联合培养基地建设项目(SDYJ16002)和中国海洋大学重点教材建设基金项目(2019ZDJC12)对本书出版的资助。

　　本书可作为港口航道与海岸工程专业本科生课程设计和毕业设计的指

导用书,亦可作为海洋、水利、环境等学科专业的研究生、科研及工程技术人员的参考书。

　　港口航道与海岸工程是一门海洋、水利、土木等知识交叉的学科,由于作者从事该领域研究的时间短,水平有限,书中难免存在不足之处,敬请专家和读者批评指正。

作者

2019 年 10 月

目 录

1 防波堤概述

1.1 定义和分类

1.1.1 定义

防波堤是防御波浪、泥沙、冰凌入侵港区水域而修建的水工建筑物,是港口的重要组成部分。防波堤的平面布置要根据风、浪、流、泥沙、地质、地貌等自然条件,船舶航行、泊稳和码头装卸等营运要求及工程投资等,通过技术经济论证加以确定,必要时进行物理模型实验验证,保证港内水域平稳,面积满足船舶使用要求。图 1.1.1 为青岛奥帆基地平面布置图,其左下部海域中的水工建筑物是奥帆基地的主防波堤。

图 1.1.1 青岛奥帆基地平面布置图

1.1.2 分类

1. 按结构分类

防波堤按结构可以分为重型和轻型两类。重型防波堤是常用的结构型式，包括斜坡堤、直立堤和混合堤，轻型防波堤则是考虑波能集中于水体表层的特点，结合工程的客观需要而提出来的，有透空堤、浮堤、喷气堤、射水堤等。

斜坡堤的结构断面[图 1.1.2(a)]为梯形，通常采用天然石料或袋装沙等筑成堤芯，用分层分级块石进行护坡，最外面常用自身稳定性强、消波效果好的大块石、异形块体护面。直立堤的内、外两侧均为直立或接近直立的墙面[图 1.1.2(b)]，有时堤内侧可以兼作码头使用。直立堤主要有重力式和桩式两种类型，重力式直立堤一般下设抛石基床，墙身常采用钢筋混凝土沉箱或混凝土方块，上部多采用现浇混凝土平台和挡浪墙。混合堤的上部为混凝土直墙，下部为斜坡式抛石突基床，亦称"高基床直立堤"，其与直立堤的区分不存在明显界限。水平混合堤[图 1.1.2(c)]则在水平方向将斜坡与直立结构组合在一起，通常斜坡为临海结构。

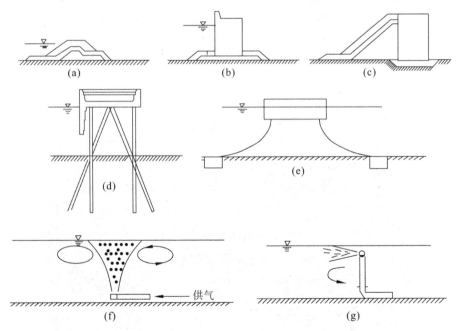

(a)斜坡堤；(b)直立堤；(c)混合堤；(d)透空堤；(e)浮堤；(f)喷气堤；(g)射水堤

图 1.1.2　防波堤的结构类型

透空堤是堤身支撑在桩或柱上,下部透水的防波堤[图 1.1.2(d)],在水深大、波浪不大,又无防沙要求的条件下尤为适用。浮堤[图 1.1.2(e)]是由浮体和锚链系统组成的防波堤。利用浮体反射、吸收、转换和消减波能的方式以减小堤后波高。浮堤不受水深和地质条件的限制,应用范围较广。喷气堤[图 1.1.2(f)]是利用敷设在水中的带孔管道释放压缩空气,形成空气帘幕来达到降低堤后波高的目的。射水堤[图 1.1.2(g)]是利用在水面附近的喷嘴喷射水流,形成与入射波逆向的水平表面流,以达到降低堤后波高的目的。

不同类型的防波堤各有特点,设计时应根据工程所处的自然条件、防护要求等进行分析、论证、比较,择优选用。本书主要介绍港口工程中常用的斜坡堤和直立堤的设计原理,并给出相应的案例。

2. 按布置分类

按防波堤与港口陆域的连接形式,分为突堤、岛堤和混合堤。其中突堤根据数量又分为单突堤和双突堤。图 1.1.3 是我国北方代表性港口防波堤的布置型式。

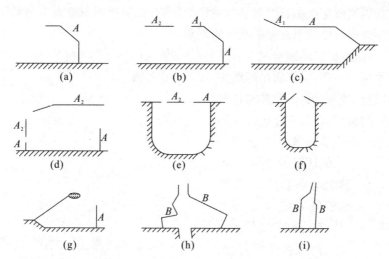

A—防波堤兼码头;A_1—防波堤;A_2—岛式防波堤;B—防沙堤
(a)秦皇岛港(东港区);(b)营口港(鲅鱼圈港区)、秦皇岛港(西港区);(c)青岛港(老港区);
(d)大连港(老港区);(e)大连港(大窑湾港区);(f)青岛港(前湾港区);
(g)连云港港;(h)京唐港;(i)黄骅港

图 1.1.3 防波堤的平面布置类型

1.2　防波堤的布置

布置防波堤时,需要综合考虑各种因素,包括波浪、水流、风、泥沙运动以及沿岸地形地质等自然条件,船舶泊稳、码头装卸等使用要求,还有建筑施工、造价等工程指标。防波堤工程投资在某些海港工程中所占比重较大。防波堤布置得合理与否,直接影响港口营运、船舶安全、基建投资及维护费用的大小。因此,合理布置防波堤对于港口建设具有重要意义。

1.2.1　布置原则

(1)布置防波堤轴线时,要与码头线布置相配合,码头前水域应满足允许作业波高值。

长周期波对船舶装卸作业及安全停靠危害极大,对存在长周期波的地点,应研究防波堤所围成的水域、港池的自振周期,防止与长周期波产生共振;还应防止长周期波穿透抛石堤对港内泊稳的影响,如毛里塔尼亚友谊港曾出现长周期波穿透块石堤而引起船舶断缆的现象。

(2)防波堤所环抱水域应有足够的水深和面积,应能满足船舶在港内航行、掉头、停泊所需的各部分水域的面积,以及为建设港区而填海造陆与布置码头岸线所需的面积。有横流的情况下,船舶进入口门后横流减少,船舶偏航,见图1.2.1。从船舶航行安全方面考虑,进入口门应有足够的航行水域供对准泊位航行,或惯性航行,或供意外操纵等因素下的正常行驶,临近口门内水域面积轮廓宜容纳

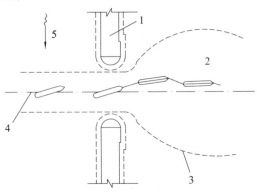

1—防波堤堤头;2—港内水域;3—航道底边线;
4—航道轴线;5—海流

图 1.2.1　船舶入港前后航迹

一直径为 3 倍船长的圆,见图 1.2.2。充足的水域有利于船舶在港内作业,但水域面积也不是越大越好,尤其在淤泥质海岸建港时,需注意大风在港内自生波浪对泊稳条件的影响,其淤积形态是泥沙以悬移状态进港,由于港内水流流速减小,悬沙落淤。因此,水域面积越大,纳潮量越大,淤积总量亦越大。从这一角度考虑,应缩小无用水域面积,以减少纳潮量和进港泥沙。

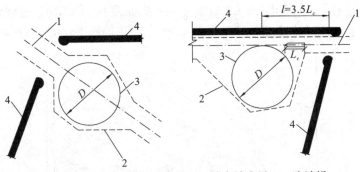

1—口门轴线;2—航道边界;3—回转水域边界;4—防波堤

图 1.2.2　防波堤口门附近水域

（3）防波堤所围成的水域要留有发展余地,兼顾港口未来发展和港口极限尺度的船型。如我国八所港最初的设计船型为 5 000 t,很快船型增至16 000 t,便显出防波堤布置不当,水域狭小,无发展余地,经常发生撞船事故。后采取拆除西防波堤的措施,重新调整港区,见图 1.2.3。

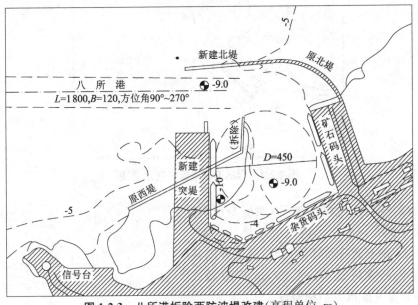

图 1.2.3　八所港拆除西防波堤改建(高程单位:m)

（4）防波堤的布置要充分利用地形地质条件,避免在水深过大的位置布置防波堤,可将防波堤布置在可利用的暗礁、浅滩、沙洲及其他水深相对较浅的位置,以减少防波堤投资。在泥沙运动不十分活跃的海岸,把防波堤布置在近岸浅水区,人工疏浚航道港池,并将挖泥吹填至陆域,在很多情况下是可选择的方案之一。青岛港老港区的大港(图 1.2.4)原为一浅滩,水深0~4 m,防波堤就修建在这样的水深上,航道和部分港池挖至水深为 10 m,挖出的沙土吹填至港区陆域。

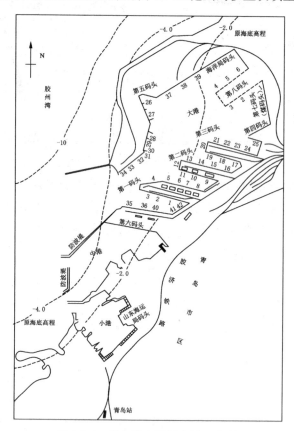

图 1.2.4 青岛港老港区布置示意图

(5)从口门进港的波浪,遇堤身反射,反复干扰亦是恶化港内泊稳条件的因素。图 1.2.5 的布置导致连续反射,造成外港营运困难,必须将直对强浪向 mn 岸段做成消波护岸才能改善泊稳条件。

(6)对于游艇码头,港内掩护要求主要考虑游艇上人员的舒适性,并兼顾波浪作用下浮码头结构的抗浪能力及系泊游艇与码头之间相互碰撞的危险性。从舒适性来

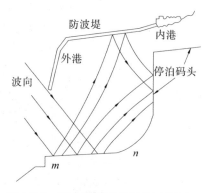

图 1.2.5 港内连续反射现象示意图

看,泊稳允许波高 $H_{4\%}$（2 年一遇）在 0.1～0.3 m 之间,小型游艇取小值;从安全性考虑,泊稳允许波高 $H_{4\%}$（25 年一遇）为 0.3～0.5 m,柔性结构取小值;防波堤的堤顶高程设计应确保即使在异常波况条件下,港内也能获得所需的平稳度,但为确保游艇安全航行对视野的要求和不妨碍小型帆船张帆航行,堤顶高程也不宜过高。对于在系泊游艇上休闲的乘客,从景观的角度,也不希望防波堤过高。因此,防波堤做成宽、矮为宜。考虑到小型帆船不能顶风直线前进,口门方向最好与常风向保持 45°～90°的夹角。

在具体港口防波堤布置中,上述原则有时是矛盾的,应采用多方案比较以求得效果最佳的方案。

1.2.2　轴线布置

（1）防波堤轴线布置应该是扩散式的,使进入口门的波能快速扩散在较长的波峰线上,波高迅速减小,见图 1.2.6,距口门不远的波峰线 c,远大于口门宽度,扩散式布置轴线也有利于在口门附近布置回旋水域。

（2）防波堤轴线应尽可能取直线,便于施工;防波堤轴线的布置应注意避免在港内侧对入射波的反射,有利于进入港内水域波浪的消能。必要时可通过模型试验改善港内的边界条件。试验表明,防波堤转弯处采用圆弧形要比折线形的波高有明显降低,两堤轴线的折角 θ 宜

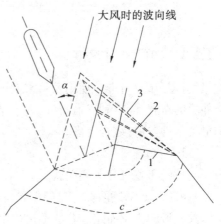

大风时的波向线

1、2、3 表示防波堤 3 个不同位置

图 1.2.6　防波堤口门方向图

在 120°～180°之间,见图 1.2.7。折角处根据结构可能,尽量圆滑或多折线形连接。

（3）防波堤轴线与强波向尽可能避免正交。图 1.2.8 表示单宽波能在防波堤上的波力分布,作用于垂直堤轴线上的波力强度为 $P\sin\gamma$,入射波单宽波力分布在堤长的 $\frac{l}{\sin\gamma}$ 上,与波向斜交时,防波堤所受波力随 $\sin^2\gamma$ 而衰减。太小将形成沿堤水流（顺堤波）,一般 60°～80°比较适宜,这样可以增加直立堤的安全储备。

（4）布置防波堤轴线要注意小范围内地质条件的变化,有时轴线稍加移动,可减少大量的地基处理费用。

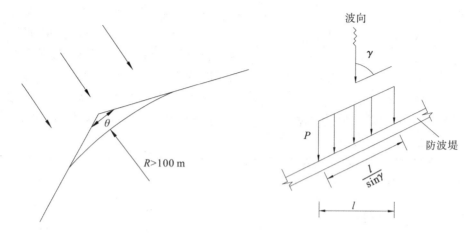

图 1.2.7　防波堤轴线转弯图　　　　图 1.2.8　单宽波能在单宽堤上的波力分布

1.2.3　口门及其尺度

口门布置对港口使用及将来发展影响较大。口门的方向、位置及口门附近外堤的布置，除有利于航行外，尚须结合港口的防浪、防沙以及改善口门附近的水流条件，进行综合考虑。

1. 口门布置

口门布置可分为侧向式［图 1.1.3 中（a）（c）（d）（g）］和正向式［图 1.1.3 中（b）（e）（f）（h）（i）］两类。口门型式应根据港址所在地的地形、水文、泥沙等因素以及航道的方位而定。若船舶进出港方便、海岸泥沙不活跃，条件许可时，尽量采用侧向口门。采用侧向口门可避免强浪直射码头，有利于改善水域的泊稳条件，为码头布置有更多灵活性创造条件，如大连港老港区、山海关船厂等采用了此类型布置。当然不能避开正向口门布置的方式，如秦皇岛西港区及烟台港新港区，由于正向口门的掩护条件相对较差，口门的朝向尽可能避开强浪向，港内岸壁布置避免形成反射面或造成多次反射。以下几点值得特别注意：

（1）口门位置应尽可能位于防波堤突出海中最远、水深最大的地方，并与进港航道协调，方便船舶出入。

（2）口门方向力求避免大于 7 级横风和大于 0.8 kn 的横流，避免强浪对港内水域主要部分的直射，对泊稳要求高的泊位，尽量不布置在面向口门外主浪向的位置。船尾直向风（即从船尾方向吹来）和尾追波浪，使操舵困难，尤其是对空载船影响更大。故船舶进口门时应力求避免大于 7 级的船尾直向风和波高大于 2.5 m 的尾向浪。

进入口门的航向与强浪向的夹角不宜过大,以不超过 30°为宜。在条件困难时,口门布置应专门考虑,一般采取将口门外航道风侧、强浪一侧的防波堤延长,以使即将进入口门的船舶免受横浪作用。

(3)当外堤所围的港内水域较大时,要注意口门处形成过大的流速可能影响船舶航行,一般宜控制在 2.5 kn 以下,以方便进口船舶的操作。

(4)船舶进口门时通常航速为 4～6 kn,故从口门至码头泊位,一般布置大于 4 倍船长的直线航行水域和回旋圆(图 1.2.2),以便于船舶进入口门后控制航向、降低航速、与拖轮配合或完成紧急调头等操作。布置直线航行水域有困难时,亦可布置在半径大于 3 倍船长的曲线上。

(5)口门轴线的确定应考虑船舶航行安全,使从口门进入的波能尽可能小,以保证水域泊稳要求。为了减少口门进入的波能,见图 1.2.6,可将防波堤由位置 1 改为位置 2,则进入的波能约减少 1/2,位置 3 几乎是全掩护,但防波堤的投资相应增加了。

(6)当口门外天然水深较浅,进港航道的开挖相对较深时,航道边坡对入射波的折射作用非常明显。折射作用改变了波浪在口门附近的能量分布,一般是能量向口门两侧集中,而进入口门的波能相对减少,有利于改善港内的泊稳状况。

2. 口门数量

口门数量与航行密度、航行要求、港口性质、环境条件等因素有关,一般为 1～2 个。对进港时间性要求很强的渔港,为减少进出港高峰时间的拥挤现象,在条件允许的情况下,可设置多个口门。在满足泊稳要求的条件下,2 个口门一般比 1 个好。对于大、小船混用的综合性港口,为保证航行安全采用大、小船分流,设置 2 个或 2 个以上的口门是有利的,还可以分别适宜于不同风浪向进出或不同性质船舶(商港、渔港等)分开进出等,增加运行的灵活性,也有利于环保,增强港内水域的自净能力。

烟台港老港区,曾是商、军、渔合用的港口,鱼汛期渔船出入港口频繁,采用了 2 个口门方案(图 1.2.9),当时规定大船走东口门、小船走北口门。早期建成的大连港,也是采用了大、小船分行的口门方案,布置了 3 个口门,

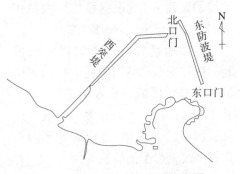

图 1.2.9　烟台老港区的防波堤布置

如图 1.1.3(d)所示。

口门数量的确定除上述因素外,尚需结合当地地形是否具备设置 2 个以上口门的条件,同时要考虑多口门对港内防浪掩护,泥沙以及冰、流对港口水域的影响等因素。

另外,口门数量与泊位数量的关系应由航道线数来体现。也就是说,随着到港船舶数量的增大,在增加泊位数量的同时,为避免船舶在港外等待时间过长,就会对现有航道提出新的要求,如扩建航道等。此时,根据航道线数确定口门数量,如单线航道为单一口门,双线航道为单一口门或 2 个口门,三线航道为 2 个或 3 个口门。具体确定口门数量时,还应考虑港区的掩护效果、泊稳条件等,建议双线航道设 2 个口门,三线航道设 2 个或 2 个以上口门。国内部分港区已建(在建)或已规划的有防波堤掩护港区口门数量与航道线数的关系见表1.2.1。

表 1.2.1　部分有防波堤掩护港区口门数量与航道航线统计表

港区名称	大连大窑湾港区	大连长兴岛港区	日照港区东作业区	营口鲅鱼圈港区	连云港海头港区	连云港埒子口港区
口门数量	2	1	1	1	1	1
航道线数	双线	双线	双线	单线	单线	单线

3. 口门宽度

口门宽度通常大于其有效宽度。口门有效宽度是在通航水深处,沿航道中心线的垂线上的投影宽度 B_0,见图 1.2.10。口门有效宽度底边线至防波堤的距离 d_0 应根据堤的结构型式及其安全要求确定,见图 1.2.11。

船舶通过口门时不宜错船或追越。航行安全与港内泊稳对口门宽度的要求是矛盾的。前者希望宽,后者希望窄。口门的有效宽度一般取设计船长的 1.0～1.5 倍,并应研究预测本港极限尺度船型的船长。

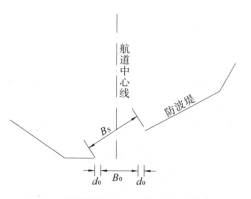

B_s—口门宽度;B_0—口门有效宽度

图 1.2.10　防波堤口门有效宽度

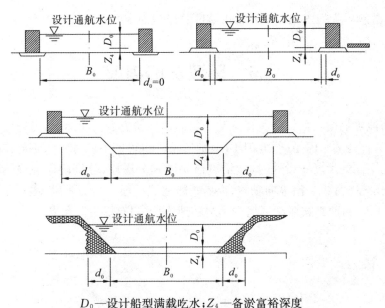

D_0—设计船型满载吃水；Z_4—备淤富裕深度

图 1.2.11　各种堤头结构型式的口门有效宽度

对潮差较大、港内水域面积宽阔，而防波堤结构不透水时，应该验算通过口门的涨落潮流速，此流速一般不宜大于 2.5 kn。

日本规范建议口门的宽度大体与航道的宽度一致，单向航行航道的最小宽度为 0.5L，双向航道的最小宽度为 L，L 是指最大的设计船型长度。对不同船型的标准航道的宽度建议值见表 1.2.2，亦可作为口门的有效宽度的参考值。

表 1.2.2　船型和标准航道建议宽度

船舶吨级 DWT(t)	标准航道宽(m)	船舶吨级 DWT(t)	标准航道宽(m)
<50	约 30	5 000～10 000	约 150
50～500	约 50	10 000～50 000	200～250
500～5 000	约 100	50 000～100 000	约 300

分析国外部分港口的口门宽度与设计船长之间的关系后得出：口门宽度与设计船长的比值介于 1～2 之间的占 60%；介于 2～3 之间的占 30%；最小的比值为 0.7。

对于游艇港的防波堤，建议口门宽度取 10 倍最大游艇的宽度。据统计，口门最小宽度为 20 m。大型游艇基地（超过 100 个游艇泊位）口门宽度约为

90 m,游艇码头的水域部分通常占港区总面积的 80％左右。

1.3　防波堤的构成

　　防波堤的横断面设计是任选某一断面单独研究的。实际上,沿防波堤的纵轴方向,各处的水深不同、波浪不同,地质条件也可能不同,因此,不同位置的堤段具有不同的尺度。设计时,应沿着纵轴向划分堤段,分别确定各段的主要尺度,并作统一考虑。沿纵向轴线,突堤式防波堤一般分为堤头段、堤干段和堤根段(图 1.3.1),而岛式防波堤由于不与陆地连接,只有堤头段和堤干段。

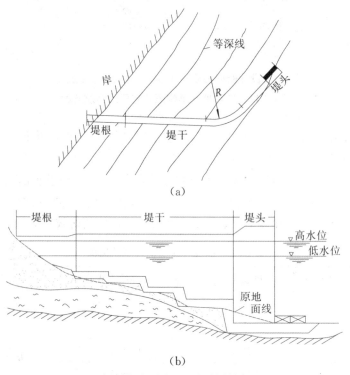

(a)

(a)防波堤平面图;(b)防波堤纵断面图

图 1.3.1　防波堤平面和纵断面图

1. 堤头

　　堤头一般位于水深最大和离岸较远之处,三面环水,受到三面来的波浪袭击,受力复杂,水流冲刷也最强烈。堤头又是堤干的依靠,因此,一般应具有较大的稳定性和强度。从使用要求考虑,如在堤头设置灯标和系靠船只,有时也需要将堤头加宽。结合以上各项要求,堤头宽度有时可达堤身宽度的 1.5~2.0 倍。对于斜坡堤,堤头护面层块石或人工块体的重量必须加大。

根据堆石堤堤头的损坏情况和对堤头稳定性的试验研究,一般认为,堤头内侧坡面如较外侧稍坦,常比正常圆锥形曲面的、内外坡度一致的结构更为稳定。另外,如在堤头段有波浪越顶,常有可能使堤头段的面层块体滚落到港内或港口口门航道之中,在设计斜坡式堤头时,应予注意,设法避免。

直立堤的堤头段长度,一般为堤头宽度的 1.5~2.0 倍,也有时采用与堤干标准段相同的长度。堤头的平面形状(图 1.3.2)常采用半圆形和矩形拼合的形式,也有采用圆形、矩形或其他多边形的,但在转角处总以做成圆弧状为佳,并应向港内加宽,以减弱转角处的强烈波浪和水流对建筑物的影响。由于堤头处波浪较大,为了避免堤头上的设施遭受波浪打击,避免波浪越堤,堤头段的胸墙应比堤干部分稍高,且应环围到临港的内侧面。胸墙顶与堤头顶面可用阶梯连通。堤头附近的波浪底速和流速均较大,为防止冲刷,常在堤头三侧的基肩上放置压肩方块,以资加强;压肩方块上的水深应大于航道所要求的水深,基床的边坡应比堤身段放缓。在堤头段,也多采用暗基床,并加大基床的厚度。堤头的总建筑高度常较与之相邻接的堤干段高。

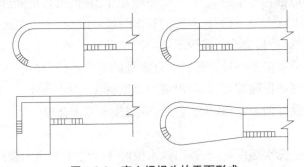

图 1.3.2 直立堤堤头的平面形式

堤干为斜坡式的防波堤,堤头也可改用直立式,其构造如图 1.3.3 所示。在斜坡式堤头,船舶易被波浪抛向坡上,造成事故;且斜坡式堤头的口门有效宽度决定于最低通航水位,在高水位时,口门的实际宽度较大,这对港内水面平稳不利,改用直立式堤头,可以改善港内的泊稳条件。另外,考虑到港口将来的发展和增加航道深度的需要,堤头段也以采用直立式较为有利;采用暗基床并把它做得深些,便于将来口门航道的加深。

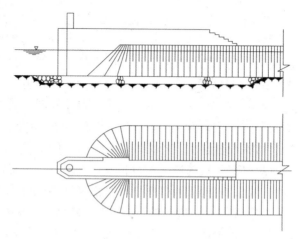

图 1.3.3　斜坡堤的直立式堤头

2. 堤身

堤身段是防波堤中最长的一段,它决定着防波堤的技术经济特征。由于堤身段的总长度大,沿着它的轴线地形不断变化,各处的水深和波浪不同,故在设计中应先根据地形起伏、地质土层的突然变化和堤身段中的某些特殊控制点,如它与堤头和堤根相连接的端点、弧形段的起止点等,结合沉降缝的要求,将堤身段划分为若干标准段,每一标准段的长度一般可取为 20～30 m。为了便于设计和施工,各段以等长为宜。但为了适应当地的地形和地质条件,节约投资,标准段的长度也可以多于一种。然后配合堤身的断面设计,修正长段的基床厚度和水下部分的底部标高等,从而得出堤的纵断面图(图 1.3.1b)。总的设计原则是满足稳定和强度的要求,减少工程量,达到技术经济合理。

3. 堤根

堤根段位于浅水区内,一般系以高水位时水深等于波浪的破碎水深处为其外界,也有以设计低水位时水深等于 1.5 倍设计波高处为其外界的。破碎波带来的泥沙常使堤根附近发生淤积,故堤根段可以不加强,但若堤根部水深较大,且有可能出现波能集中情况时,则宜在堤根部和比邻的海岸地带,采取加强措施。在浅水区里施工,难以使用浮式起重机,故不能采用重型方块和一般吃水的沉箱。因此,堤根段常采用斜坡式堆石结构,也可采用砌石护面层或堆放混凝土异形块体等构造形式;或利用陆上工具,砌筑较小的混凝土方块或混凝土袋;或者用两排钢筋混凝土板桩,其中填以素混凝土,外加抛石保护;也有用小型钢筋混凝土沉箱,箱内填以素混凝土,外用抛石保护的。

1.4 防波堤工程进展

防波堤起着保护港口正常使用和维护港内设施安全的作用。防波堤的结构型式中,传统的斜坡式和直立式(包含混合式)仍然是国内外应用最为普遍的,虽然人们根据实际情况,提出了浮式、透空式等新型结构,但大多处于研究阶段,用于实际工程的较少。

改革开放以来,随着我国经济的快速发展,港口建设迎来历史上的黄金发展期,特别是 20 世纪 90 年代以来,我国港口与防波堤工程建设取得了快速发展。对波浪、泥沙的研究,补充和修订了原有的设计规范内容。安全系数设计方法转向分项系数为主的可靠度设计方法。新材料、新工艺的研发,促进了防波堤设计与施工技术的飞跃发展。

除了传统的结构型式,为了满足适用于软土地基,或者可以进行海水交换、维护港内生态环境,或者兼有观光休闲功能,或者兼顾波能利用等功能的要求,人们提出了新的防波堤型式。下面举例加以介绍。

1. 半圆形防波堤

天津新港北大堤(图 1.4.1)和天津新港南疆五期围垦工程东堤(图 1.4.2)为半圆形防波堤,半圆形防波堤是一种新型防护性建筑物,其堤身由钢筋混凝土半圆形拱圈和底板构成,坐落在抛石基床上。半圆形防波堤的特点为:①结构合理,受波浪作用力小;②构件轻型,堤身断面经济;③波浪力指向圆心,其地基应力小且分布均匀;④断面形式简单,施工工序少;⑤施工期内,半圆形构件安

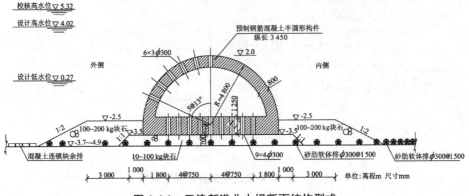

图 1.4.1 天津新港北大堤断面结构型式

放后即可抵御波浪的袭击,保持其自身稳定。该堤半圆形构件底宽 10.6 m,带前后趾,高 4.5 m,纵向分段长为 2.4 m,圆弧拱圈壁厚为 0.55 m,外侧设 40 个 Φ150 mm 的排气孔;底板厚为 0.75 m,设有 52 个 Φ250 mm 的泄压孔。每个构件重 79.82 t。施工工艺采用平躺预制。

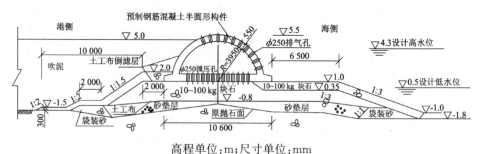

高程单位:m;尺寸单位:mm

图 1.4.2 天津新港南疆五期围埝工程东堤断面结构型式

2. 大直径圆筒防波堤

在我国,水深超过 20 m 的深水直立堤不多。近年,在青岛和海南地区建成的最大水深约 34 m,沉箱质量小于 3 000 t。图 1.4.3 是沙角电厂大直径圆筒直立堤。

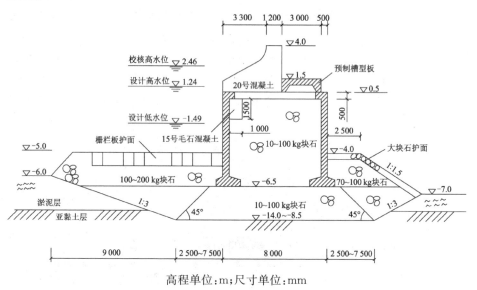

高程单位:m;尺寸单位:mm

图 1.4.3 沙角电厂大直径圆筒直立堤

3. 梳式沉箱防波堤

我国"八五"期间,大连的大窑湾岛堤工程中设计建成了一种梳式防波堤,如图 1.4.4 所示。

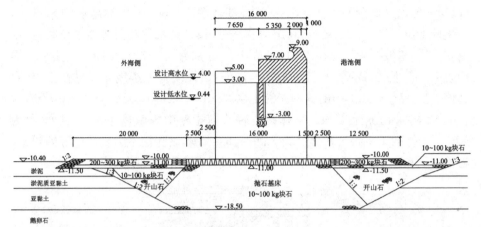

高程单位:m;尺寸单位:mm

图 1.4.4　梳式防波堤断面图

4. 透空式防波堤

温岭市石塘渔港二期防波堤工程是透空式防波堤,透空式结构为钢筋砼高桩梁板式结构(图 1.4.5)。桩台顶高程 8.5 m。根据尽可能少越浪又使桩基能承受波浪力作用的原则,防浪墙顶高 10.0 m,前、后挡浪板底端高程分别为 −1.5 m 和 −2.5 m,桩宽 12.0 m,可兼作码头,横梁为现浇下横梁与上横梁组成。桩基挡浪板透空式方案的最大优点是对港区水流改变最小,增加港内泥沙淤积量最小,现场施工工期最短,造价较低,而有效掩护面积较大。

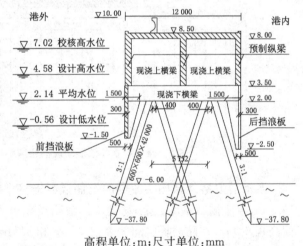

高程单位:m;尺寸单位:mm

图 1.4.5　温岭市石塘渔港二期透空式防波堤断面图

5. 亲水防波堤

天津港东疆港区东海岸一期防波堤工程首次采用兼具亲水和消浪功能的

格型结构型式(图1.4.6)。东疆港区位于天津港陆域的东北部,东海岸一期工程为休闲度假区的景观岸线,包括防波堤、游艇码头和人工沙滩等,在东疆港区的东侧水域新建总长3 659 m的环抱式南、北防波堤。设计潮位:设计高水位4.30 m(以当地理论最低潮面为基准,下同),设计低水位0.50 m,极端高水位5.88 m,极端低水位−1.29 m。在−3.0 m等深线处,设计高水位和极端高水位时,重现期50年一遇波列累积频率1‰的波高$H_{1\%}$分别为5.0 m和4.3 m,波浪平均周期为7.6 s。防波堤所在位置的海床为淤泥、淤泥质黏土透镜体和黏性土层,底高程−16.47~−13.83 m,其中淤泥土层厚3.0~12.6 m,天然密度1.6 t/m,含水率62.8%,孔隙比1.74。土体的三轴快剪指标中内摩擦角为0°,黏聚力为8 kPa,土体的十字板抗剪强度为7.29~16.5 kPa,淤泥层下为土质较好的粉土、粉质黏土和黏土。地震基本烈度为7度,设计基本地震加速度为0.15g。

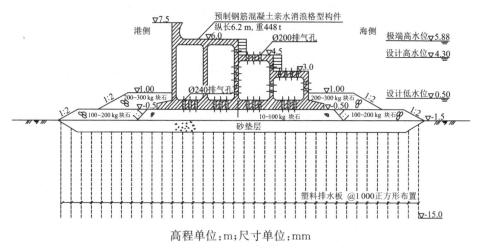

高程单位:m;尺寸单位:mm

图1.4.6　兼具亲水和消浪功能的格型结构防波堤断面图

亲水消浪格型结构防波堤的钢筋混凝土格型构件的底高程−0.5 m,底宽16.6 m,置于抛石基床之上;防波堤挡浪墙顶高程7.5 m,堤顶通道宽5.6 m,路面高程6.0 m;在防波堤临海侧高程4.5 m和3.0 m的位置分别设置宽3.5 m的亲水平台,通道与亲水平台间由台阶相连;格型构件的底板上设有竖向泄压孔,在防波堤外侧的竖墙上和亲水平台的水平板上均设有排气孔;格型构件内、外侧的基床面以上均设有厚1.5 m的200~300 kg块石棱体。防波堤底部抛石基床以下为厚1.0 m的砂垫层,砂垫层以下需打设塑料排水板至高程−15.0 m,用来加固地基。亲水消浪格型构件需在预制场整体浇注成型,施工中用500 t起重船吊装就位,每个构件的纵向长度为6.2 m,质量448 t。

2 防波堤设计条件和内容

本章主要介绍港口工程中常用的斜坡堤和直立堤的设计条件和内容。

2.1 设计条件

2.1.1 潮汐水位

防波堤高程设计及稳定性验算主要依据设计水位进行,根据实际工程地区的多年实测水深数据确定,包括设计高水位、设计低水位、极端高水位、极端低水位。

2.1.2 波浪

1. 浪向及频率

主要根据浪玫瑰图,找到工程地区的常浪向、强浪向的入射角度及频率,综合考虑常浪向及强浪向对该工程的影响程度,选择合适方向的设计波浪。

2. 设计波浪要素

根据防波堤的设计年限确定设计波浪,包括 100 年一遇、50 年一遇、5 年以内的短期重视期波浪,一般需要考虑的设计波高为 $H_{1\%}$、$H_{13\%}$,目的是计算波浪力及进行结构稳定性验算。

2.1.3 地质

验算地基稳定性和计算地基沉降,根据该地区地质钻探结果,一般需要土层种类、每层厚度及各土层的物理力学指标标准值,其中物理力学指标包括天然重度、水下重度、固结快剪强度,以及内摩擦角等。

2.1.4 地震

根据《水运工程抗震设计规范》(JTS146—2012),抗震烈度大于 6 度,需要进行抗震验算。地震基本烈度等级需查看工程地区地震等级资料。

2.1.5 结构安全等级

根据《建筑结构可靠度设计统一标准》(GB50068—2018),建筑结构设计划分为三个等级:一级,重要的建筑物;二级,大量的一般建筑物;三级,次要的建筑物。应根据建筑结构的破坏后果,即危及人的生命、造成经济损失、产生社会影响等的严重程度确定。一般水工建筑物的安全等级为二级。

2.1.6 防波堤结构型式

根据《防波堤与护岸设计规范》(JTS154—2018),防波堤结构选型应根据使用要求、自然条件、材料来源和施工条件等,经技术经济济综合比较后确定,对于地基较差或石料来源丰富的情况可选择斜坡堤(图2.1.1);对于水深较深和地基较好的情况可选择方块、沉箱、坐床式圆筒等重力式直立堤(图2.1.2)或水平混合式直立堤;对于石料缺乏或有特殊要求的情况可选择半圆形(图2.1.3)、桩式、透空式(图2.1.4)等防波堤结构型式。

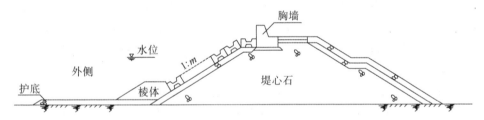

图 2.1.1 斜坡堤断面型式

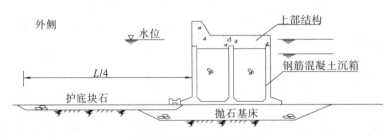

图 2.1.2 直立堤断面型式

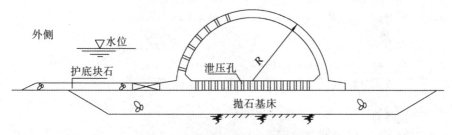

图 2.1.3 半圆形防波堤断面型式

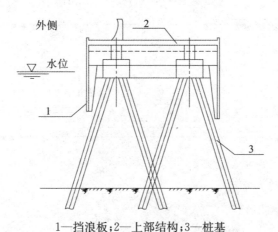

1—挡浪板;2—上部结构;3—桩基
图 2.1.4 透空式防波堤断面型式

2.2 斜坡式防波堤设计

2.2.1 斜坡堤结构型式

《防波堤与护岸设计规范》(JTS154—2018)给出了多种断面型式的斜坡堤,具体如图 2.2.1 所示。

根据《防波堤与护岸设计规范》(JTS154—2018)要求,斜坡堤设计应计算以下内容:

(1)护面块体的稳定重量和护面层厚度;

(2)栅栏板的强度;

(3)堤前护底块石的稳定重量;

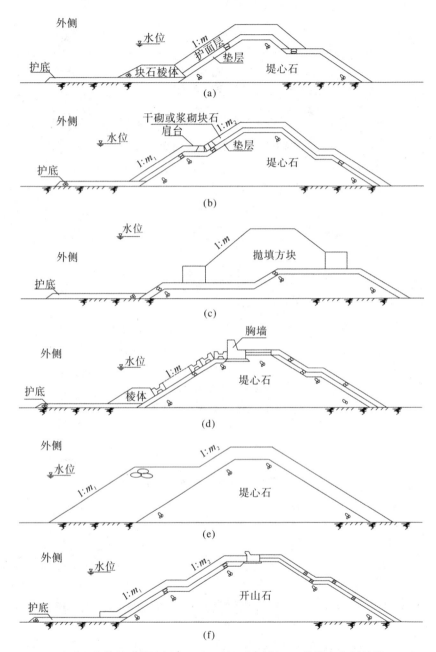

（a）人工块体护面斜坡堤；（b）砌石护面斜坡堤；（c）抛填方块斜坡堤；
（d）堤顶设胸墙的斜坡堤；（e）宽肩台斜坡堤；（f）深水斜坡堤

图 2.2.1　斜坡堤断面型式

（4）胸墙的强度和抗滑、抗倾稳定性；

（5）整体稳定性；

（6）地基沉降（确定堤顶预留高度）；

（7）裂缝宽度（特殊构件）。

2.2.2 斜坡堤断面尺寸

1. 堤顶高程

根据《防波堤与护岸设计规范》（JTS154—2018），堤顶高程需满足下列条件要求：

（1）对允许越浪、顶部无胸墙的斜坡堤，堤顶高程宜定在设计高水位以上不小于 0.6 倍设计波高值处；对块石、四脚空心方块、栅栏板护面的斜坡堤堤顶高程，宜定在设计高水位以上不小于 0.7 倍设计波高值处。

（2）对基本不越浪的斜坡堤和宽肩台抛石斜坡堤，堤顶高程宜定在设计高水位以上不小于 1.0 倍设计波高值处。

（3）对基本不越浪、堤顶设胸墙的斜坡堤，胸墙顶高程宜定在设计高水位以上不小于 1.0 倍设计波高值处。

（4）对防护要求较高的斜坡堤，应按波浪爬高计算确定其堤顶高程，并需控制越浪量。根据《港口与航道水文规范》（JTS145—2015），正向规则波在斜坡式建筑物上的波浪爬高按式（2.2.1）～式（2.2.5）计算。

$$R = K_\Delta R_1 H \tag{2.2.1}$$

$$R_1 = K_1 \tanh(0.432M) + [(R_1)_m - K_2]R(M) \tag{2.2.2}$$

$$M = \frac{1}{m}\left(\frac{L}{H}\right)^{1/2}\left(\tanh\frac{2\pi d}{L}\right)^{-1/2} \tag{2.2.3}$$

$$(R_1)_m = \frac{K_3}{2}\tanh\frac{2\pi d}{L}\left[1 + \frac{\dfrac{4\pi d}{L}}{\sinh\dfrac{4\pi d}{L}}\right] \tag{2.2.4}$$

$$R(M) = 1.09M^{3.32}\exp(-1.25M) \tag{2.2.5}$$

式中，R 为波浪爬高（m），从静水位起算，向上为正；K_Δ 为与斜坡护面结构型式有关的糙渗系数，按《港口与航道水文规范》（JTS145—2015）中的表 10.2.2 确定；R_1 为 $K_\Delta = 1$，$H = 1$ 时波浪爬高（m）；H 为建筑物所在处进行波波高（m）；$(R_1)_m$ 为相应于某一 d/L 时的爬高最大值；M 为与斜坡的 m 有关的函数；m 为斜坡坡度系数，斜坡坡度 1∶m；$R(M)$ 为爬高函数；L 为波长（m）；d 为建筑物前水深(m)；K_1、K_2、K_3 为系数，由《港口与航道水文规范》(JTS145—2015)中的表10.2.3-1确定。

计算波浪爬高后，还需要进行堤顶越浪量验算，以确定堤顶高程。根据《港口与航道水文规范》(JTS145—2015)，斜坡堤堤顶有胸墙时，堤顶的越浪量公式为

$$Q = 0.07^{H_c'/H_{1/3}} \exp\left(0.5 - \frac{b_1}{2H_{1/3}}\right) B K_A \frac{H_{1/3}^2}{T_p}\left[\frac{0.3}{\sqrt{m}} + \tanh\left(\frac{d}{H_{1/3}} - 2.8\right)^2\right] \ln\sqrt{\frac{gT_p^2 m}{2\pi H_{1/3}}}$$

$$(2.2.6)$$

式中，Q 为单位时间单位堤宽的越浪量$[m^3/(m \cdot s)]$；H_c'为胸墙墙顶在静水面以上的高度(m)；$H_{1/3}$为有效波波高(m)；b_1为胸墙前肩宽(m)；B 为经验系数，按《港口与航道水文规范》(JTS145—2015)中表 10.2.4-1 确定；K_A 为护面结构影响系数，按《港口与航道水文规范》(JTS145—2015)表 10.2.4-2 确定；T_p 为谱峰周期(s)；m 为斜坡坡度系数，斜坡坡度 1∶m；d 为建筑物前水深(m)；g 为重力加速度(m/s^2)。

注：上述公式的适用范围如《港口与航道水文规范》(JTS145—2015)10.2.4.1条规定所示；在确定斜坡堤断面尺度时，除特殊要求外，设计波高应采用重现期为 50 年或 25 年，波高累积频率为 13%，但不超过浅水极限波高的波高。

2. 堤顶宽度

根据《防波堤与护岸设计规范》(JTS154—2018)，斜坡堤的堤顶宽度可取不小于 1.10 倍设计波高值，且在构造上应至少能并列安放两排或随机安放三块人工块体。有使用要求时应根据使用要求确定。对采用陆上推进法施工的斜坡堤，应考虑施工机械对顶宽的要求。

3. 坡顶高程及坡肩宽度

根据《防波堤与护岸设计规范》(JTS154—2018)堤顶设置胸墙的斜坡堤，其坡顶高程和坡肩宽度应符合下列规定：

(1)当胸墙前的护面为块石、单层四脚空心方块或栅栏板时，其坡顶高程宜定在设计高水位以上不小于 0.6 倍设计波高值处；墙前坡肩宽度应不小于 1.0 m，且在构造上至少能安放 1 排护面块体。

(2)当胸墙前护面为随机或规则安放的人工块体(扭工字块体、扭王字块体等)，其坡顶高程不宜低于胸墙顶高程，且墙前坡肩范围内至少能安放 2 排相互钩连的人工块体(图 2.2.2)。

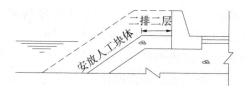

图 2.2.2　L 形胸墙坡肩块体安放

（3）对采用弧形胸墙的斜坡堤，胸墙弧面可与外侧坡面平顺衔接，其在坡面上的长度不宜小于 1 m，厚度不宜小于护坡面层（图 2.2.3）。

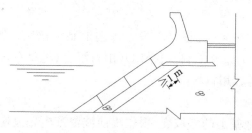

图 2.2.3　弧形胸墙护坡面层

4. 护面块体稳定重量和护面层厚度

（1）护面块体稳定重量按《防波堤与护岸设计规范》（JTS154—2018）规定，用式（2.2.7）和式（2.2.8）计算：

$$W = 0.1 \frac{\gamma_b H^3}{K_D (S_b - 1)^3 \cot \alpha} \tag{2.2.7}$$

$$S_b = \frac{\gamma_b}{\gamma} \tag{2.2.8}$$

式中，W 为单个块石、块体的稳定重量（t）；γ_b 为块石、块体材料的重度（kN/m³）；H 为设计波高（m）；K_D 为块体稳定系数，按《防波堤与护岸设计规范》（JTS154—2018）中表4.3.7确定；γ 为水的重度（kN/m³）；α 为斜坡与水平面的夹角（°）。

需要注意，在对堤头护面块体设计时重量应增加 30%。

（2）护面层厚度按《防波堤与护岸设计规范》（JTS154—2018）规定，用式（2.2.9）计算：

$$h = n'c \left(\frac{W}{0.1 \gamma_b} \right)^{1/3} \tag{2.2.9}$$

式中：h 为护面层厚度（m）；n' 为块石或人工块体层数；c 为块体形状系数，按

《防波堤与护岸设计规范》(JTS154—2018)中表 4.3.20 确定;W 为单个块石、块体的稳定重量(t);γ_b 为块石、块体材料的重度(kN/m³)。

注:上述公式适用于斜坡堤外坡护面,其他情况按《防波堤与护岸设计规范》(JTS154—2018)相关条文进行修正或计算。

5. 垫层块石的重量和厚度

(1)垫层块石重量一般取护面块体重量的 1/20~1/10。

(2)垫层块石的厚度不应小于按《防波堤与护岸设计规范》(JTS154—2018)规定用式(2.2.9)计算的两层块石的厚度。

6. 堤心

斜坡堤堤心的填料,应根据现场条件因地制宜选用。斜坡堤堤心石的填料,可采用 10~100 kg 块石,也可采用开山石混合料;对石料来源缺乏的地区,可采用袋装砂土等代用材料。

7. 堤前护底

建于可冲刷地基上的斜坡堤,根据堤前波浪产生底流速度和沿堤流速,可采用抛石或土工织物软体排等型式的堤前护底结构。

(1)斜坡堤前最大波浪底流速可根据《防波堤与护岸设计规范》(JTS154—2018)规定,按式(2.2.10)计算:

$$V_{max} = \frac{\pi H}{\sqrt{\frac{\pi L}{g} \sinh \frac{4\pi d}{L}}} \tag{2.2.10}$$

式中,V_{max} 为斜坡堤前最大波浪底流速(m/s);H 为设计波高(m);L 为计算波长(m);g 为重力加速度,取 9.81 m/s²;d 为堤前水深(m)。

根据堤前最大波浪底流速查《防波堤与护岸设计规范》(JTS154—2018)的表 4.3.24,可确定护底块石的稳定重量。

(2)斜坡堤前护底的防护宽度不应小于 0.25 倍波长,防护宽度为设计水位与坡面交线至坡脚前护底边缘的距离;当有水流共同作用时防护宽度应适当加宽。坡脚前的护底宽度,堤身段不应小于 5 m,堤头段不应小于 10 m;对深水防波堤,护底宽度应适当加大。对建于砂质海底上的斜坡堤,防护宽度可按《防波堤与护岸设计规范》(JTS154—2018)中附录 D 进行复核,必要时可采用物理模型实验进行验证。

(3)护底块石可采用 2 层,厚度不宜小于 0.5 m。对砂质海底,在护底块石层下宜设置厚度不小于 0.3 m 的碎石层或土工织物滤层。

(4)当堤前冲刷流速小于 2 m/s 时,可采用土工砂肋软体排;大于 2 m/s

时,可采用联锁块软体排。

2.2.3　胸墙抗滑和抗倾稳定性

根据《防波堤与护岸设计规范》(JTS154—2018),计算堤顶胸墙抗滑和抗倾稳定性应符合下列规定。

1. 胸墙作用标准值计算及相应组合

设计组合包括持久组合和短暂组合,持久组合计算水位分别为极端高水位和设计高水位,短暂组合只计算极端高水位。

(1)胸墙自重力标准值计算。计算胸墙的自重力时,可将胸墙分割为规则形状进行分块计算(图2.2.4),计算公式为单宽体积乘以材料密度。

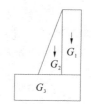

图 2.2.4　胸墙自重力划分示意图

(2)胸墙波浪力标准值计算。作用于如图 2.2.5 所示的斜坡式建筑物顶部胸墙上的波浪力,当无因次参数 $\xi \leqslant \xi_b$ 时,可按以下公式计算。

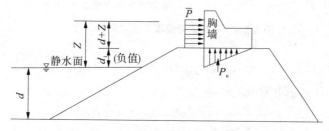

图 2.2.5　胸墙波压力计算图式

①波峰作用时,胸墙上的平均压力强度按下式计算:

$$\bar{p} = 0.24\gamma H K_p \tag{2.2.11}$$

式中,$\bar{p}$ 为平均压力强度(kPa);γ 为水的重度(kN/m³);H 为建筑物所在处进行波波高(m);K_p 为与无因次参数 ξ 和波坦 L/H 有关的平均压强系数,按图 2.2.6 确定。

②无因次参数 ξ、ξ_b 分别按下两式计算:

$$\xi = \left(\frac{d_1}{d}\right)\left(\frac{d}{H}\right)^{2\pi H/L} \tag{2.2.12}$$

$$\xi_b = 3.29\left(\frac{H}{L} + 0.043\right) \tag{2.2.13}$$

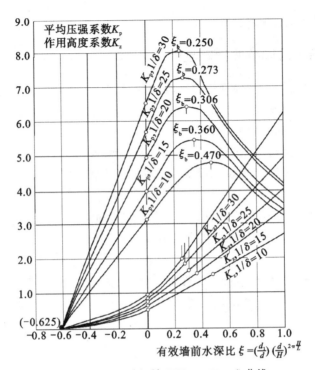

图 2.2.6 不同波坦情况下 K_p、$K_z \sim \xi$ 曲线

式中，d_1 为胸墙前水深（m），当静水面在墙底面以下时 d_1 为负值；d 为建筑物前水深（m）；L 为波长（m）。

当 $\xi = \xi_b$ 时，平均波浪压力强度 $\overline{p}$ 达到最大值。

胸墙上的波压力分布高度按下式计算：

$$d_1 + z = H \tanh\left(\frac{2\pi d}{L}\right) K_z \tag{2.2.14}$$

式中，K_z 为与无因次参数 ξ 和波坦 L/H 有关的波压力作用高度系数，按图 2.2.6 确定。

③单位长度胸墙上的总波浪力按下式计算：

$$P = \overline{p}(d_1 + z) \tag{2.2.15}$$

式中，P 为单位长度胸墙上的总波浪力（kN/m）。

④胸墙底面上的波浪浮托力按下式计算：

$$P_u = \mu \frac{B\overline{p}}{2} \tag{2.2.16}$$

式中，μ 为波浪浮托力的折减系数，采用 0.7；B 为胸墙底宽（m）；P_u 为单位长度胸墙底面上的波浪浮托力(kN/m)。

注:本条不适用于胸墙前有掩护棱体的情况。

(3)稳定力矩标准值和倾覆力矩标准值计算。

稳定力矩标准值包括:自重力对胸墙后趾的力矩标准值;土压力对胸墙后趾的力矩标准值。

倾覆力矩标准值包括:水平波浪力对胸墙后趾的力矩标准值;波浪浮托力对胸墙后趾的力矩标准值。

2. 胸墙的抗滑、抗倾稳定性计算

(1)沿墙底抗滑稳定性的承载能力极限状态设计可按下式计算:

$$\gamma_0 \gamma_P P \leqslant (\gamma_G G - \gamma_u P_u) f + \gamma_E E_b \qquad (2.2.17)$$

式中,γ_0 为结构重要性系数,按表 2.2.1 确定;γ_P 为水平波浪力分项系数,按表 2.2.2 确定;P 为作用在胸墙海侧面上的水平波浪力标准值(kN/m);γ_u 为波浪浮托力分项系数,按表 2.2.2 确定;P_u 为作用在胸墙底面上的波浪浮托力标准值(kN/m);γ_G 为自重力分项系数,取 1.0;G 为胸墙自重力标准值(kN/m);γ_E 为被动土压力分项系数,取 1.0;E_b 为胸墙底面埋深大于等于 1 m 时,内侧面地基土或填石的被动土压力(kN/m),可按有关公式计算并乘以折减系数 0.3 作为标准值;f 为胸墙底面摩擦系数设计值,按表 2.2.3 取值。

(2)沿墙底抗倾稳定性的承载能力极限状态设计可按下式计算:

$$\gamma_0 (\gamma_P M_P + \gamma_u M_u) \leqslant \frac{1}{\gamma_d} (\gamma_G M_G + \gamma_E M_E) \qquad (2.2.18)$$

式中,γ_0 为结构重要性系数,按表 2.2.1 确定;γ_P 为水平波浪力分项系数,按表 2.2.2 确定;M_P 为单位宽度水平波浪力的标准值对胸墙后趾的倾覆力矩[(kN·m)/m];γ_u 为波浪浮托力分项系数,按表 2.2.2 确定;M_u 为单位宽度波浪浮托力的标准值对胸墙后趾的倾覆力矩[(kN·m)/m];γ_d 为结构系数,取 1.25;γ_G 为自重力分项系数,取 1.0;M_G 为单位宽度胸墙自重力的标准值对胸墙后趾的稳定力矩[(kN·m)/m];γ_E 为被动土压力分项系数,取 1.0;M_E 为单位宽度土压力的标准值对胸墙后趾的稳定力矩[(kN·m)/m]。

表 2.2.1 结构重要性系数 γ_0

安全等级	一级	二级	三级
γ_0	1.1	1.0	0.9

表 2.2.2　分项系数

组合情况	稳定情况	水平波浪力分项系数 γ_P	波浪浮托力分项系数 γ_u
持久组合	抗滑	1.3	1.1
	抗倾	1.3	1.1
短暂组合	抗滑	1.2	1.0
	抗倾	1.2	1.0

表 2.2.3　摩擦系数设计值

材料		摩擦系数 f
混凝土与混凝土		0.55
浆砌块石与浆砌块石		0.65
堤底与抛石基床	堤身为预制混凝土或钢筋混凝土结构	0.60
	堤身为浆砌块石结构	0.65
抛石基床与地基土	地基为细砂～粗砂	0.50～0.60
	地基为粉砂	0.4
	地基为粉质砂土	0.35～0.50
	地基为黏土、粉质黏土	0.30～0.45

2.2.4　整体稳定性验算

根据《水运工程地基设计规范》(JTS147—2017)的有关规定,对土坡和条形基础的地基稳定验算,可按平面问题考虑,宜采用复合滑动面法、简单条分法或简化毕肖普法计算。计算方法可采用总应力法或有效应力法。

1. 极限状态设计表达式

根据《水运工程地基设计规范》(JTS147—2017)之 6.3.2,土坡和地基的稳定性验算,其危险滑动面应满足以下极限状态设计表达式:

$$\gamma_0 M_{sd} \leqslant \frac{1}{\gamma_R} M_{Rk} \tag{2.2.19}$$

式中,γ_0 为重要性系数,安全等级为一级、二级、三级的建筑物分别取 1.1、1.0、1.0;γ_R 为抗力分项系数,其取值按《水运工程地基设计规范》(JTS147—2017)之 6.4 确定;M_{sd}、M_{Rk} 为分别是作用在危险滑弧面上滑动力矩的设计值及抗滑力矩的标准值。

2. 抗滑力矩标准值和滑动力矩设计表达式

采用简单条分法验算土坡和地基稳定,其抗滑力矩标准值和滑动力矩设计值分别按式(2.2.20)和式(2.2.21)计算,计算示意图如图 2.2.7 所示。

$$M_{Rk} = \sum (h_i - z_R) \left[(W_{Aki} + q_{ki}b_i) U_i \tan \varphi_{ki} + W_{Bki} \tan \varphi_{ki} + c_{ki}b_i (1 + h'^2_i) \right]$$

(2.2.20)

$$M_{sd} = \gamma_s \left[\sum (h_i - z_R)(W_{ki} + q_{ki}b_i) h'_i + M_p \right]$$ (2.2.21)

式中,γ_s 为综合分项系数,可取 1.0;h_i 为第 i 土条滑动面上中点的垂直坐标值(m);h_i' 为第 i 土条滑动面上中点的滑动面一阶导数值;z_R 为取矩点的垂直坐标值(m),当滑动面为圆弧时,取矩点即为圆心;W_{Aki} 为第 i 土条填土重力标准值(kN/m),取均值,零压线以下用浮重度计算;W_{Bki} 为第 i 土条原地基土重力标准值(kN/m),取均值,零压线以下用浮重度计算;W_{ki} 为第 i 土条的重力标准值(kN/m),可取均值,零压线以下用浮重度计算;有渗流时,计算低水位以上零压线以下用饱和重度计算;q_{ki} 为第 i 土条顶面作用的可变作用的标准值(kPa);b_i 为第 i 土条宽度(m);M_p 为其他原因引起的单位宽度滑动力矩[(kN·m)/m];U_i 为第 i 土条滑动面上的应力固结度;φ_{ki}、c_{ki} 分别为第 i 土条滑动面上固结快剪内摩擦角(°)和黏聚力(kPa)标准值,取均值。

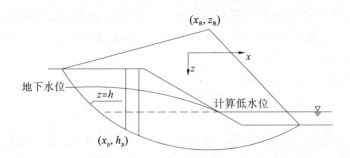

图 2.2.7　圆弧滑动稳定计算示意图

2.2.5　地基沉降计算

1. 地基沉降计算规定

在地基内任一点的垂直附加应力设计值为基底垂直附加压力、基底水平力和边载所引起的垂直附加应力设计值之和;基底垂直附加压力的设计值为基底压力设计值与基底面上自原地面算起的自重压力设计值之差;边载设计值当其分布范围超过自基底边缘算起的 5 倍基底宽度时,可按 5 倍计,不足 5 倍时,应按实际分布范围计。各种作用引起的垂直附加应力设计值可按《水运工程地基设计规范》(JTS147—2017)附录 L 计算,计算图式如图 2.2.8 所示。

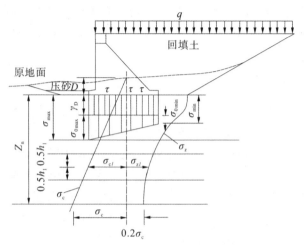

图 2.2.8 沉降计算示意图

2. 地基沉降计算公式

《水运工程地基设计规范》(JTS147—2017)之 7.1.3 规定:地基沉降应计算持久状况下的最终沉降量。设计作用组合应采用持久状况正常使用极限状态的准永久组合,永久作用应采用标准值,可变作用应采用准永久值,计算水位宜采用设计低水位。

细粒土地基最终沉降量按式(2.2.22)计算:

$$S_{d\infty} = m_s \sum \frac{e_{1i} - e_{2i}}{1 + e_{1i}} h_i \qquad (2.2.22)$$

式中,$S_{d\infty}$ 为地基最终沉降量设计值(cm);e_{1i}、e_{2i} 分别为第 i 层土受到平均自重应力设计值(σ_{cdi})和平均最终应力设计值($\sigma_{cdi} + \sigma_{zdi}$)压缩稳定时的孔隙比设计值,可取均值;$\sigma_{cdi}$ 为第 i 层土顶面与底面的地基自重压力平均值的设计值(kPa);σ_{zdi} 为第 i 层土顶面与底面的地基垂直附加应力平均值的设计值(kPa);m_s 为沉降计算经验系数,按经验选取或由现场试验确定;h_i 为第 i 层土的厚度(cm)。

当地基最终沉降量计算值不满足要求时,应进行地基处理,处理后的地基工后沉降量计算值应满足下式要求:

$$S_r \leqslant [S] \qquad (2.2.23)$$

式中,S_r 为建筑物地基工后沉降量计算值(cm);[S]为建筑物的沉降量设计值(cm)。

2.2.6　斜坡堤断面型式案例

下面介绍一些常见的斜坡堤断面结构型式。

黄骅港南防波堤为抛石斜坡堤结构(图 2.2.9),全长 5 030 m,特点为:①工程规模大;②施工区域与陆地无通道,属于"孤岛式"作业;③施工水域的水深较浅,属于浅海作业;④该区域涨落潮水流较急。黄骅港南防波堤工程是我国在软基上施工的最长的防波堤工程,首次采用高强土工织物进行软基加固,同时又是在浅海水域进行大规模砂石料抛填的工程。

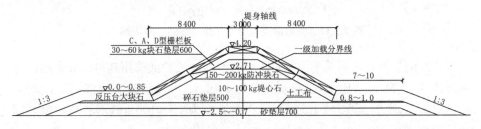

高程单位:m;尺寸单位:mm

图 2.2.9　黄骅港南防波堤结构断面图

莱州湾某防潮大堤(图 2.2.10)位于山东半岛莱州湾畔的潮间带海域,是为防御风暴潮灾害、保护区内水产养殖而建设的防潮堤,防御标准为 50 年一遇,工程级别Ⅱ级。防潮堤主体工程全长 13.757 km,含水闸 3 座。外坡采用栅栏板护面,内坡采用浆砌石护面,堤顶为浆砌石挡浪墙,墙后为简易砂石路面。

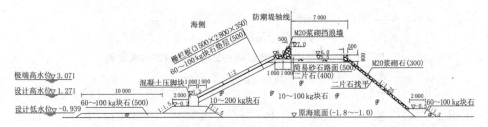

高程单位:m;尺寸单位:mm

图 2.2.10　莱州湾某防潮大堤结构断面图

青岛港董家口港区的防波堤采用斜坡抛石堤结构(图 2.2.11),堤头采用直立式,直立式与斜坡式交界处采取加强措施。工程区的强浪向为 SE 向,设计波高 7.07 m,堤顶高程按基本不越浪设计。防波堤外坡采用 9.0 t 的扭王字块体护面,外坡泥面处设块石护底;内坡采用 600 mm 厚的栅栏板护面,内坡−5.0 m

以下设块石垫层。

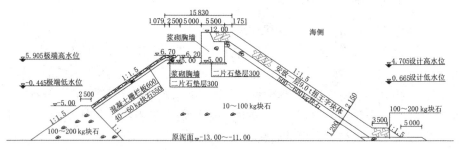

高程单位:m;尺寸单位:mm

图 2.2.11 青岛港董家口港区防波堤结构断面图

晋江围头万吨级码头前引堤(图 2.2.12)的外坡护面采用随机安放 1 层扭王字块体,重 7.16 t,坡比 1∶1.5,堤顶高程 8.0 m。外坡顶设有现浇 C20 混凝土的挡浪胸墙,胸墙顶高程 11.5 m。堤心石级配为 10~100 kg,堤心与护面之间的护面垫层为 200~300 kg。

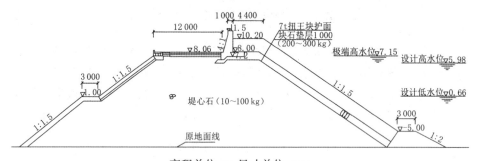

高程单位:m;尺寸单位:mm

图 2.2.12 晋江围头万吨级码头工程前引堤结构断面图

福州港江阴港区 5 万吨级码头工程东侧护岸(图 2.2.13)的外坡护面采用 1 层扭王字块体,重 3.1 t,坡比 1∶1.5。堤心石级配为 10~100 kg,堤心与护面之间的护面垫层为 300 kg。堤前护底块石为 100~150 kg。

广东岭澳核电站(二核)海域工程位于南海北部大亚湾的西南部,在大亚湾核电站(一核)的东侧,两者相距约 1 km。经过技术经济综合比较后,该海域工程防波堤推荐采用斜坡式结构方案(图 2.2.14),推荐采用钩连块体做斜坡堤护面的防浪构件。堤心石的级配采用 0~250 kg,堤心与护面之间的垫层为两层,第一级垫层块石的重量为 800~1 600 kg,下层为 300~800 kg。堤前护底块石为 300~500 kg。特点是核电站对安全性的要求非常高,防波堤设计标准比常规的港工建筑物高,特别是在抗震性能方面的要求。在采用新结构、新技术和新材料等方面,对"核电站"的考虑是"保守"的,选择了最为传统的、常见的及建造技术和经验最为成熟的斜坡堤作为基本形式。

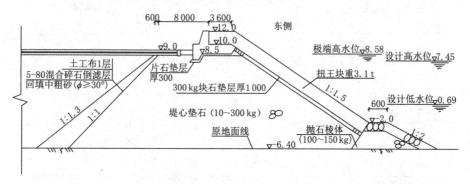

高程单位:m;尺寸单位:mm

图 2.2.13　福州港江阴港区 5 万吨级码头工程东侧护岸结构断面图

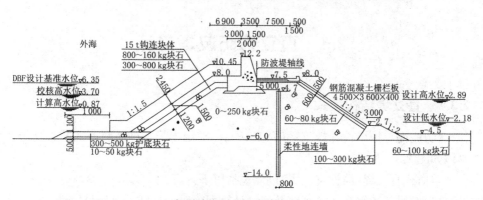

高程单位:m;尺寸单位:mm

图 2.2.14　岭澳核电站防波堤结构断面图

桂林洋海滩整治工程采用栅栏板护面的丁坝(图 2.2.15),坝心为 10～60 kg 块石,垫层为两层 40～50 kg 块石,护底为 150～200 kg 块石。优点是波浪反射小,坝脚冲刷的危险性较小,受到损坏时容易维修。缺点是在丁坝坝头的圆锥面上需采用特殊的梯形栅栏板或改用其他随机安放的人工块体。由于丁坝所处的水深较浅,其坝心用袋装砂代替块石,以节约投资。

桂林洋海滩整治工程的离岸堤(图 2.2.16)采用 4 t 的混凝土空心方块作抛石堤护面,虽然与港口防波堤常用的钩连块体、扭工字块体相比,块体质量略大,但预制方便,且安放后表面较平整,对堤后海水浴场的游泳者造成危害的可能性极小。

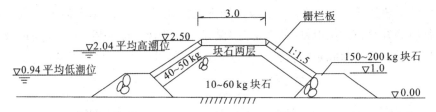

图 2.2.15　桂林洋丁坝结构断面图（高程单位：m）

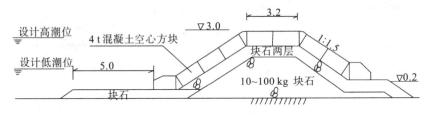

图 2.2.16　桂林洋离岸堤结构断面图（高程单位：m）

2.3　直立式防波堤设计

2.3.1　直立堤结构型式

《防波堤与护岸设计规范》(JTS154—2018)给出了多种断面型式的直立堤，具体如图 2.3.1 所示。

重力式直立堤(简称直立堤)设计包括以下内容：

(1)对堤底和堤身各水平缝及齿缝计算面前趾或后踵的抗倾稳定性。

(2)沿堤底和堤身各水平缝的抗滑稳定性。

(3)沿基床底面的抗滑稳定性。

(4)基床和地基承载力。

(5)整体稳定性(计算方法同斜坡堤)。

(6)构件强度(特殊构件)。

(7)明基床的护肩块石和堤前护底块石的稳定重量。

(8)地基沉降(计算方法同斜坡堤)。

(9)裂缝宽度(特殊构件)。

沉箱结构尚应进行下列计算：

(10)沉箱的吃水、干舷高度和浮游稳定性。

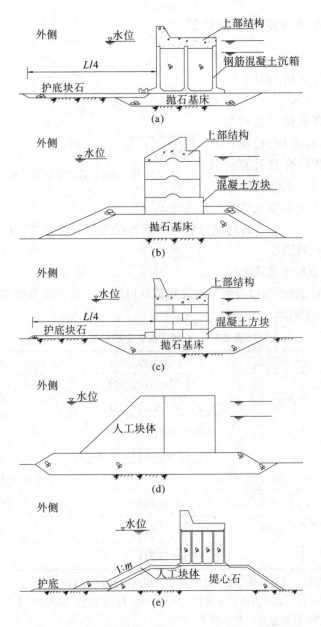

(a)沉箱式直立堤;(b)削角方块直立堤;(c)正砌方块直立堤;

(d)水平混合式直立堤;(e)深水直立堤

图 2.3.1 重力式直立堤断面型式

2.3.2 直立堤作用标准值计算

设计组合包括持久组合和短暂组合,持久组合计算水位分别为设计高水位、设计低水位、在设计高水位与设计低水位之间的不利水位、极端高水位状况,短暂组合只计算设计高水位和设计低水位状况。

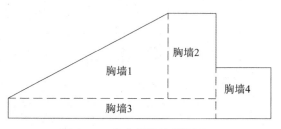

图 2.3.2　直立堤胸墙断面图

1. 胸墙作用标准值计算及相应组合

如图 2.3.2 所示,可将胸墙分割为规则形状进行分块计算。计算公式为单块体积乘以材料密度。

2. 波浪力标准值及力矩计算

根据港口工程《港口与航道水文规范》(JTS145—2015),直墙式建筑物前的波态如表 2.3.1 所示。

表 2.3.1　直墙式建筑物前的波态

基床类型	产生条件	波态
暗基床和低基床 $\left(\dfrac{d_1}{d}>\dfrac{2}{3}\right)$	$\overline{T}\sqrt{g/d}<8,d\geqslant 2H$	立波
	$\overline{T}\sqrt{g/d}\geqslant 8,d\geqslant 1.8H$	立波
	$\overline{T}\sqrt{g/d}<8,d<2H,i\leqslant 1/10$	远破波
	$\overline{T}\sqrt{g/d}\geqslant 8,d<1.8H,i\leqslant 1/10$	远破波
中基床 $\left(\dfrac{1}{3}<\dfrac{d_1}{d}\leqslant\dfrac{2}{3}\right)$	$d\geqslant 1.8H$	立波
	$d<1.8H$	近破波
高基床 $\left(\dfrac{d_1}{d}\leqslant\dfrac{1}{3}\right)$	$d\geqslant 1.5H$	立波
	$d<1.5H$	近破波

注:①当进行波波陡较大($H/L>1/14$)时,墙前可能形成破碎立波。

②当暗基床和低基床直墙式建筑物前水深 $d<2H$,且底坡 $i>1/10$ 时,墙前可能出现近破波,应由模型试验确定波态和波浪力。

③当明基床上有护肩方块,且方块宽度大于波高 H 时,宜用方块上水深 d_2 代替基床上水深 d_1,以确定波态和波浪力。

④H 为建筑物所在处进行波的波高(m);L 为波长(m);$\overline{T}$ 为波浪平均周期(s);d 为建筑物前水深(m);d_1 为基床上水深(m);d_2 为护肩上水深;i 为建筑物前水底坡度;B 为直墙底宽(m)。

(1)波长计算。按式(2.3.1)可求得深水波长 L_0,根据 d/L_0 值 C_0,按《港口与航道水文规范》(JTS145—2015)之附录 J 中表 J.0.1 可查得相应的 d/L 值 C_1,由此可按式(2.3.2)求出波长 L。

$$L_0 = \frac{gT^2}{2\pi} \tag{2.3.1}$$

$$L = d/C_1 \tag{2.3.2}$$

式中,L_0 为深水波长(m);L 为波长(m);d 为设计波浪所在位置水深(m);T 为设计波浪周期(s)。

(2)波压力强度计算。根据表 2.3.1,判断直立堤前的波浪形态,再根据不同波浪形态计算波峰及波谷处的波压力。表 2.3.1 中不同形态波压力的计算公式参照《港口与航道水文规范》(JTS145—2015)中 10.1.2~10.1.9 的有关规定。

2.3.3 直立堤稳定性验算

1. 结构断面沿堤底和墙身各水平缝的抗滑稳定性验算

结构断面沿堤底和墙身各水平缝抗滑稳定性的承载力极限状态设计表达式如下:

$$\gamma_0 \gamma_P P \leqslant (\gamma_G G - \gamma_u P_u) f \tag{2.3.3}$$

式中,γ_0 为结构重要性系数,按表 2.2.1 确定;γ_P 为水平波浪力分项系数:持久组合极端高水位时取 1.2,其他水位均取 1.3;短暂组合取 1.2;P 为计算面以上的水平波浪力标准值(kN);γ_G 为自重力分项系数,取 1.0;G 为作用在计算面上的堤身自重力标准值(kN);γ_u 为波浪浮托力分项系数,持久组合极端高水位时取 1.2,其他水位时取 1.3;短暂组合取 1.2;P_u 为作用在计算面上的波浪浮托力标准值(kN);f 为沿计算面的摩擦系数设计值,按表 2.2.3 确定。

2. 结构断面对堤底和堤身各个水平缝及齿缝计算面前趾或后踵的抗倾稳定性验算

结构断面对堤底和堤身各个水平缝及齿缝计算面前趾或后踵抗倾稳定性的承载能力极限状态设计表达式如下:

$$\gamma_0 (\gamma_P M_P + \gamma_u M_u) \leqslant \frac{1}{\gamma_d} \gamma_G M_G \tag{2.3.4}$$

式中,M_P 为水平波浪力的标准值波峰作用时对计算面后踵或波谷作用时对计算面前趾的单位宽度倾覆力矩[(kN·m)/m];M_u 为波浪浮托力的标准值波峰作用时对计算面后踵或波谷作用时对计算面前趾的单位宽度倾覆力矩[(kN·m)/m];M_G 为堤身自重力的标准值波峰作用时对计算面后踵或波谷作用时对计算面前趾的单位宽度稳定力矩[(kN·m)/m];γ_d 为结构系数,取 1.25;γ_0、γ_P、γ_u、γ_G 各分项系数取值同前。

3. 结构断面沿基床底面的抗滑稳定性验算

结构断面沿基床底面的抗滑稳定性承载能力极限状态设计表达式如下:

$$\gamma_0 \gamma_P P \leqslant [\gamma_G(G+g')-\gamma_u P_u]f + \gamma_E E_b \qquad (2.3.5)$$

式中,g' 为基床部分的水下自重力标准值(kN/m),其值根据基床形式的不同计算方法不同,详见《防波堤与护岸设计规范》(JTS154—2018)第 5.3.9 条规定;f 为抛石基床与地基土间摩擦系数设计值,按表 2.2.3 确定;γ_E 为土压力分项系数,取 1.0;E_b 为地基土的被动土压力设计值(kN/m),可按有关公式计算并乘以折减系数 0.3 作为标准值,当基床形式为明基床、基床较薄或地基土层较弱时,可忽略不计;其他各项意义同前。

2.3.4 基床与地基承载力验算

1. 基床承载力验算

根据《防波堤与护岸设计规范》(JTS154—2018),基床承载力验算应符合式(2.3.6)的要求:

$$\gamma_0 \gamma_\sigma \sigma_{max} \leqslant \sigma_r \qquad (2.3.6)$$

式中,γ_0 为结构重要性系数,按表 2.2.1 确定;γ_σ 为基床顶面最大应力分项系数,取 1.0;σ_{max} 为基床顶面最大应力标准值(kPa);σ_r 为基床承载力设计值,可取 600 kPa,有充分论证时可适当提高,但不应大于 800 kPa。

当 $\xi \geqslant B/3$ 时,基床顶面应力标准值按式(2.3.7)计算;当 $\xi > B/3$ 时,基床顶面应力标准值按式(2.3.8)计算。

$$\sigma_{max} \text{ 或 } \sigma_{min} = \frac{G'}{B}\left(1 \pm \frac{6e}{B}\right) \qquad (2.3.7)$$

$$\begin{cases} \sigma_{max} = \dfrac{2G'}{3\xi} \\ \sigma_{min} = 0 \end{cases} \qquad (2.3.8)$$

式中,σ_{max}、σ_{min} 分别为基床顶面的最大和最小应力(kPa);B 为堤底宽度(m);ξ 为在堤底面上,波峰作用时合力作用点至后踵或波谷作用时对合力作用点至前趾的距离(m),$\xi = [M_G - (M_P + M_u)]/G'$;$e$ 为堤底面合力作用点的偏心距(m),$e = B/2 - \xi$;G' 为作用在堤底面上的竖向合力标准值(kN/m),$G' = G - P_u$;G 为作用在堤底面上的堤身自重力标准值(kN/m);P_u 为作用在堤底面上的波浪浮托力标准值(kN/m);M_G 为堤身自重力的标准值波峰作用时对计算面后踵或波谷作用时对计算面前趾的稳定力矩$[(kN \cdot m)/m]$；M_P为水平波浪力的标准值波峰作用时对计算面后踵或波谷作用时对计算面前趾的倾覆力矩$[(kN \cdot m)/m]$；M_u为波浪浮托力的标准值波峰作用时对计算面后踵或波谷作用时对计算面前趾的倾覆力矩$[(kN \cdot m)/m]$。

注意：在重力式直立堤的堤底面上，波峰作用时合力作用点至后踵和波谷作用时合力作用点至前趾的距离，不应小于堤底宽度的$1/4$。

2. 地基承载力验算

根据《防波堤与护岸设计规范》(JTS154—2018)第5.3.12条，计算地基承载力时，基床底面应力应按下列公式计算：

$$\sigma'_{max} = \frac{B_1 \sigma_{max}}{B_1 + 2t} + \gamma_b t \quad (2.3.9)$$

$$\sigma'_{min} = \frac{B_1 \sigma_{min}}{B_1 + 2t} + \gamma_b t \quad (2.3.10)$$

$$e' = \frac{(B_1 + 2t)(\sigma'_{max} - \sigma'_{min})}{6(\sigma'_{max} + \sigma'_{min})} \quad (2.3.11)$$

式中，σ_{max}、σ_{min}分别为基床顶面的最大和最小应力(kPa)；σ'_{max}、σ'_{min}分别为基床底面的最大和最小应力(kPa)；t为基床厚度(m)；γ_b为基床块石的重度(kN/m^3)；e'为抛石基床底面合力作用点的偏心距(m)。B_1为堤底面实际受压宽度(m)，当$\xi < B/3$时，$B_1 = 3\xi$；当$\xi \geqslant B/3$时，$B_1 = B$；B为堤底宽度(m)；ξ为在堤底面上，波峰作用时合力作用点至后踵或波谷作用时合力作用点至前趾的距离(m)。

非岩基上的重力式直立堤的地基承载力应按《水运工程地基设计规范》(JTJ147—2017)第5.3条有关规定验算。

2.3.5 沉箱吃水、干舷高度和浮游稳定性验算

1. 沉箱吃水

根据《码头结构设计规范》(JTS167—2018)，沉箱溜放、漂浮、浮运和沉放时，沉箱底部的富余水深应根据自然条件和施工要求确定。沉放时，沉箱底部与基床顶面间的富余水深宜取$0.3 \sim 0.5$ m。

2. 沉箱干舷高度验算

根据《码头结构设计规范》(JTS167—2018)第7.6.13条的规定，沉箱的干舷高度应满足式(2.3.12)的要求：

$$F \geqslant \frac{B}{2} \tan\theta + \frac{2h}{3} + S \quad (2.3.12)$$

式中，F为沉箱的干舷高度(m)，$F = H - T$，H为沉箱高度，T为沉箱吃水；B

为沉箱在水面处的宽度(m);θ 为沉箱的倾角(°),沉箱溜放时与滑道末端的坡脚,浮运计算时采用;h 为波高(m);S 为沉箱干舷的富余高度(m),取 0.5~1.0 m。

 3. 沉箱浮游稳定性验算

以定倾高度表示的浮游稳定性应按式(2.3.13)计算。计算时,钢筋混凝土和水的重度应根据实测资料确定,如无实测资料,钢筋混凝土重度宜取 24.5 kN/m³,水的重度淡水宜取 10 kN/m³,海水宜取 10.25 kN/m³。

$$m = \rho - a \qquad (2.3.13)$$

式中,m 为定倾高度(m);ρ 为沉箱定倾半径(m),按《码头结构设计规范》(JTS167—2018)式(7.6.15)计算;a 为沉箱重心到浮心的距离(m)。

沉箱的定倾高度应符合下列规定:

(1)近程浮运时,沉箱的定倾高度不小于 0.2 m;

(2)远程浮运时,以块石和砂等固体物压载的沉箱定倾高度不小于 0.3 m,以液体压载的沉箱定倾高度不小于 0.4 m。

2.3.6 直立堤断面型式案例

下面介绍一些常见的直立堤断面结构型式。

威海港威海湾港区客滚区防波堤采用钢筋混凝土矩形沉箱结构(图 2.3.3),沉箱底宽 8.5 m、腰宽 6.5 m、高 10.5 m、长 13.04 m,单个沉箱重量按 800 t 控制,设 6 个舱格,沉箱安放就位之后,箱内填充 10~100 kg 块石,待沉箱沉降稳定后现场浇筑 L 形混凝土胸墙,胸墙顶高程按允许少量越浪的直立堤设计,顶高程为 4.0 m。顶部胸墙后移,可使作用于胸墙的波浪力与作用于下部堤身的波浪力产生相位差,从而减小作用在防波堤上的总波浪力。

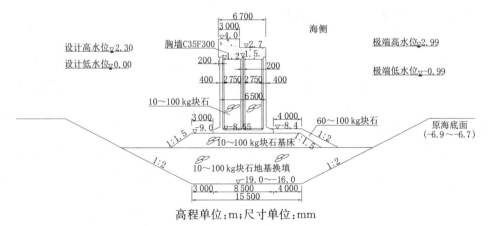

高程单位:m;尺寸单位:mm

图 2.3.3 威海港威海湾港区客滚区防波堤工程结构断面图

青岛万达游艇码头防波堤兼码头呈环抱式布置,北防波堤兼码头长 143 m,南防波堤长 981 m。北防波堤兼码头主体采用内直、外斜式结构(图 2.3.4),内侧为重力式沉箱结构,上部现浇钢筋混凝土胸墙,内侧前沿设计顶高程 4.5 m,底高程-8.5 m。外侧为抛石斜坡堤结构,堤顶设混凝土挡浪墙,顶高程 6.2 m,护面采用 10 t 扭王字块体,坡度为 1∶1.5。

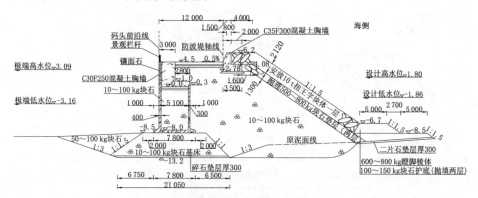

高程单位:m;尺寸单位:mm

图 2.3.4　青岛万达游艇码头防波堤兼码头结构断面图

1967 年,我国在青岛中港西北堤的延长工程中,设计了第一座方块堤身的削角直立堤,后来,又陆续在葫芦岛港南堤(图 2.3.5),山海关船厂东堤,秦皇岛港油码头南堤和丙、丁码头防波堤,八所港北堤延长段等使用。

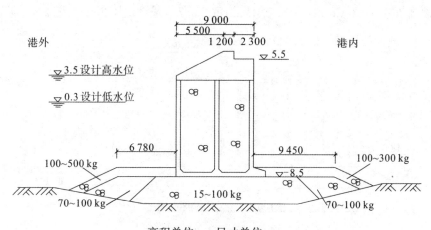

高程单位:m;尺寸单位:mm

图 2.3.5　葫芦岛削角直立堤

20 世纪 60 年代国外开发了外壁开孔的消浪沉箱式结构。1975 年国内第一座开孔消浪直立堤建于秦皇岛港的油码头,消能室位于港口的内侧,用于改善港池泊稳条件,如图 2.3.6 所示。其后,出于相同用途,在秦皇岛港煤码头一、二期工程以及 1987 年始建于青岛港前湾港区一期工程的突堤式煤码头,内侧的堤身设置了前后上部舱格联通的消能室。

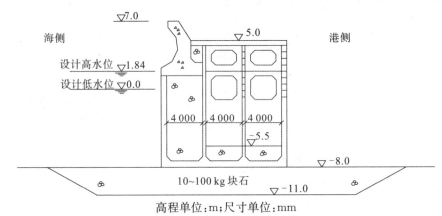

高程单位:m;尺寸单位:mm

图 2.3.6　秦皇岛油港开孔消浪直立堤

20 世纪 80 年代初我国援建的马耳他共和国马尔萨什洛克港防波堤,设计全长 1 015 m,施工中为避开地质软弱带,直立堤缩短 45 m,因此,实际施工长度为 969.929 m。其中,斜坡堤长 252.112 m,直立堤长 717.819 m,直立堤港侧兼作一个 8 万吨级泊位。堤前海底高程大多超过 -20 m,最大水深处高程为 -28 m。设计波高 $H_{1\%}=9.0$ m,$T_{1/3}=10.7$ s,沉箱重 6 567 t,最重块体 20 t,如图 2.3.7 所示。

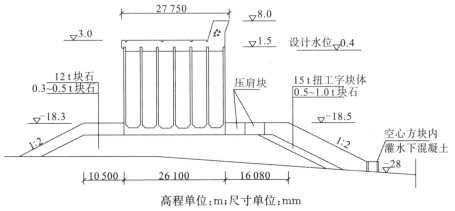

高程单位:m;尺寸单位:mm

图 2.3.7　马尔萨什洛克港直立堤

3 设计中的专题的计算

3.1 设计水位

高、低潮位在海岸工程设计中是一个重要的水文数据，它不仅直接影响着港口陆域及建筑物的高程和船舶航行水域深度的确定，而且影响到建筑物类型的选择以及结构计算等。海洋工程的规模、等级和使用情况不同，选用的设计潮位也不同。设计潮位通常包括设计高、低水位，极端高、低水位和乘潮水位。

设计高、低水位是指海岸建筑物在正常使用条件下的高、低水位，对人工岛或码头而言，在设计高、低水位范围内，它应能保证设计中考虑的最大船舶在各种装卸作业条件下，均可以安全地靠泊并进行装卸作业，同时还应保证在各种设计荷载下，满足结构以及地基强度和稳定性的要求。

确定设计高、低水位时，有的国家采用平均大潮高、低潮位；有的国家采用历时累积频率1%、98%的潮位。经有关单位对我国沿海潮位资料进行详细分析研究后，我国《港口与航道水文规范》(JTS145—2015)规定：对于海岸港和潮汐作用明显的河口港，设计高水位采用高潮累积频率10%的潮位，简称高潮10%；设计低水位采用低潮累积频率90%的潮位，简称低潮90%。如已有历时累积频率统计资料，其设计高、低潮位也可分别采用历时累积频率1%和98%的潮位。对于汛期潮汐作用不明显的河口港，设计高、低水位分别采用多年历时1%和98%的潮位。在进行潮位累积频率统计时，应有多年的实测潮位资料或至少完整一年逐日每小时的实测潮位资料。

极端水位是指港口建筑物在非正常工作条件下的高、低潮位。这种水位通常不是由单纯的天文因素造成的，而是由于寒潮、台风、低压、地震、海啸所造成的增减水与天文潮组合而成的。极端高、低水位的重现期是以几十年计算的。因此在出现这种水位时，并不要求海洋建筑物能正常使用。可以不再作业，但却要求在非作业时的各种荷载作用下，各部分结构和地基仍具有一定的安全度。

过去,我国一些单位在设计中,极端高水位曾采用历年最高潮位,如资料年份较少时,历年最高潮位则根据调查和论证确定。极端低水位一般采用历年最低潮位。从全国各港口的验潮资料来看,随着年数的增多,历年最高、最低潮位的数值有较大的差异。由调查而来的历史最高、最低潮位,同样存在着这个问题,而且数值更不可靠。此外,对特高、特低潮位的取舍,更无一定的标准。

为了克服上述缺点,我国有关单位经过大量潮位资料分析比较后,《港口与航道水文规范》规定采用年频率统计的方法来确定极端水位。在具有连续 20 年以上高、低潮位的地点,用频率分析法推求 50 年一遇的高、低潮位作为极端水位。这样所确定的潮位具有明确的统计含义,而对于其他一些特殊水位也可在规定重现期的基础上予以推算。

3.1.1 设计潮位

根据我国沿海 20 多个港口和验潮站的潮位资料统计,高潮 10％与历时 1％、低潮 90％与历时 98％的差值一般在 10 cm 以内,因此,对于海岸港和潮汐作用明显的河口港,设计高水位和设计低水位分别采用高潮 10％和低潮 90％。而对于汛期潮汐作用不明显的河口港,考虑汛期洪峰水位可能连续几天高于一般高潮位,因此,设计高水位和设计低水位分别采用多年的历时 1％和 98％的潮位。下面除了简述这两种曲线的绘制方法外,还将介绍其他计算设计潮位的近似方法。

1. 历时潮位累积频率曲线

潮位历时累积频率曲线是以全年逐日每小时潮位记录作为统计数据进行频率分析而绘制成的。在绘制曲线前,应对所选取的资料进行审查,修正错误数据,弥补缺测资料。曲线绘制步骤如下:

(1)确定全部资料中的最高或最低潮位,给出潮位变动幅度。

(2)在最高和最低潮位之间划分间隔,一般可取 10 cm。

(3)由高至低逐级进行累积出现次数的统计。

(4)设累加次数为 m,总次数为 n,则高于该间隔下限的潮位累积频率为 $P = \frac{m}{n} \times 100\%$。

(5)取潮位为纵坐标,累加频率 P 为横坐标,并将不同的 P 所对应的潮位绘在坐标纸上,把各点连成光滑的曲线,即为潮位历时累积频率曲线,如图 3.1.1 所示。根据《港口与航道水文规范》规定,对于一般港口应选用历时累积频率为 1％的潮位作为设计高水位,98％的潮位作为设计低水位。

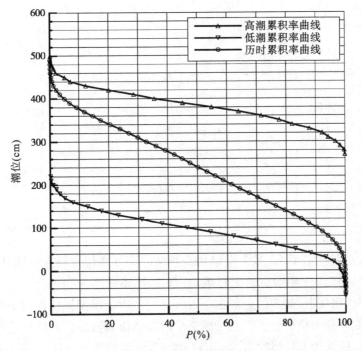

图 3.1.1　潮位累积频率曲线

2. 潮峰或潮谷的累积频率曲线

这是以每日两次高潮(表 3.1.1)和两次低潮的潮位值作为统计数据而绘制的累积频率曲线。其绘制方法与历时累积频率曲线绘制方法相同,如图 3.1.1 所示。

表 3.1.1　某观测站高潮累积频率计算表

间隔	次数	累加次数 m	频率 P (%)	间隔	次数	累加次数 m	频率 P (%)
500~509	1	1	0.14	440~449	14	50	7.08
490~499	0	1	0.14	430~439	37	87	12.32
480~489	3	4	0.57	420~429	54	141	19.97
470~479	5	9	1.27	410~419	60	201	28.47
460~469	5	14	1.98	400~409	49	250	35.41
450~459	22	36	5.10	390~399	68	318	45.04

（续表）

间隔	次数	累加次数 m	频率 P （%）	间隔	次数	累加次数 m	频率 P （%）
380～389	69	387	54.82	310～319	14	664	94.05
370～379	64	451	63.88	300～309	18	682	96.60
360～369	54	505	71.53	290～299	11	693	98.16
350～359	43	548	77.62	280～289	8	701	99.29
340～349	31	579	82.01	270～279	3	704	99.72
330～339	41	620	87.82	260～269	1	705	99.86
320～329	30	650	92.07	总计	705		

　　根据对我国沿海 20 多个港口和验潮站的部分潮位资料进行统计对比，对于海岸港和潮汐作用明显的河口港，高潮 10% 和低潮 90% 与历时 1% 和历时 98% 的潮位很接近，其差值一般在 10 cm 之内。对于汛期潮位作用不明显的河口港，汛期洪峰水位可能连续几天高于一般高潮位，若按高、低潮位进行统计是不合理的，应采用多年历时 1% 和历时 98% 的水位值作为设计高、低水位。

　　3. 短期同步差比法

　　在新建港口的初步设计阶段，若潮位观测资料不足一年时，可与附近有一年以上验潮资料的港口或验潮站进行同步相关分析，计算相当于高潮 10% 或低潮 90% 的数值，此法称为短期同步差比法。进行差比计算时，要求两个港口或验潮站之间符合条件：①潮汐性质相似；②地理位置邻近；③受河流径流包括汛期径流的影响相似。而潮汐性质相似可按下列方法判断：

　　(1)潮位过程线比较法。将两个港口或验潮站半个月以上短期的同步每小时潮位绘于方格纸上，使两过程线平均海平面重叠在一起，高潮与低潮时间尽量一致，比较两过程线的潮形、潮差和日不等等情况。

　　(2)高潮或低潮相关比较。在方格纸上，以纵、横坐标分别代表两个港口或验潮站的高、低潮位，将一个月以上短期同步的逐次高、低潮位点绘其上，连成相关线，比较两港口或验潮站高、低潮位的相关情况。

　　如图 3.1.2，采用短期同步差比法，计算公式如下：

$$h_{sy} = A_{Ny} + \frac{R_y}{R_x}(h_{sx} - A_{Nx}) \tag{3.1.1}$$

$$A_{Ny} = A_y + \Delta A_y \tag{3.1.2}$$

式中，h_{sx} 和 h_{sy} 分别为已有港口和拟建港口的设计高水位或低水位；R_x 和 R_y 分别为已有港口和拟建港口的一个月以上短期同步的平均潮差；A_{Nx} 和 A_{Ny} 分别为已有港口和拟建港口的年平均海平面；A_y 为拟建港口的短期验潮资料的月平均海平面；ΔA_y 为拟建港口所在地区海平面的月份订正值或近似用已有港口海平面的月份订正值。

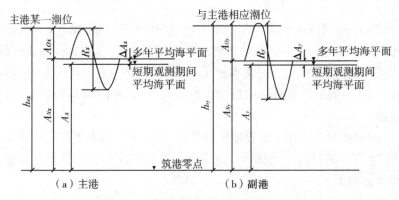

图 3.1.2　同步差比法推求设计潮位

4. 设计水位的近似计算方法

在潮位实测资料不足，又不具备进行差比计算条件的工程地点，《港口与航道水文规范》给出了近似计算方法。

当有短期验潮资料时，设计高、低水位按下式计算：

$$h_s = A_N \pm (0.6R + K) \tag{3.1.3}$$

$$A_N = A + \Delta A \tag{3.1.4}$$

式中，h_s 为设计高水位或设计低水位（m），正负号分别用于高、低水位；R 为一个月以上短期验潮资料中的平均潮差，对于北方港口不应采用冬季潮差；K 为常数，可取 0.4 m；A_N 为年平均海平面（m）；A 为短期验潮资料的月平均海平面（m）；ΔA 为港口所在地区或附近港口海平面的月份订正值（m）。

当有工程地点的平均大潮升等资料时，设计高、低水位按下式计算：

$$h_s = A_N \pm [0.90(R - A_0) + K] \tag{3.1.5}$$

式中，R 表示半日潮的平均大潮升，或日潮的回归潮平均高高潮（m）；A_0 表示与大潮升或回归潮平均高高潮同一潮位起算面起算的平均海平面（m）；A_N 为按当地验潮站零点起算的年平均海平面（m）；K 为常数，设计高、低潮位分别取 0.45 m、0.4 m。

3.1.2 极端潮位

1. 频率分析法

设计潮位频率分析的线型，在海岸地区则多采用 Gumbel 分布曲线，在受径流影响的潮汐河口地区往往采用 P-Ⅲ 型分布曲线。下面介绍二者的频率分析方法。

(1)Gumbel 分布。在海岸防灾工程设计中，设计高、低水位的确定是按照频率分析方法进行的。依据建筑物的等级和重要性，按照地区的设计标准推求一定频率的高、低水位。通常要推求重现期 50 年一遇的高、低水位，应有不少于连续 20 年的年最高潮位或最低潮位实测资料，并应调查历史上出现的特殊水位值。

Gumbel 分布常用于工程潮位的计算。Gumbel 分布又称为极值 Ⅰ 型分布，由 Fisher 首先导出，Gumbel 于 1941 年首次把它用在洪水分析计算中，其概率分布函数如下：

$$F(x)=\exp\{-\exp[-\alpha(x-\beta)]\} \tag{3.1.6}$$

Gumbel 采用最小二乘法估计分布参数 α 和 β。令 $y=\alpha(x-\beta)$，则计算公式如下：

$$\begin{cases} \alpha=\dfrac{\sigma_n}{S_x} \\[2mm] \beta=\bar{x}-\dfrac{\bar{y}_n}{\alpha} \end{cases} \tag{3.1.7}$$

式中，

$$\begin{cases} \bar{x}=\dfrac{1}{n}\sum x_i \\[2mm] \bar{y}_n=\dfrac{1}{n}\sum y_i \\[2mm] S_x=\sqrt{\dfrac{1}{n}\sum(x_i-\bar{x})^2}=\sqrt{\dfrac{1}{n}\sum x_i{}^2-\bar{x}^2} \\[2mm] \sigma_n=\sqrt{\dfrac{1}{n}\sum(y_i-\bar{y}_n)^2}=\sqrt{\dfrac{1}{n}\sum y_i{}^2-\bar{y}_n{}^2} \end{cases} \tag{3.1.8}$$

由于 σ_n、$\bar{y}_n$ 仅与累积概率 P 有关，是项数 n 的函数。当 n 确定之后，Gumbel 由 $P=m/(n+1)$ 求出 σ_n、$\bar{y}_n$ 值，其中 m 为变量 x 按照递减次序排列的序号，n 与 σ_n、$\bar{y}_n$ 的关系可用曲线或表格形式给出，见表 3.1.2。

表 3.1.2 σ_n、$\overline{y}_n$ 与 n 的关系表

n	$\overline{y}_n$	σ_n	n	$\overline{y}_n$	σ_n	n	$\overline{y}_n$	σ_n
8	0.484 3	0.904 3	19	0.522 0	1.056 6	60	0.552 1	1.174 7
9	0.490 2	0.928 8	20	0.523 6	1.062 8	70	0.554 8	1.185 4
10	0.495 2	0.949 7	22	0.526 8	1.075 4	80	0.556 9	1.193 8
11	0.499 6	0.967 6	24	0.529 6	1.086 4	90	0.558 6	1.200 7
12	0.503 5	0.983 3	26	0.532 0	1.096 1	100	0.560 0	1.206 5
13	0.507 0	0.997 2	28	0.534 3	1.104 7	200	0.567 2	1.236 0
14	0.510 0	1.009 5	30	0.536 2	1.112 4	500	0.572 4	1.258 8
15	0.512 8	1.020 6	35	0.540 3	1.128 5	1 000	0.574 5	1.268 5
16	0.515 7	1.031 6	40	0.543 6	1.141 3	∞	0.577 2	1.282 6
17	0.518 1	1.041 1	45	0.546 3	1.151 9	—	—	—
18	0.520 2	1.049 3	50	0.548 5	1.160 7	—	—	—

将式(3.1.7)代入式(3.1.6)，由于 $P = 1 - F$，对应于累积概率 P，其变量 x_p 值为

$$x_p = \overline{x} + \frac{1}{\sigma_n}\{-\ln[-\ln(1-P)] - \overline{y}_n\}S_x \tag{3.1.9}$$

令

$$\lambda_{pn} = \frac{1}{\sigma_n}\{-\ln[-\ln(1-P)] - \overline{y}_n\} \tag{3.1.10}$$

式中，λ_{pn} 仅与 P 和 n 有关（《港口与航道水文规范》附录 D），可得推算极端高、低水位的计算式如下：

$$x_p = \overline{x} + \lambda_{pn} \cdot S_x \tag{3.1.11}$$

若在 n 年验潮资料之内或之外出现过历史特高或特低潮位，在计算极端水位时应进行特大值的处理，主要是调查确定特大潮位的量值 X_N 及其重现期 N。按照下式计算 T 年（$P = 1/T$）一遇的极端高、低潮位。

$$X_p = \overline{X}_N \pm \lambda_{PN}S_{XN} \tag{3.1.12}$$

式中，$\overline{X}_N$、S_{XN} 是考虑特大值后的年最高、最低潮位观测序列的均值和均方差；λ_{PN} 是考虑特大值重现期 N 之后的系数值，按式(3.1.10)计算。

考虑 n 年观测潮位资料具有代表性，则可以假定特大潮位与观测序列之间的缺测年份的均值与 n 年观测资料的均值和均方差相等。若观测潮位资料内有 l 个特大值，之外有 b 个特大值，令 $a = l + b$，则包括特大值及一般观测潮位

的 N 年序列的均值和均方差分别为

$$\overline{X}_N = \frac{1}{N}\left[\sum_{j=1}^{a} x_i + \frac{N-a}{n-1}\sum_{i=l+1}^{n} x_i\right] \tag{3.1.13}$$

$$S_{XN} = \sqrt{\frac{1}{N}\left[\sum_{j=1}^{a}(x_i-\overline{X}_N)^2 + \frac{N-a}{n-l}\sum_{i=l+1}^{n}(x_i-\overline{X}_N)^2\right]} \tag{3.1.14}$$

在年极值潮位的长期统计分析中,除了 P-Ⅲ 型分布和 Gumbel 分布,常用的理论线型还有 Weibull 分布、Log-normal 分布等其他类型,经过论证,也可以用于潮位频率分析计算。

例 3.1.1 已知按某工程海区连续 20 年最高潮位观测序列(表 3.1.3),要求推算 50 年一遇的高潮位。

表 3.1.3 某海区连续 20 年最高潮位值

序号	1	2	3	4	5	6	7	8	9	10
年最高潮位 x_i(cm)	376	365	356	352	351	351	350	350	349	340
经验频率 $P(\%)$	4.76	9.52	14.29	19.05	23.81	28.57	33.33	38.10	42.86	47.62
序号	11	12	13	14	15	16	17	18	19	20
年最高潮位 x_i(cm)	336	334	333	330	326	326	323	322	320	317
经验频率 $P(\%)$	52.38	57.14	61.90	66.67	71.42	76.19	80.95	85.71	90.48	95.24

解:(1)将资料依次由大到小排列,由 $P = \frac{m}{n+1} \times 100\%$ 计算各潮位经验频率填入表 3.1.3。

(2)求均值 $\overline{x} = \frac{1}{n}\sum_{i=1}^{n} x_i = \frac{1}{20} \times 6\ 807 = 340.35\ \text{cm}$

(3)计算均方差 $S_x = \sqrt{\frac{1}{n}\sum x_i^2 - \left(\frac{1}{n}\sum x_i\right)^2}$

$$= \sqrt{\frac{1}{20} \times 2\ 321\ 739 - (340.35)^2} = 15.77$$

(4)采用 Gumbel 分布进行适线,理论值见表 3.1.4。

表 3.1.4 例 3.1.2 解得的重现值表

$P(\%)$	1	2	4	5	10	25	50	75	90	95	99
$\lambda_{p,20}$	3.836	3.179	2.517	2.302	1.625	0.680	−0.148	−0.8	−1.277	−1.525	−1.93
x_p(cm)	401	391	380	377	366	351	338	328	320	316	310

(5)50 年一遇高潮位：$T = 50$ 年，$P = 2\%$，$x_{2\%} = \overline{x} + 3.179S_x = 391$ cm。

例 3.1.2 潮位观测序列同例 3.1.1，据调查在此序列之前曾出现 $+494$ cm 的特高潮位，重现期为 36 年，进行特大值处理后，推算 50 年一遇高潮位。

解： (1)自 1940 年至 1975 年，$N = 36$ 年，考虑特大值序列的均值为

$$\overline{H} = \frac{1}{N}\left[H_N + (N-1)\frac{1}{n}\sum_{i=1}^{n}H_i\right] = \frac{1}{36}\left[494 + \frac{35}{20} \times 6\ 808\right] = 344.67 \text{ cm};$$

(2) $\overline{H^2} = \frac{1}{N}\left[H_N^2 + (N-1)\frac{1}{n}\sum_{i=1}^{n}H_i^2\right] = \frac{1}{36}\left[494^2 + \frac{35}{20} \times 2\ 322\ 444\right]$

$\qquad = 119\ 675.4 \text{ cm}^2;$

(3)均方差 $S = \sqrt{\overline{H^2} - \overline{H}^2} = \sqrt{119\ 675.4 - 118\ 797.4} = \sqrt{878} = 29.63$ cm；

(4)经验频率点除对应于特大值 H_N（494 cm）的 $P = \dfrac{1}{N+1} \times 100\% = $
2.70% 外，其他对应于 H_i 的经验频率仍为 $P = \dfrac{1}{n+1} \times 100\% = \dfrac{m}{21} \times 100\%$。

(5)根据 $H_p = \overline{H} + \lambda_{p,N} \cdot S$，计算不同重现设计潮位；查附表 2 确定 $\lambda_{p,N}$ 值，列入表 3.1.5，其中 n 采用 N 值；

(6)50 年一遇高潮位为 433 cm：

表 3.1.5 例 3.1.3 解得的重现值表

$P(\%)$	1	2	4	5	10	25	50	75	90	95	99
$\lambda_{p,20}$	3.547	2.972	2.350	2.148	1.511	0.623	-0.154	-0.767	-1.216	-1.448	-1.828
x_p(cm)	450	433	414	408	389	363	340	322	309	302	291

(2)P-Ⅲ型分布。在海岸防灾工程设计中常以某一重现期的潮位特征值作为设计标准，如 50 年一遇最大潮位或 100 年一遇最大潮位。设潮位年最大值 X 的概率密度函数为 $f(x)$，如图 3.1.3 所示，其概率分布函数为

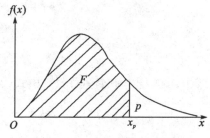

图 3.1.3 密度分布曲线图

$$F = \int_{-\infty}^{x_p} f(x)\mathrm{d}x \qquad (3.1.15)$$

其相应的出现概率为

$$P = 1 - F \qquad (3.1.16)$$

若期望 X 大于或等于某一特定值的潮位在 T 年内出现一次,则称 T 为此特定值的重现期,且 $T=1/P$。式(3.1.15)和(3.1.16)中,x_p 为 T 年一遇潮位的特征值;P 为大于或等于 x_p 值的频率。根据工程设计要求而提出的某一特定频率称为设计频率,根据设计频率可找到相应的特征值 x_p。例如,$P=2\%$,则 $T=1/P=50$,那么 $x_{0.02}$ 即为 50 年一遇设计特征值。在海岸防灾工程中,一般选取 n 年最大潮位值,构成极值统计样本,选配适合的理论频率曲线,从而推算出潮位设计值。

英国生物学家皮尔逊统计分析了大量实测资料,提出了 13 种经验分布曲线。其中第Ⅲ型分布常被用于我国计算最大波高、最大潮位等极值水文气象要素的统计中,称之为皮尔逊Ⅲ型曲线(即 P-Ⅲ型曲线)。下面介绍 P-Ⅲ型分布的适线方法。

P-Ⅲ型曲线的概率密度函数如下:

$$f(x)=\frac{\beta^\alpha}{\Gamma(\alpha)}(x-a_0)^{\alpha-1}\exp[-\beta(x-a_0)] \tag{3.1.17}$$

式中,$\Gamma(\alpha)$ 为 α 的伽马函数;α、β 和 a_0 分别为形状参数、尺度参数和位置参数,三者与统计系列的均值 $\bar{x}$、变差系数 c_v 和偏态系数 c_s 之间的关系如下:

$$\alpha=\frac{4}{c_s^2},\beta=\frac{2}{\bar{x}c_vc_s},a_0=\bar{x}\left(1-\frac{2c_v}{c_s}\right) \tag{3.1.18}$$

令 $k_i=\frac{x_i}{\bar{x}}$,样本统计参数 $\bar{x}$、c_v、c_s 可按以下公式估计:

$$\bar{x}=\frac{1}{n}\sum x_i \tag{3.1.19}$$

$$c_v=\sqrt{\frac{1}{n-1}\sum(k_i-1)^2} \tag{3.1.20}$$

$$c_s=\frac{\sum(k_i-1)^3}{(n-3)c_v^3} \tag{3.1.21}$$

式中,n 为样本中个体总数。由式(3.1.20)积分,可得 P-Ⅲ型分布曲线,即

$$P(X\geqslant x)=\int_x^{+\infty}f(x)\mathrm{d}x \tag{3.1.22}$$

由上式可知,$\bar{x}$、c_v、c_s 一经确定,则 x 仅与 P 有关,即可计算与 P 对应的 x_p。

在潮位的极值统计分析时,指定设计频率,则与之对应的设计值可由式(3.1.22)积分计算得到,也可以通过专用表格查算获得,其原理与方法如下。

定义标准化变量

$$\Phi = \frac{x - \bar{x}}{\bar{x} \cdot c_v} \tag{3.1.23}$$

为离均系数,其平均值为 0,标准差为 1。将其代入式(3.1.22),得

$$P(\Phi \geqslant \Phi_p) = \int_{\Phi_p}^{+\infty} f(\Phi, c_s) d\Phi \tag{3.1.24}$$

给定 c_s 就可以计算 Φ_p 和 P 的对应值。同样,当给定 c_s 和 P 值,可以按下式计算 x_p:

$$x_p = (\Phi_p \cdot c_v + 1)\bar{x} \tag{3.1.25}$$

定义模比系数

$$K_p = \Phi_p \cdot c_v + 1 \tag{3.1.26}$$

若已知 (c_s/c_v) 值,由《港口与航道水文规范》附录 C 查得模比系数 K_p,代入下式:

$$x_p = K_p \cdot \bar{x} \tag{3.1.27}$$

可以求出不同概率 P 对应的 x_p 值,从而绘制出 P-Ⅲ 型理论分布曲线。

例 3.1.3 采用 P-Ⅲ 型曲线计算多年一遇设计潮位。

某验潮站 1970～1999 年连续 30 年的年最大潮位值见表 3.1.6,试采用 P-Ⅲ型曲线推算该站 50 年一遇和 100 年一遇的设计潮位值。计算步骤如下:

表 3.1.6　某验潮站年极值潮位表

序号	潮位 (cm)	经验概率 (%)	序号	潮位 (cm)	经验概率 (%)	序号	潮位 (cm)	经验概率 (%)
1	553	3.70	10	519	37.04	19	510	70.37
2	552	7.41	11	519	40.74	20	510	74.07
3	544	11.11	12	519	44.44	21	508	77.78
4	539	14.81	13	518	48.15	22	505	81.48
5	534	18.52	14	515	51.85	23	503	85.19
6	534	22.22	15	513	55.56	24	499	88.89
7	525	25.93	16	513	59.26	25	498	92.59
8	522	29.63	17	512	62.96	26	487	96.30
9	521	33.33	18	510	66.67	—	—	—

(1)将观测潮位值按递减顺序排列,计算得平均值 $\bar{x} = 518.54$ cm,标准差 $s = 16.23$ cm。

(2)按 $p=\dfrac{m}{n+1}\times100\%$ 计算各潮位值对应的经验频率值 p，填入表 3.1.6。

(3)计算潮位样本的离差系数 $c_v=s/\overline{x}=0.031\ 3$。

(4)根据参数 $\overline{x}$、c_v 和 c_s 查 P-Ⅲ型曲线 k_p 值表(《港口与航道水文规范》附录 C)，分别得到 $c_s=1.0c_v$、$2.0c_v$、$3.0c_v$ 值时各频率相对应的 K 值，然后再求出相应的 x 值，见表 3.1.7。

表 3.1.7　k_p 值表

$P(\%)$	1	2	5	10	20	50	80	90	95	98	99
$c_s=2c_v$	1.074	1.065	1.052	1.040	1.026	1.000	0.974	0.960	0.949	0.937	0.929

(5)将观测潮位值的经验频率点绘于海森概率格纸上(以·表示)。并将拟合的理论分布曲线绘于同一格纸上，如图 3.1.4 所示。若理论分布曲线与经验频率点配合不理想，可以改变 c_s 与 c_v 的比值，绘制多条理论频率曲线，从中选优。本题取 $c_v=0.031\ 3$、$c_s=3.0c_v$ 的理论曲线进行重现值估计。

(6)从配合最佳的理论频率曲线上读取 50 年一遇最大潮位($x_{2\%}$)为 553 cm，100 年一遇年最大潮位($x_{1\%}$)为 559 cm。

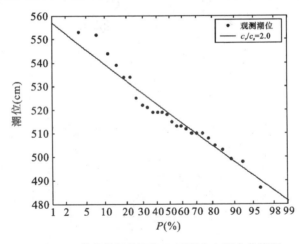

图 3.1.4　某种年极值潮位 P-Ⅲ型分布拟合曲线图

2. 极值同步差比法

对于有不少于连续 5 年的最高潮位或最低潮位的港口，极端高、低水位可与附近有不少于连续 20 年资料的港口或验潮站进行同步相关分析，计算相当于 50 年一遇年极值高潮位或低潮位，此法称为极值同步差比法。

进行差比计算时,要求两个港口或验潮站之间符合条件:①潮汐性质相似;②地理位置邻近;③受河流径流包括汛期径流的影响相似;④受增减水影响相似。

采用短期同步差比法,计算公式如下:

$$h_{JY}=A_{NY}+\frac{R_Y}{R_X}(h_{JX}-A_{NX})\tag{3.1.28}$$

式中,h_{JX} 和 h_{JY} 分别为已有港口和拟建港口的极端高水位或低水位;R_X 和 R_Y 分别为已有港口和拟建港口的同期各年年最高潮位或最低潮位的平均值与平均海平面的差值;A_{NX} 和 A_{NY} 分别为已有港口和拟建港口的年平均海平面。

3. 其他近似计算方法

对于不具备用极值同步差比法进行计算的港口,可按下式计算极端高、低水位:

$$h_J=h_S\pm K\tag{3.1.29}$$

式中,h_J 和 h_S 分别为已有港口和拟建港口的极端高、低水位与设计高、低水位;K 为常数,采用与表 3.1.8 中潮汐性质、潮差大小、河流影响以及增减水影响都较相似的附近港口相应的数值,高、低水位分别用正、负值。

表 3.1.8　极端水位近似计算方法中的常数 K 值(m)

站位	不同水位下 K 值		站位	不同水位下 K 值		站位	不同水位下 K 值	
	极端高水位	极端低水位		极端高水位	极端低水位		极端高水位	极端低水位
海洋岛	0.8	1.4	金山嘴*	1.2	1.4	赤湾	1.1	1.0
大连	1.0	1.6	滩浒*	1.5	1.4	泗盛圈*	1.1	0.7
鲅鱼圈*	1.0	1.3	镇海	1.5	0.9	黄埔	1.0	0.7
营口	1.1	1.5	长涂*	1.1	1.0	横门*	1.3	0.6
葫芦岛	1.0	1.5	沈家门*	0.8	1.0	灯笼山	1.2	0.6
秦皇岛	1.0	1.6	西洋	1.2	1.1	大万山*	0.9	0.7
塘沽	1.6	1.8	海门(浙)	1.4	0.8	黄冲*	1.3	1.0
龙口	1.6	1.5	大陈*	0.9	1.0	黄金	1.2	1.0
烟台	1.1	1.2	坎门	1.6	0.9	三灶*	1.1	0.8
乳山口	0.9	1.3	龙湾(闽)	1.4	0.9	闸坡*	1.2	0.8
威海	1.1	1.1	沙埕*	1.1	1.3	湛江	2.4	0.9

（续表）

站位	不同水位下 K 值		站位	不同水位下 K 值		站位	不同水位下 K 值	
	极端高水位	极端低水位		极端高水位	极端低水位		极端高水位	极端低水位
青岛	1.2	1.3	三沙*	1.1	1.3	硇洲*	1.3	0.9
石臼所	1.2	1.2	梅花*	1.0	1.1	秀英	1.8	0.7
连云港	1.5	1.2	马尾	1.4	1.0	清洪*	1.2	0.6
燕尾	1.1	1.2	平潭*	1.3	1.0	榆林*	0.9	0.6
吴淞	1.6	1.0	崇武	1.3	1.0	八所	0.9	0.8
高桥*	1.4	1.0	厦门	1.5	1.0	湘洲*	1.0	1.1
中浚	1.3	1.0	东山	1.0	0.9	石头埠*	1.1	1.4
大戴山	1.0	1.1	汕头	2.3	0.7	北海	1.1	0.9
绿华山	1.0	0.9	汕尾	1.3	0.7	白龙尾*	1.3	1.1

注:"＊"表示该站采用条件分布联合概率法的计算结果。

3.1.3 天文潮与风暴潮联合设计潮位

我国《港口与航道水文规范》中规定,采用年频率统计的方法推求 50 年一遇的高、低潮位作为极端水位。实际上,水位的高低受制于天文与气象两种因素。正常条件下,天体运行导致的潮汐起主要作用;而异常的天气条件,如热带气旋、温带气旋、寒潮等亦可产生较大的增减水。如果较大的增水与天文高潮相遇或较大的减水与天文低潮相遇,往往对港口与海岸工程造成较大的影响。《港口与航道水文规范》中采用的依据总水位进行统计分析的方法,忽略了上述两种致灾因素的联合作用,难以明确不同组分对设计重现值的影响程度。

针对单一水位确定重现值的不足,国内外学者提出了天文潮与风暴潮增水组合求解极端水位的思路。例如,将风暴潮增水和平均高潮位迭加以确定极端水位,这是一种经验的方法。也有学者将风暴潮增水极值与天文潮极值看作独立的随机变量,在确定其各自符合某种分布规律的基础上建立联合分布函数式,从而得出各种风暴潮增水与天文潮相组合的设计水位值及重现期。该法的不足之处在于:把增水与天文潮当作不相关的独立事件来考虑,这与工程实际不符。

本节对龙口港年风暴潮增水和天文潮位序列进行边缘统计分析,应用二维对数正态分布(简称 BLD)对二维序列进行联合概率的计算,给出 50 年一遇的风暴潮增水和天文潮位设计值的不同推算准则,并对结果进行比较分析,所得设计参数可供工程部门参考。

1. 龙口港风暴潮概况

莱州湾是我国北部沿海风暴潮影响比较严重的海区,由于其湾口开向东北,每当渤海海面上出现东北大风时,该海区则出现明显增水现象。1949 年以来,莱州湾沿岸就发生了 3 次强风暴潮灾,分别发生在 1964 年 4 月 5 日、1969 年 4 月 23 日、1980 年 4 月 5 日。龙口港位于莱州湾东岸,当东北大风急转西北大风时,龙口港增水尤为显著,往往形成海水倒灌现象。据 1961~1979 年的资料统计结果,大于 70 cm 的增水过程有 156 次,平均每年 8.2 次。不同增水值出现频率见表 3.1.9。

表 3.1.9 龙口港增水频率统计

增水范围(cm)	70~99	100~119	120~149	≥150
次数	121	24	7	4
频率(%)	78	15	5	3
年平均次数	6.4	1.3	0.4	0.2

风暴潮增水迭加在天文最高潮位时,往往形成灾害性水位。对 1961~1985 年逐月最高潮位时的增水值进行了统计分析(表 3.1.10)。由表可见,月最高潮位时的增水值在全年中的变化,与实测的最高潮位有着明显的同步性,最大增水发生在 7 月份,其值为 143 cm,对应的最高潮位为 340 cm。

表 3.1.10 龙口港月最高潮位时增水值

月份	1	2	3	4	5	6	7	8	9	10	11	12
增水值(cm)	128	132	120	135	73	127	143	125	81	122	86	111
最高潮位(cm)	252	239	229	245	223	294	340	299	250	272	246	255

2. 风暴潮增水与天文潮极值序列的边缘分析

选取龙口港 1961~1985 年的年极大水位观测序列,同时刻的天文潮位可以通过调和分析获得,对应的风暴潮增水值等于极端总水位减去天文潮位。由此可得样本的 3 个序列:极端总水位、天文潮位值及其相应的增水值。

采用最小二乘法估计 Log-normal 分布,分别对年极端总水位、天文潮位及其相应的增水进行拟合。采用 K-S 法验证年极大水位、增水及其相应的天文潮位的边缘分布是否服从 Log-normal 分布。计算结果表明:在显著性水平为0.05时,风暴潮增水和天文潮位的边缘分布都能通过假设检验(表 3.1.11),二者的 Log-normal 分布拟合如图 3.1.5~3.1.6 所示。

表 3.1.11　龙口港天文潮、增水与极端水位的 Log-normal 分布拟合结果

变量	极值分布 K-S 检验			分布拟合结果	
				重现值(cm)	
	$\hat{D}_n$	$D_n(0.05)$	Q	100 年	50 年
年极端总水位	0.169	0.27	0.041 19	321	313
天文潮位	0.148	0.27	0.062 19	218	209
增水值	0.130	0.27	0.072 94	185	172

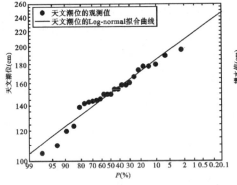

图 3.1.5　天文潮位的 Log-normal 分布

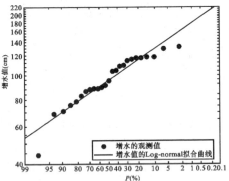

图 3.1.6　增水值的 Log-normal 分布

3.联合设计值的推算

在确定极端总水位的设计值时,传统的方法需要对天文潮位和增水值分别进行统计计算,如计算 50 年一遇的天文潮位和 50 年一遇的增水值,然后进行迭加。由于二者同时出现的概率极小,它们的联合重现期将超过 50 年,因此,往往过高地估计了极端总水位的设计值,从而增大了海岸防护工程的投资成本。由表 3.1.12 可知,当天文潮位和增水值各自的出现概率为 2%时,应用 BLD 计算得到的两者的联合概率只有 0.854 40%,重现期为 117 年,远大于 50 年,但却小于两者相互独立条件下的联合重现期 2 500 年。说明实际工程采用的单因素设计法偏于保守。

表 3.1.12　天文潮与增水不同组合下的联合概率值

| 组合 | 增水 | | | 相同出现概率的天文潮（cm） | 二者的联合出现概率（%） | 联合重现期（a） |
	值(cm)	出现概率（%）	相当重现期（a）			
Ⅰ	187.012	1	100	217.75	0.440 5	227
Ⅱ	173.63	2	50	208.62	0.854 4	117
Ⅲ	155.32	5	20	195.64	1.690 9	59
Ⅳ	140.69	10	10	184.79	1.893 5	53
Ⅴ	124.79	20	5	172.45	4.798 0	21

4. 基于联合概率分布法的极端设计水位计算

采用 BLD 对天文潮位和风暴潮增水的二维序列进行联合概率计算，得到的天文潮位和风暴潮增水的联合概率等值线图，如图 3.1.7 所示。

极端水位的高低由两个因素制约，一是风暴潮增水，二是天文潮位。即使某次发生极大的增水，如果遇上的是天文低潮，总水位也未必高；反之，不大的增水如果遇上天文高潮，总水位也可能

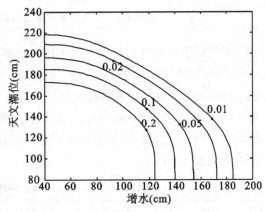

图 3.1.7　天文潮与增水的联合概率等值线

很高；当显著的增水与天文大潮相遇时，往往造成大的灾害。所以，合理地确定极端水位，需要分别分析增水值与天文潮位值，总水位 Z 可按下式计算：

$$Z = X + Y \tag{3.1.30}$$

式中，X 和 Y 分别表示增水值和天文潮位值。

提取图 3.1.7 中联合概率为 2% 的 X 与 Y 的组合，计算总水位 Z。其中最大的 Z 值为 296.5 cm，相应的 X 与 Y 分别为 141.5 cm 与 155.0 cm。类似可得 1% 曲线上，最大的 Z 值为 308.2 cm，相应的 X 与 Y 分别为 153.2 cm 与 155.0 cm。

5. 不同计算方法所得极端设计水位的比较

使用 BLD 对天文潮位和风暴潮增水的二维序列进行联合概率计算。计算得到的天文潮位和风暴潮增水的联合概率密度等值线图，如图 3.1.8 中的闭合

曲线所示。

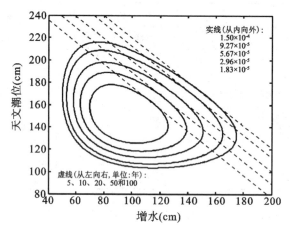

图 3.1.8　概率密度等值线与极端设计水位等值线

采用对数正态分布对总水位进行分布拟合,得到重现期为 100 年、50 年、20年、10 年和 5 年的重现值。将水位曲线绘于图 3.1.8,与联合概率密度等值线相切。计算可得:50 年一遇的极端总水位与联合概率密度等值线相切的点的增水为 144.5 cm,天文潮位为 168.1 cm,即此种组合最可能产生 50 年一遇的总水位。将不同计算方法得到的 50 年一遇极端设计水位的天文潮位与风暴潮增水组合列入表 3.1.13 中。

表 3.1.13　3 种 50 年一遇极端水位选取标准的比较

方法	分布模型	增水(cm)	天文潮位(cm)	联合概率(%)	极端水位(cm)
单因素法	Log-normal	—	—	—	312.6
联合概率密度法	BLD	144.5	168.1	0.69	312.6
联合概率法	BLD	141.5	155.0	2.00	296.5

由表 3.1.13 可见,①采用 Log-normal 分布对总水位样本进行统计,计算的50 年一遇的极端水位设计值为 312.6 cm。②根据 50 年一遇的极端总水位统计值和联合概率密度曲线,求解最可能发生的该水位下的增水和天文潮的联合概率为 0.69%,低于 2%。③由联合概率曲线,可求得天文潮位与风暴潮增水联合出现概率为 2% 的极端设计水位为 296.5 cm。

利用龙口港连续 25 年的风暴潮增水和天文潮位资料,采用 BLD 联合概率法确定的极端水位,比《港口与航道水文规范》所规定的单一因素设计法降低

5.2%。说明运用二维分布模型能够反映增水和天文潮位对极端水位的联合作用,所得的设计参数概率含义清楚,对于合理确定海岸堤防工程与港口工程设计标高有重要意义。

3.2 设计波浪

3.2.1 浪向与频率

与风玫瑰图相似,用于表示某海面区各向各级波浪出现频率及其大小的图称为波浪玫瑰图。其绘制方法为:先将波高或周期分级,一般可每间隔 0.5~1.0 m 为一级,周期每间隔 1 s 为一级,从月报表中统计各向各级波高或周期出现的次数,利用公式 $P=m/n\times100\%$ 来计算各向各级波浪出现的频率,其中 n 为所有方向的所有各级波浪在统计期间出现的总次数,m 为某一方向某一级波浪在该期间出现的次数。

根据目前我国的波浪观测方法,常常选取有代表性的年份来进行统计分析,以减少计算量。为了得到比较可靠的结果,一般需要 1~3 年的资料。

表 3.2.1 为某观测站 10 年的各向波高出现频率统计,其中 C 表示海面上无海浪。依此表可以绘制波浪玫瑰图。波浪玫瑰图有多种绘制方法,图 3.2.1 所示为其中一种。

波浪玫瑰图也可以根据工程施工、营运等需要,按月或季节绘制。

表 3.2.1　某观测站各向波高出现频率统计(%)

波向	波级(m)							
	0.1~0.5	0.6~1.0	1.1~1.5	1.6~2.0	2.1~2.5	2.6~3.0	≥3.1	Σ
N	3.21	0.75	0.06					4.02
NNE	0.79	0.55	0.33	0.03				1.70
NE	1.19	0.60	0.23	0.06			0.01	2.09
ENE	1.40	0.41	0.40	0.04	0.01			2.26
E	1.08	0.37	0.24	0.10	0.04			1.83
ESE	1.35	0.74	0.23	0.03	0.01			2.36
SE	2.41	1.30	0.77	0.06				4.54

（续表）

波向	波级（m）							
	0.1～0.5	0.6～1.0	1.1～1.5	1.6～2.0	2.1～2.5	2.6～3.0	≥3.1	Σ
SSE	4.32	3.04	1.26	0.22			0.01	8.85
S	2.52	1.45	0.91	0.12			0.04	5.04
SSW	5.77	3.10	1.67	0.16	0.01	0.03		10.74
SW	5.00	3.76	1.00	0.07	0.01			9.84
WSW	1.81	0.73	0.21	0.09				2.84
W	0.90	0.35	0.12	0.06				1.43
WNW	1.28	0.50	0.13	0.03				1.94
NW	1.36	0.27	0.08	0.01				1.72
NNW	6.10	0.62	0.08					6.80
C								32.00
Σ	40.49	18.54	7.72	1.08	0.08	0.03	0.06	100.00

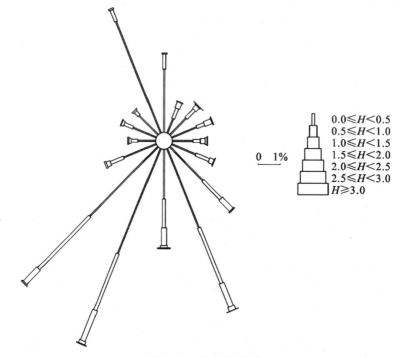

$0.0 \leqslant H < 0.5$
$0.5 \leqslant H < 1.0$
$1.0 \leqslant H < 1.5$
$1.5 \leqslant H < 2.0$
$2.0 \leqslant H < 2.5$
$2.5 \leqslant H < 3.0$
$H \geqslant 3.0$

0   1%

图 3.2.1　波浪玫瑰图

3.2.2 短期特征波高的关系

复杂的海浪可以假定是由很多个振幅不等、频率不同、位相杂乱的简谐波迭加而成。基于上述假定,海上某固定点的波面方程可写为

$$\zeta(t) = \sum_{n=1}^{\infty} \zeta_n = \sum_{n=1}^{\infty} a_n \cos(\omega_n t + \varepsilon_n) \tag{3.2.1}$$

式中,ζ 为波面在静水面上的高度;t 表示时间;a_n 为第 n 个组成波的振幅;ε_n 为初相位;ω_n 为圆频率,$\omega_n = 2\pi/T_n$,其中 T_n 为组成波的周期。

各组成波的初相位是随机的,其余弦函数值也是随机量,因而波面 ζ 就是无数个随机量之和,根据概率论中的李雅普诺夫定理,波面 ζ 服从正态分布,其概率密度函数为

$$f(\zeta) = \frac{1}{\sigma\sqrt{2\pi}} \exp\left(-\frac{\zeta^2}{2\sigma^2}\right) \tag{3.2.2}$$

式中,σ 为波面高度的均方差。由于波面的平均位置就是静水面,对于标准化状态分布,平均值 $\bar{\zeta} = 0$。实测资料表明,经验概率密度曲线与式(3.2.2)确定的理论概率密度曲线极为相似。

基于式(3.2.2),Longuet-Higgins 利用包络线理论推导出波面振幅 a 的概率密度函数为

$$f(a) = \frac{a}{\sigma^2} \exp\left(-\frac{a^2}{2\sigma^2}\right) \tag{3.2.3}$$

进而可得平均振幅 $\bar{a}$ 与均方差 σ 的关系:

$$\bar{a} = \int_0^{\infty} a f(a) \mathrm{d}a = \sqrt{\frac{\pi}{2}}\, \sigma \ \text{或}\ \sigma = \sqrt{\frac{2}{\pi}}\, \bar{a} \tag{3.2.4}$$

将 $H = 2a$ 代入式(3.2.4),得到波高理论分布的概率密度函数式:

$$f(H) = \frac{\pi}{2} \frac{H}{\overline{H}^2} \exp\left[-\frac{\pi}{4}\left(\frac{H}{\overline{H}}\right)^2\right] \tag{3.2.5}$$

式中,$\overline{H}$ 为波列的平均波高,其值等于 2 倍的平均振幅 $\bar{a}$。上述分布即为 Rayleigh 分布,其概率密度曲线是单峰的,令 $\mathrm{d}f(H)/\mathrm{d}H = 0$,可得最大概率密度所对应的波高为

$$H_m = \sqrt{\frac{2}{\pi}}\, \overline{H} \approx 0.798\, \overline{H} \tag{3.2.6}$$

对式(3.2.5)从 H 积分至 ∞,得 Rayleigh 分布函数:

$$F(H) = \int_H^{\infty} f(H) \mathrm{d}H = \exp\left[-\frac{\pi}{4}\left(\frac{H}{\overline{H}}\right)^2\right] \tag{3.2.7}$$

变化上式,可得指定累积频率 F 的波高为

$$\frac{H_F}{\overline{H}} = \left(\frac{4}{\pi} \ln \frac{1}{F}\right)^{\frac{1}{2}} \tag{3.2.7'}$$

由于 Rayleigh 分布是在深水条件下推导出来的,格鲁霍夫斯基给出了适用于浅水区的波高分布。令 $\overline{H}/d = H^*$,波高的分布函数可表示为

$$F(H) = \exp\left[-\frac{\pi}{4(1 + H^*/\sqrt{2\pi})} \cdot \left(\frac{H}{\overline{H}}\right)^{\frac{2}{1-H^*}}\right] \tag{3.2.8}$$

或

$$\frac{H_F}{\overline{H}} = \left[\frac{4}{\pi}\left(1 + \frac{H^*}{\sqrt{2\pi}}\right)\ln \frac{1}{F}\right]^{\frac{1-H^*}{2}} \tag{3.2.8'}$$

该分布函数称为格鲁霍夫斯基分布。需要指出的是,式(3.2.8)是经验公式,由于其计算结果与观测资料吻合,而且当水很深时,它可以转化为式(3.2.7),因而得到工程应用。

为了便于使用,表 3.2.2 给出了各种累积频率波高 H_F 与平均波高 $\overline{H}$ 的模比系数。

表 3.2.2　$H_F/\overline{H}$ 值

$F(\%)$ ＼ $H^* = \dfrac{\overline{H}}{d}$	0 (深水)	0.1	0.2	0.3	0.4	0.5 (破碎)
0.5	2.597	2.403	2.213	2.029	1.854	1.687
1	2.421	2.256	2.092	1.932	1.777	1.628
2	2.232	2.096	1.960	1.825	1.692	1.563
5	1.953	1.859	1.762	1.662	1.562	1.463
10	1.712	1.651	1.586	1.516	1.444	1.369
20	1.432	1.406	1.374	1.337	1.296	1.252
30	1.238	1.233	1.223	1.208	1.188	1.164
40	1.080	1.091	1.097	1.098	1.095	1.088
50	0.939	0.962	0.981	0.996	1.007	1.014
60	0.806	0.839	0.868	0.895	0.919	0.940
70	0.674	0.713	0.752	0.789	0.825	0.859

（续表）

$H^* = \dfrac{\overline{H}}{d}$ $F(\%)$	0 （深水）	0.1	0.2	0.3	0.4	0.5 （破碎）
80	0.533	0.578	0.623	0.670	0.717	0.764
90	0.366	0.412	0.462	0.515	0.572	0.633
95	0.256	0.298	0.346	0.400	0.461	0.529

根据概率论,深水海区连续 N 个波中最大波高 $H_{\max}$ 的数学期望与波数 N 的近似关系为

$$H_{\max}/\overline{H} = \frac{2}{\sqrt{\pi}}(\ln N)^{\frac{1}{2}} \qquad (3.2.9)$$

在浅水区域,$H_{\max}$ 还受 H^* 的影响,其值可由下式计算:

$$\frac{H_{\max}}{\overline{H}} = \left[1 + \frac{H^*(1-H^*)}{2\sqrt{2\pi}}\right] \cdot \left[\frac{4}{\pi}\ln N\right]^{\frac{1-H^*}{2}} \qquad (3.2.10)$$

4. 两种特征波高的关系

若波高服从一定的分布规律,已知波列中任一累积频率的波高,就可换算成所要求的累积频率波高,如表 3.2.2 所示。平均波高是各种累积率波高间的换算桥梁,它是一种最常用的特征波高。

部分大波的平均波高与累积频率波高一样,是海岸工程设计中经常使用的特征波高。由于波高服从某种概率分布,因此,二者存在一定的关系。下面以深水波高为例,进行理论关系的推导。

令 $P = F$,$x = H_F/\overline{H}$,考虑式 $(3.2.7')$,按部分大波的平均波高的模比系数可写为

$$\frac{H_P}{\overline{H}} = \frac{1}{F}\int_0^F x\,\mathrm{d}F = \frac{1}{F}\int_0^F \left(\frac{4}{\pi}\ln\frac{1}{F}\right)^{\frac{1}{2}}\mathrm{d}F \qquad (3.2.11)$$

利用分部积分原理,并将 F 用式(3.2.7)代入,上式变为

$$\frac{H_P}{\overline{H}} = \frac{H_F}{\overline{H}} + \frac{1}{F}\left[1 - \mathrm{erf}\left(\ln\frac{1}{F}\right)^{\frac{1}{2}}\right] \qquad (3.2.12)$$

式中,$\mathrm{erf}(x)$ 表示误差函数,其值变化于 $0\sim1$ 之间。

同理,将式 $(3.2.8')$ 代入式(3.2.11),可以推导出浅水海域中部分大波的平均波高与累积频率波高之间的关系,计算结果列入表 3.2.3。

表 3.2.3 $H_P/\overline{H}$值

$\overline{H}/d$ 〖p〗	0（深水）	0.1	0.2	0.3	0.4	0.5（破碎）
1/100	2.662	2.444	2.239	2.045	1.864	1.693
1/50	2.490	2.301	2.121	1.950	1.789	1.636
1/20	2.241	2.092	1.949	1.811	1.679	1.552
1/10	2.031	1.915	1.801	1.690	1.582	1.477
1/5	1.795	1.713	1.630	1.548	1.467	1.386
3/10	1.641	1.578	1.515	1.452	1.388	1.324
1/3	1.598	1.540	1.483	1.424	1.366	1.306
2/5	1.520	1.473	1.424	1.375	1.323	1.272
1/2	1.418	1.382	1.346	1.307	1.269	1.227
3/5	1.327	1.302	1.274	1.246	1.215	1.184
7/10	1.243	1.226	1.207	1.186	1.165	1.142
4/5	1.163	1.153	1.141	1.129	1.115	1.101
9/10	1.084	1.080	1.075	1.069	1.063	1.056
100/100	1.0	1.0	1.0	1.0	1.0	1.0

由于式(3.2.12)中的第二项为一个正小数,因此,若 $P=F$,则 $H_P/\overline{H}$总是大于 $H_F/\overline{H}$,如 $H_{1/10}>H_{10\%}$, $H_{1/3}>H_{33\%}$。

比较表 3.2.2 与表 3.2.3,可以得到如下重要的近似关系: $H_{1/100}\approx H_{0.4\%}$, $H_{1/10}\approx H_{4\%}$, $H_{1/3}\approx H_{13\%}$。

表 3.2.2 与表 3.2.3 都表明了波列中任一特征波高 H_F(或 H_P)与平均波高 $\overline{H}$ 的转换关系。由于观测波高往往不是平均波高 $\overline{H}$,而是 $H_{1/10}$ 或 $H_{1/3}$,因而制作图 3.2.2 和图 3.2.3,以便在已知当地水深时,进行不同特征波高之间的换算。

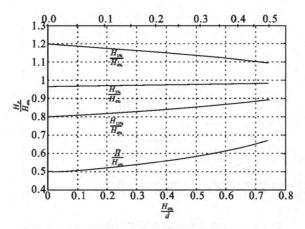

图 3.2.2 $H_F/H_{4\%}$ 与 $H_{4\%}/d$ 关系图

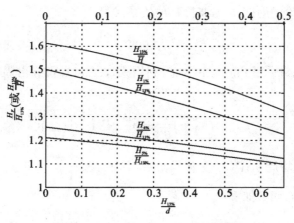

图 3.2.3 $H_F/H_{13\%}$ 与 $H_{13\%}/d$ 关系图

3.2.3 周期的分布

除了波高,反映海浪大小的另一个重要波要素是周期。同样,在表示周期的大小时,也应该指明其统计含义,即特征周期。

平均周期 $\overline{T}$ 按下式定义:

$$\overline{T} = \frac{1}{N} \sum_{i=1}^{N} T_i \tag{3.2.13}$$

图 3.2.4 给出了某实测波列的周期的平均频率直方图。

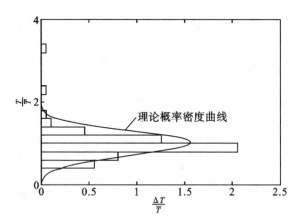

图 3.2.4　周期平均频率直方图与理论概率密度曲线

微幅波理论中周期 T 与波长 L 的关系式为

$$L=\frac{gT^2}{2\pi}\tanh\frac{2\pi d}{L} \qquad (3.2.14)$$

式中，d 表示水深。已知波长的分布，利用式（3.2.14），可导出周期的概率密度函数为

$$f(T)=4\Gamma^4\left(\frac{5}{4}\right)\frac{T^3}{\overline{T}^4}\exp\left[-\Gamma^4\left(\frac{5}{4}\right)\left(\frac{T}{\overline{T}}\right)^4\right] \qquad (3.2.15)$$

式中，$\overline{T}$ 表示平均周期；$\Gamma(x)$ 为伽马函数，其中 $\Gamma^4\left(\frac{5}{4}\right)=0.675$。由式（3.2.15）可得周期的分布函数如下：

$$F(T)=\exp\left[-\Gamma^4\left(\frac{5}{4}\right)\left(\frac{T}{\overline{T}}\right)^4\right] \qquad (3.2.16)$$

利用 $f(T)$ 的二次及三次中心矩得到周期分布的离差函数 $C_v\approx0.283$，偏态系数 $C_s\approx0$。说明周期的分布比波高的分布更集中，且几乎是对称的，因而出现机会最多的周期就是平均周期，即 $T_m\approx\overline{T}$。

实测结果显示，波浪由深水进入浅水后，平均周期几乎不变。浅水周期的分布与水深无关，且变化很小，格鲁霍夫斯基提出的概率密度函数为

$$f(T)=\frac{\pi}{1.2}\frac{T^3}{\overline{T}^4}\exp\left[-\frac{\pi}{4.8}\left(\frac{T}{\overline{T}}\right)^4\right] \qquad (3.2.17)$$

其分布函数为

$$F(T)=\exp\left[-\frac{\pi}{4.8}\left(\frac{T}{\overline{T}}\right)^4\right] \qquad (3.2.18)$$

比较式(3.2.15)~(3.2.18)的两组公式可知:深水周期和浅水周期的理论分布极为接近。为了工程使用方便,按照式(3.2.18)计算出不同累积频率周期与平均周期的模比系数,列入表3.2.4。

表 3.2.4　不同累积频率周期与平均周期的模比系数

$F(\%)$	$T/\overline{T}$	$F(\%)$	$T/\overline{T}$	$F(\%)$	$T/\overline{T}$
0.5	1.67	20	1.25	70	0.85
1	1.62	30	1.16	80	0.76
2	1.56	40	1.08	90	0.62
5	1.46	50	1.01	95	0.52
10	1.36	60	0.94	—	—

3.2.4　波高与周期的联合分布

对于海岸工程,波高与周期的联合概率分布具有重要意义。波浪对于水工建筑物的作用力不仅仅取决于波高,周期的影响也是显著的。尤其是波浪的周期与结构物的自振周期接近时,会产生共振,极大地威胁着结构的安全。此外,波高与周期的联合分布对于研究波浪破碎、波群、波浪爬高以及越浪现象也是十分重要的。

20世纪50年代,苏联的学者假定波高与周期是相互独立的,其联合概率密度函数由各自的联合概率密度函数相乘而得。由于波高与周期之间存在相关性,计算结果与实测资料相差较大。

Longuet-Higgins 于1975年在 Rice 线性噪声理论的基础上,引入窄谱的假设,首次提出了波高与周期的联合分布模式。设平均波高为$\overline{H}$,平均周期为$\overline{T}$,取无因次波高 $h = H/\overline{H}$,无因次周期 $t = T/\overline{T}$,则二者的联合概率密度函数为

$$f(h,t) = \frac{\pi h^2}{4\nu} \exp\left\{-\frac{\pi}{4} h^2 \left[1 + \frac{(t-1)^2}{\nu^2}\right]\right\} \tag{3.2.19}$$

式中,ν 为谱宽参数,$\nu = [m_0 m_2 / m_1^2 - 1]^{1/2}$,其中 m_n 为海浪谱的各阶矩,其通式如下:

$$m_n = \int_0^\infty \omega^n S(\omega) \, \mathrm{d}\omega \tag{3.2.20}$$

由式(3.2.18)所得波高与周期的联合概率密度等值线见图3.2.5($\nu = 0.26$)。

从图3.2.5可以看到,Longuet-Higgins 所得联合概率密度曲线对于 $t = 1$

对称,且周期 t 取负值时,$f(h,t)$ 不为零。为了克服上述不足,法国国家海洋开发中心(C.N.E.X.O)提出了如下模式:

$$f(\xi,\zeta)=\frac{\alpha^3\xi^2}{4\sqrt{2\pi}\varepsilon(1-\varepsilon^2)\zeta^5}\exp\left\{-\frac{\xi^2}{8\varepsilon^2\zeta^4}\left[(\xi^2-\alpha^2)^2+\alpha^4\beta^2\right]\right\} \quad (3.2.21)$$

式中,无因次波高 ξ、无因次周期 ζ、α、β 和谱宽参数 ε 分别由下列各式计算:

$$\xi=H/\sqrt{m_0} \quad (3.2.22)$$

$$\zeta=\overline{\zeta}\cdot\tau=\overline{\zeta}\cdot T/\overline{T} \quad (3.2.23)$$

$$\alpha=\frac{1}{2}(1+\sqrt{1-\varepsilon^2}) \quad (3.2.24)$$

$$\beta=\varepsilon/\sqrt{1-\varepsilon^2} \quad (3.2.25)$$

$$\varepsilon=\left[1-\frac{m_2^2}{m_0\cdot m_4}\right]^{1/2}=\varepsilon_s \quad (3.2.26)$$

无因次波浪平均周期 $\overline{\zeta}$ 可由下列波浪周期边缘分布进行数值计算获得:

$$f(\zeta)=\frac{\alpha^3\beta^2\zeta}{[(\zeta^2-\alpha^2)^2+\alpha^4\beta^2]^{3/2}} \quad (3.2.27)$$

实际计算时,C.N.E.X.O 建议采用下式估计谱宽参数:

$$\varepsilon=[1-(N_0/N_c)^2]^{1/2}=\varepsilon_t \quad (3.2.28)$$

式中,N_0 和 N_c 分别表示测波记录中上跨零点和波峰最大值个数。

图 3.2.6 为 $\varepsilon=0.865$ 时,C.N.E.X.O 模式的联合概率密度图,它克服了 Longuet-Higgins(1975)模式的两个缺点,成为比较接近于实际的不对称图形。

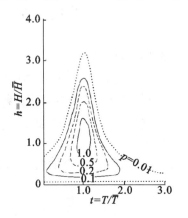

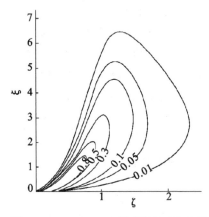

图 3.2.5　Longuet-Higgins1975 年模式的波高　图 3.2.6　C.N.E.X.O 模式的波高与周期
与周期联合概率密度($v=0.26$)　　　　　联合概率密度($\varepsilon=0.865$)

1978 年合田利用日本海沿岸及太平洋日本沿岸若干观测站,包括深、浅水风浪至涌浪在内的 89 组实测资料,按波高与周期的相关系数 $R(H,T)$ 分成 5 组,得到波高与周期的联合概率密度等值线图(图 3.2.7)。其中 $R(H,T)$ 按照下式计算:

$$R(H,T) = \frac{1}{\delta_H \delta_T N} \sum_{i=1}^{N} (H_i - \overline{H})(T_i - \overline{T}) \tag{3.2.29}$$

式中,δ_H 和 δ_T 分别表示波高与周期的标准差;N 表示上跨零点方式统计的波个数。

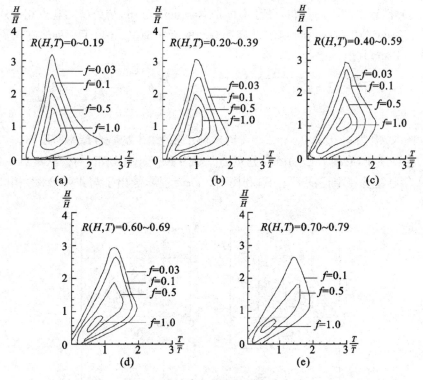

图 3.2.7　波高与周期的联合分布图

通过与 Longuet-Higgins(1975)模式及 C.N.E.X.O 模式的比较,合田得出如下结论:①超过某一界限的波高,其周期与波高无关,为一常值,它比谱峰周期略小;②随 R 值的增大,联合概率密度曲线向横轴倾斜,对横轴的不对称性越来越明显;③Longuet-Higgins(1975)模式的联合概率密度图仅上面部分(波高较大时)与实测结果尚能吻合,而下面部分(波高较小时)则出入较大。C.N.E.

X.O 模式仅能定性预测 ε 对联合概率密度变化的影响。

1983 年 Longuet-Higgins 改进模式,其无因次波高 $h = H/H_{rms}$,无因次周期 $t = T/\overline{T}$,则二者的联合概率密度函数为

$$f(h,t) = \frac{2h^2}{\pi^{1/2}\nu t^2}\exp\left\{-h^2\left[1+\left(1-\frac{1}{t}\right)^2/\nu^2\right]\right\} \cdot L(\nu) \quad (3.2.30)$$

式中,$\overline{T} = 2\pi m_0/m_1$;$L(\nu)$ 表示正则因子,按下式计算:

$$L(\nu) = 2/\left[1+(1+\nu^2)^{-\frac{1}{2}}\right] \quad (3.2.31)$$

当 ν 值很小时,$L(\nu) = 1+\nu^2/4$。该模式克服了 1975 年模式的缺点,但由式 (3.2.30) 推导出的波高分布,已经不再是 Rayleigh 分布,与公认的观点相矛盾。

1988 年孙孚依据线性海浪模型和波动的射线理论,导出了一种波高与周期的联合分布,其概率密度函数为

$$f(h,t) = \left[1+\exp\left(\frac{-\pi h^2}{\nu^2 t}\right)\right]\frac{\pi h^2}{4\nu t^2}\exp\left\{-\frac{\pi}{4}h^2\left[1+\frac{1}{\nu^2}\left(\frac{1}{t}-1\right)^2\right]\right\}$$

$$(3.2.32)$$

图 3.2.8 为 $\nu = 0.8$、0.4、0.2、0.1 时式 (3.2.32) 绘出的联合概率密度图。该模式的优点在于,它所导出的波高分布仍保持为 Rayleigh 分布,与公认观点一致。1991 年赵锰等在窄谱的假定下,利用 Hilbert 变换,导出了与式 (3.2.32) 相同的结果。

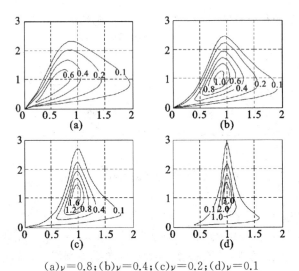

(a)$\nu = 0.8$;(b)$\nu = 0.4$;(c)$\nu = 0.2$;(d)$\nu = 0.1$

图 3.2.8 式 (3.2.38) 绘出的联合概率密度等值线

除了上面介绍的波高与周期联合分布的成果,1978 年挪威的 Sverre Haver
对北海北部的实测资料进行过研究。1992 年 Sobey 对澳大利亚若干场热带风
暴的实测资料也分析了波高与周期的联合概率分布问题,还研究了谱形对联合
概率分布的影响。他们都没有提出关于联合概率分布的显式表达式。在国内,
吴秀杰等人 1981 年提出浅水区的波高与周期联合概率密度函数,将其表示为
波高概率密度函数与周期的条件概率密度函数之乘积,其中的条件概率密度函
数为 Weibull 分布,而各概率密度函数里的分布参数,用实测资料以最小二乘法
拟合求得。葛明达 1984 年用二维 Weibull 分布拟合实测波高与周期。潘锦嫦
1996 年分析了石臼港的波浪观测资料,与合田实测结果吻合良好,但没有给出
新的分布模式。迄今,研究得出的联合概率密度函数都有明显的地区局限性,
无法推广使用。普遍适用的波高与周期的联合分布模式仍需深入探索。

3.2.5　海岸工程波浪设计标准

设计波浪是指设计海岸工程建筑物时所选用的波浪要素。其标准包括两
个方面:①设计波浪的重现期标准;②设计波浪的波列累积频率标准。本书前
面的章节已经讨论了海浪要素在波列中的分布,即海浪要素的短期分布规律。
而设计波浪的重现期标准是在海岸工程设计中选择怎样一个波列作为设计依
据,只有选定了设计波列,才能按波列累积频率标准最终确定设计波浪要素。
研究海浪的长期分布成为本节的主要内容。

根据波浪资料的不同,港口工程设计中推求重现期设计波浪的基本方法有
以下几种。

(1)筑港地区或邻近海岸水文观测站积累有超过 20 年的连续波浪观测资
料,据此得到以特征波,如 $H_{1/3}$、$H_{1/10}$ 等表示的波列,组成样本,用概率分析法
求得分布规律,再计算重现期设计波浪。

(2)筑港地区或邻近没有海岸水文观测站,则可利用当地气象台站的风况
观测资料或天气图,依据风要素与波要素的关系后报波浪要素,再用第一种方
法来推定重现期的设计波浪。由于第二种方法利用的是间接得到的波浪系列,
误差较大,因此应该在筑港地区设置临时观测站,收集资料以验证用气象资料
推算的设计波浪要素。

本节主要介绍设计海浪重现值推算的第一种方法。

我国《港口与航道水文规范》给出的波高设计标准见表 3.2.5 和表 3.2.6。

表 3.2.5　波高累积率标准

建筑物型式	部位	计算内容	波高累积频率 $F(\%)$
直墙式和墩柱式	上部结构、墙身或桩基	强度和稳定性	1
	基床和护底块石	稳定性	5
斜坡式	胸墙或堤坝方块	强度和稳定性	1
	护面块石或块体	稳定性	13*
	护底块石	稳定性	13

注:当平均波高与水深比值 $\overline{H}/d<0.3$ 时,F 宜采用 5%。

表 3.2.6　波高重现期标准

建筑物类型	建筑物等级	重现期
直墙式	Ⅰ、Ⅱ、Ⅲ	50 年一遇
墩柱式	Ⅰ、Ⅱ、Ⅲ	50 年一遇
斜坡式	Ⅰ、Ⅱ	50 年一遇
	Ⅲ	25 年一遇

对于重要建筑物,如灯塔等遭到破坏将产生特别严重后果的建筑物,可适当提高设计标准。当历史上观测到的最大波高大于 50 年一遇的大浪时,可考虑以观测到的最大波高进行校核。对于校核港口水域内泊稳度的设计波高,其重现期可根据使用要求确定,但不宜大于 2 年一遇。

设计波浪的重现期表示波浪要素的长期统计分布规律,因而重现期标准反映了水工建筑物的使用年限和重要性。需要指出的是,重现期是一个平均的概念,50 年一遇的设计波浪不等于建筑物使用期 50 年内不会出现大于它的波浪。在此,用概率论的方法推求某一重现期设计波浪设计的建筑物在使用期内可能遭遇破坏的概率,称为遭遇概率,以 q 表示。

假定建筑物设计使用年限为 m 年,设计波浪重现期为 T 年,其累积频率为 $p=1/T$。在此定义 M 年中出现的波浪均小于 H_p 的概率 F 为安全率,则

$$F=(1-p)^m \tag{3.2.33}$$

由逆事件定理,危险率应为

$$q=1-(1-p)^m \tag{3.2.34}$$

由式(3.2.34)可见,危险率 q 与重现期及建筑物使用年限有关。变换上式可得

$$T = \frac{1}{p} = \left[1 - (1-q)^{\frac{1}{m}}\right]^{-1} \qquad (3.2.35)$$

工程使用期内出现某一危险率需要的波浪重现期见表 3.2.7。

表 3.2.7　工程使用期、危险率和波浪重现期的关系

危险率(%)	工程使用期(a)			
	10	25	50	100
0.10	95	238	475	950
0.25	35	87	174	348
0.50	15	37	73	145
0.75	8	19	37	73
0.99	2.7	6	11	22

显然,工程设计时既考虑使用期,又考虑建筑物可能遭受的破坏风险率是更合理的。实际操作时,应该综合考虑经济效益、破坏损失、社会发展来确定最优重现期。

3.2.6　基于长期测波资料的设计波浪推算

我国《港口与航道水文规范》规定,当工程所在地或其邻近海区有较长期的(20 年以上)波浪实测资料时,可以利用分布方向的年最大波高(以某一特征波表示)组成系列进行分析,以确定各方向不同重现期的设计波浪。无论是采用实测资料还是后报得到,为了拟合经验累积频率点,都要选用理论频率曲线,进而达到外延的目的。对于年极值波高及与其对应的周期的理论频率曲线,一般采用 P-Ⅲ曲线。然而,由于作为样本的实测资料得到的统计参数存在一定的误差,在计算时多由适线法调整参数,存在一定的任意性,特别是当系列中存在少数特大值时,以与实测经验累积频率点拟合最佳为原则,有利于确定合理的重现期设计波浪。

1. 理论分布模型

(1)单因素分布。除了第 2 章介绍的 P-Ⅲ型分布与 Gumbel 分布,Weibull 分布与 Log-normal 分布也是海岸工程极值统计分析的选用分布类型。

P-Ⅲ型分布函数为

$$F(x)=\int_0^x \frac{\beta^a}{\Gamma(\alpha)}(x-a_0)^{a-1}\exp[-\beta(x-a_0)]\mathrm{d}x \qquad (3.2.36)$$

式中,a_0、α、β 为位置、形状和尺度参数。该分布的均值与均方差如下:

$$\begin{cases} \mu_x=\dfrac{\alpha}{\beta}+a_0 \\ \sigma_x=\dfrac{\sqrt{\alpha}}{\beta} \end{cases} \qquad (3.2.37)$$

Gumbel 分布函数为

$$F(x)=\exp\{-\exp[-\alpha(x-\beta)]\} \qquad (3.2.38)$$

式中,α、β 为位置和形状参数。该分布的均值与均方差如下:

$$\begin{cases} \mu_x=\dfrac{0.577\ 22}{\alpha}+\beta \\ \sigma_x=\dfrac{1.282\ 55}{\alpha} \end{cases} \qquad (3.2.39)$$

Weibull 分布函数为

$$F(x)=1-\exp\left[-\left(\frac{x-a}{b}\right)^c\right] \qquad (3.2.40)$$

式中,a、b、c 为位置、形状和尺度参数。该分布的均值与均方差如下:

$$\begin{cases} \mu_x=a+b\Gamma\left(1+\dfrac{1}{c}\right) \\ \sigma_x=b^2\left[\Gamma\left(1+\dfrac{2}{c}\right)-\Gamma^2\left(1+\dfrac{1}{c}\right)\right] \end{cases} \qquad (3.2.41)$$

Log-normal 分布函数为

$$F(x)=\int_{0+}^x \frac{1}{x\sigma_{\ln x}\sqrt{2\pi}}\exp\left[-\frac{(\ln x-\overline{\ln x})^2}{2\sigma_{\ln x}{}^2}\right]\mathrm{d}x \qquad (3.2.42)$$

式中,$\overline{\ln x}$ 与 $\sigma_{\ln x}$ 分别表示样本序列取对数后的平均值及其均方差。该分布的均值与均方差如下:

$$\begin{cases} \mu_x=\exp\left(\mu+\dfrac{\sigma^2}{2}\right) \\ \sigma_x=\mu_x\sqrt{\exp(\sigma^2)-1} \end{cases} \qquad (3.2.43)$$

(2)复合极值分布。我国东南部海域的大浪通常是由台风引起的,且每年都出现几次台风,从而产生多次大浪。由于每年台风的路径和次数不同,影响到某海域或海岸附近某点的台风次数,每年也就不同,它构成一种离散性分布。

而在台风影响下的波高,又可构成一种连续性分布。在此记台风出现次数为 n,台风波高极大值为 ξ,其分布函数相应为 $G(x)$。若 n 为泊松分布,即

$$p_n = \frac{\lambda^n}{n!}\mathrm{e}^{-\lambda}, \quad n=0,1,\cdots \tag{3.2.44}$$

若 $G(x)$ 符合 Gumbel 分布,即

$$G(x) = \exp\{-\exp[-\alpha(x-\beta)]\} \tag{3.2.45}$$

式中,α、β 为参数;x 为极值波高观测值。则波高的复合极值分布为

$$F(x) = \mathrm{e}^{-\lambda[1-G(X)]} \tag{3.2.46}$$

将式(3.2.45)代入式(3.2.46),并考虑 $p=1-F$,则对应于 p 的重现值为

$$x_p = -\ln\left\{-\ln\left[1+\frac{\ln(1-P)}{\lambda}\right]\right\} \cdot \frac{1}{\alpha} + \beta \tag{3.2.47}$$

将式(3.3.15)代入上式,得

$$x_p = \bar{x} + \gamma \cdot S_x \tag{3.2.48}$$

式中,$\bar{x}$ 和 S_x 按照式(3.3.16)计算;γ 按下式计算:

$$\gamma = -\frac{1}{\sigma_n}\left\{\bar{y}_n + \ln\left[-\ln\left(1+\frac{\ln(1-P)}{\lambda}\right)\right]\right\} \tag{3.2.49}$$

式中,σ_n 和 $\bar{y}_n$ 按照式(3.3.16)计算。

2. 定位公式

定位公式用于估计极值系列中观测的发生频率,其通式为

$$\hat{F}_i = 1 - \frac{i-\alpha}{N+\beta}, \quad i=1,2,\cdots,N \tag{3.2.50}$$

式中,$\hat{F}_i$ 为第 i 个观测值的经验累积频率;N 为系列中观测值总数;α、β 为常数,其值因理论分布不同而异,具体值见表 3.2.8。

表 3.2.8　几种分布定位公式的参数取值

分布	α	β	备注
Gumbel	0.44	0.12	
Weibull	$0.20+0.27/\sqrt{c}$	$0.20+0.23/\sqrt{c}$	c 为形状参数
Normal	0.375	0.25	
Log-normal	0.375	0.25	

3. 分布模型的拟合方法

为了估计各种气象水文要素的重现期,要选用不同的理论分布函数来拟合

观测系列。工程设计中常用的适线方法有以下几种：①图解法；②矩法；③最小二乘法；④极大似然法。

图解法过去广泛用于洪水频率分析中。很早以前由于没有计算机，手工计算标准差是一项十分烦琐的工作，工程师们更多地用图解法来求解理论分布，为了减少绘制分布曲线的任意性，针对不同的分布函数，设计出具有不同坐标轴的专用概率格纸（如正态分布概率格纸、Povell 分布概率格纸、Weibull 分布概率格纸等），将分布曲线轴换成直线。

矩法则利用系列资料的均值、方差和偏态系数，建立联立方程组来求解未知参数。由于用样本来估计总体参数，特别是偏态系数甚至方差值存在一定偏差，因而给出的参数欠佳。极大似然法则对理论分布函数的数值取似然的最大值来估计未知参数，列出似然方程，通过数值计算求得最佳参数值。由于数值分析的复杂性，目前它在工程设计中的应用还不普遍。

由于 Weibull 分布函数有 3 个可调参数，因而适用性广，但适配曲线时计算量大。在工程设计中，现在的求解方法多采用图解法，但需要试算，反复调整，工作量大。近些年，陈上及（1991）采用分步最小二乘法求解 a、b、c 之值，即先确定位置参数 a，再用最小二乘法推求参数 b 和 c，这种方法收敛的快慢取决于 a 的初始值离精确解的远近。可采用非线性最小二乘法，实现 Weibull 分布三参数的一举寻优，计算表明，拟合精度较以往方法精度高，且编程计算，省却了大量手工劳动，便于成批资料的处理。

4. 分布拟合假设的统计检验

由于复合极值分布包含了两种单一的分布形式，如果每种分布检验都获得通过，则认为假定的复合分布原假设成立。

（1）Poisson 分布的 χ^2 检验。已知总体 $F(x)$ 的 n 个实测值 $x_1, x_2, \cdots, x_n$。$F_0(x)$ 为某一理论分布函数，设原假设 $H_0: F(x) = F_0(x)$，备选假设 $H_1: F(x) \neq F_0(x)$。将样本值从小到大分成 k 组，每组内期望频数不宜少于 5，特别是在两端的组。若频数太小，应与相邻的组进行合并。组内 (x_{i-1}, x_i) 的样本个数记为 ν_i。计算期望频数 nP_i，设给定分布函数 $F_0(x) = \sum_{x=0}^{k} \frac{\lambda^x}{x!} e^{-\lambda}$，则

$$P_i = F_0(x_i) - F_0(x_{i-1}), \quad i = 1, 2, \cdots, k \tag{3.2.51}$$

式中，$0 < P_i < 1$，$\sum_{i=1}^{k} P_i = 1$。计算实测样本值的统计量：

$$\hat{\chi}^2 = \sum_{i=1}^{k} \left(\frac{\nu_i^2}{np_i} \right) - n \tag{3.2.52}$$

若估计参数的个数为 m，给定显著性水平 α，自由度 $(k-m-1)$，当 $\hat{\chi}^2 >$ $\chi_{k-m-1}^2(\alpha)$ 时，则在显著性水平 α 下否定 H_0；反之，接受原假设。

(2)极值分布的 K-S 检验。设 $F(x)$ 为总体分布函数，$F_0(x)$ 为已知的理论分布函数，则原假设 H_0 可表示为 $F(x)=F_0(x)$；备选假设 $H_1: F(x)\neq F_0(x)$ 取统计量：

$$\hat{D}_n = \sup_{-\infty < x < +\infty} |F_n(x) - F_0(x)| \tag{3.2.53}$$

如果显著水平 $\alpha=0.05$，对不同的样本容量 n，可查表得到不同的柯氏检验的临界值 $D_n(0.05)$。若 $\hat{D}_n < D_n(0.05)$，则接受原假设 H_0，拒绝被选假设 H_1；否则拒绝原假设 H_0。

5. 长期分布拟合中应注意的几个问题

利用长期的波浪观测资料进行统计分析时，应注意如下问题。

(1)波浪观测资料的代表性问题。在收集邻近海洋水文观测站的波浪资料时，首先应注意观测站的地理环境，并与工程地点的地理环境作比较，即分方向检验观测站资料的适用程度。

(2)波高的采样。我国沿岸各观测站的测波资料基本上是使用岸用光学测波仪观测记录的。在报表中，每场波浪的波高仅列出"波高"(相当于 $H_{1/10}$)及"最大波高"(相当于 $H_{1\%}$)两个特征波。由于观测方法的限制，$H_{1/10}$ 的准确性比 $H_{1\%}$ 高，后者带有更大程度的偶然性，进行频率分析时应选取 $H_{1\%}$ 组成的系列。

(3)关于波向。波浪观测是按 16 个方位记录波向的。当需要统计分析某一个方向的波浪时，可将此方向左、右各一个方位(即 22.5°)内的波浪均视为该方向的波浪来统计，原因在于波向的观测不是很准确。而若需每隔 45°方位角进行统计分析时，则对某一个波向，根据地理位置的特点均只能归并入一个相隔的方位中，不能重复。

(4)关于每日四次定时观测。受所用仪器的限制，目前海洋水文观测仅在白天定时进行四次，有可能出现对夜间大浪的漏测，应对列出的年极值进行检验，必要时适当进行调整，以弥补因漏测而造成的误差。例如，当年最大波高出现在某日的 11 时或 14 时，则一般不必作任何调整，因为在相隔的 3 h 内，波浪变化不会很大。若最大值出现在 8 时或 17 时，就应分析该日 11 时或 14 时及上一日 17 时或下一日 8 时的风的记录及波浪记录，根据风和浪的增长和衰减情况来判断是否在 8 时以前和 17 时以后出现过更大的波浪。如果有可能出现过更大的波浪，则应根据天气资料进行适当调整。如因出现过风暴产生灾害性大浪，导致浮筒断缆而漏测，应使用气象资料进行后报，弥补漏测的大浪。

(5)样本资料的独立性。如某一场大浪始于 12 月底,延续到第二年 1 月初,则在此场大浪中只能取其中最大的一个波高,作为某年的一个极值样本,而不能取另一个作为另一年的样本,因为它们是属于同一场大浪的,互相之间有联系,而不是独立的。

(6)资料的一致性。要注意形成统计资料的自然条件有无发生变化,如在观测年份中,测波浮筒附近有无兴建人工建筑物;这些资料是否用同一种仪器、同一种方法在同一地点测得的;观测规范有无变更;浮筒位置有无挪动,等等。如果上述某一条件有明显变化,又无法修正或换算时,则不能将它们笼统组合成一个系列,此时应分段或删去某些年份后再组成频率分析系列。

(7)应该考虑工程所在地点与测波浮筒两处水深的差异。已知测波浮筒位于-30 m 等深线处而工程所在地位于-10 m 等深线处,利用测波浮筒处的实测资料推算出来的波浪只能代表港址外-30 m 处的波浪,必须经过浅水变形计算,才能得到工程地点-10 m 处的波浪。

总之,波浪的频率分析是一项细致复杂的工作,当观测年限较短时,拟合结果往往存在出入,应尽可能用多种线型进行反复计算比较,择优适用。特别要留意实测资料的逐年积累,对频率分析的成果进行不断的订正。

例 3.2.1 已知某海域连续 21 年的极大值波高序列,按照降序列于表 3.2.9,要求对不同重现值波高进行计算。

表 3.2.9 例 3.2.1 年极值波高观测值

序号	1	2	3	4	5	6	7	8	9	10	11
极值波高(m)	4.35	4.29	4.03	4.02	3.96	3.88	3.87	3.73	3.64	3.60	3.57
序号	12	13	14	15	16	17	18	19	20	21	—
极值波高(m)	3.54	3.50	3.42	3.36	3.28	3.21	3.21	2.99	2.92	2.69	—

解 对表 3.2.9 所示极值波高序列进行 Gumbel、P-Ⅲ、Weibull、Log-normal分布拟合,所得理论分布曲线分别绘在 Powell 概率纸、Normal 概率纸、Weibull 概率纸、Log-normal 概率纸上(图 3.2.9)。

对极值波高序列求得 Gumbel、P-Ⅲ、Weibull、Log-normal 等 4 种理论线型各自的分布参数后,进行拟合优度检验,结果见表 3.2.10。

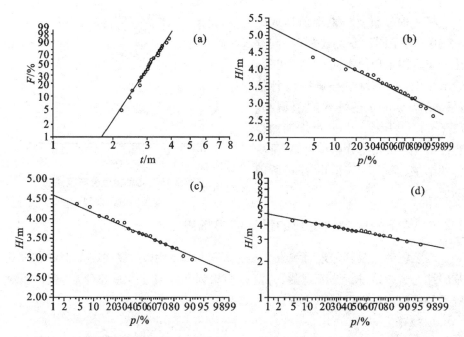

图 3.2.9 年极值波高的 Weibull(a)、Gumbel(b)、P-Ⅲ(c)和 Log-normal(d)分布

表 3.2.10 例 3.2.1 四种分布柯氏检验统计量

分布类型	Gumbel	P-Ⅲ	Weibull	Log-normal
K-S 检验统计量	0.128 7	0.121 8	0.096 2	0.099 3

当显著水平 α 为 0.05,样本容量为 21 时,柯氏检验的临界值 $D_{21}(0.05)$ 为 0.286。由于本例中 4 种分布的柯氏检验统计量皆小于 0.286,因此,波高序列的 4 种分布均不拒绝原假设,都可用于重现值计算。

将 4 种分布的理论频率与经验频率的离差平方和列入表 3.2.11。可以看出 Weibull 分布的离差平方和值最小,则 Weibull 分布为最佳线型,工程设计中以此理论分布计算重现值。

表 3.2.11 例 3.2.1 理论与经验频率的离差平方和

分布类型	Gumbel	P-Ⅲ	Weibull	Log-normal
$\sum$ (10^{-2})	4.100 9	2.043 1	1.385 5	1.688 8

将 4 种分布所得重现值作成图 3.2.10。对于同一观测序列，不同理论分布所得重现值不同。由图可见，Gumbel 分布所得之小概率设计值最高，Weibull 分布得到的值偏小，Log-normal 所得的相同重现期的设计波高与 Gumbel 分布接近，P-Ⅲ 所得的结果稍大于 Weibull 分布所得的值。

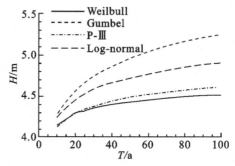

图 3.2.10　几种极值分布模式的重现期波高曲线

3.2.7　基于短期测波资料的设计波浪推算

当工程地点及其邻近海域没有实测资料可以利用时，往往在工程地点设立临时性的观测站进行波浪观测，待资料积累到几年或至少一整年后，就可以对短期的波浪资料进行频率分析。

1. 理论分布

首先介绍一种具有理论基础的二项-对数正态复合分布。对于短期波高资料，经过试算，可以找到一个计算起始波高 H_0，使不小于 H_0 的日极值波高 H_i（$i=1,2,\cdots,n$）的分布符合对数正态分布。设中间变量

$$x=\frac{\ln(H-b_0)-a}{\sigma} \tag{3.2.54}$$

式中，b_0 为使经验点符合对数正态分布，经过试算，从波高中减去的常数；若 N 表示从选定的起始波高算起的日最大波高总数，则 a 与 σ 是随机变量经过转换后的均值与均方差，按下式计算：

$$a=\frac{1}{N}\sum_{i=1}^{N}\ln(H_i-b_0) \tag{3.2.55}$$

$$\sigma=\sqrt{\frac{1}{N}\sum_{i=1}^{N}\left[\ln(H_i-b_0)-a\right]^2} \tag{3.2.56}$$

若每年按 365 天计，则推导出二项-正态复合极值分布的函数表达式如下：

$$\frac{1}{\sqrt{2\pi}}\int_{-\infty}^{x}e^{-\frac{t^2}{2}}\mathrm{d}t=1-\frac{365}{\bar{n}}\left[1-(1-p)^{\frac{1}{365}}\right] \tag{3.2.57}$$

式中，$\bar{n}$ 为每年所取波高值的平均次数；若重现期为 T，则 $p=1/T$。对于不同的 $\bar{n}$ 和 p 值，可以构造出二项-正态复合极值分布表。于是由式（3.2.54）得 R 年一遇的设计波高的计算公式为

$$H_R = b_0 + e^{a + \sigma x_R} \qquad (3.2.58)$$

例 3.2.2　某海洋水文观测站有一年的实测波高资料,其日最大波高统计于表 3.2.12。

表 3.2.12　例 3.2.2 波高统计计算表

H_i(m)	Δm	$\sum \Delta m$	$P(\%)$	$\ln(H_i - b_0)$	$[\ln(H_i - b_0) - a]^2$
3.1	1	1	0.003 1	1.131 4	2.153 5
2.2	1	2	0.006 1	0.788 5	1.264 5
1.9	2	4	0.012 3	0.641 9	0.956 3
1.8	4	8	0.024 5	0.587 8	0.853 5
1.7	1	9	0.027 6	0.530 6	0.751 2
1.6	1	10	0.030 7	0.470 0	0.649 7
1.5	5	15	0.046 0	0.405 5	0.549 9
1.4	5	20	0.061 3	0.336 5	0.452 3
1.3	10	30	0.092 0	0.262 4	0.358 1
1.2	13	43	0.131 9	0.182 3	0.268 7
1.1	9	52	0.159 5	0.095 3	0.186 1
1.0	22	74	0.227 0	0.000	0.112 9
0.9	21	95	0.291 4	−0.105 4	0.053 2
0.8	34	129	0.395 7	−0.223 1	0.012 8
0.7	60	189	0.579 8	−0.356 7	0.000 4
0.6	46	235	0.720 9	−0.510 8	0.030 5
0.5	53	288	0.883 4	−0.693 1	0.127 5
0.4	37	325	0.996 9	−0.916 3	0.336 7
$\sum$	325	—	—	−109.221	48.586 5
$b_0 = 0$　　$a = -0.336 1$　　$\sigma = 0.386 6$					

经过试算,当采用 $H_0 = 0.4$ m、$b_0 = 0$ 时,各经验点在对数正态概率格纸上基本呈直线分布,见图 3.2.11。按线性回归方法可得 $a = -0.336 1$、$\sigma = 0.386 6$。100 年一遇和 50 年一遇的设计波高分别为 3.4 m 和 3.2 m。

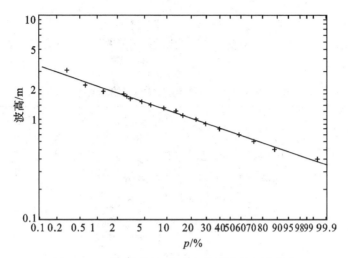

图 3.2.11　某观测站一年日极值波高的频率分布

2. 经验分布

用短期测波资料进行频率分析时，一般采用全部或日最大波高值作为样本，利用不同的坐标转换，使经验频率点在各种专用坐标纸上近似呈直线分布，然后用最小二乘法求出直线方程，就可利用外延法估计多年一遇的设计波高。下面介绍几种工程实用线型。

（1）波高以均匀坐标表示，大于或等于某波高的累积频率 P 以对数坐标表示。

（2）波高以对数坐标表示，横坐标采用 $1/P$ 的二次对数表示。

用短期测波资料推求设计波高时，多年一遇的波高的累积频率可计算如下：若在 a 年中观测波浪共 n 次，则年中最大值的累积频率为 $P_a = 1/n$，由此推断 b 年中期望出现的波高次数将为 $b \cdot (n/a)$ 次，则 b 年中最大值的累积频率为

$$P_b = \frac{a}{b \cdot n} = \frac{a}{b} P_a \qquad (3.2.59)$$

式中，P_a 为 a 年观测中最大波高的累积频率；P_b 为 b 年一遇设计波高的累积频率。

例 3.2.3　在某海域用测波仪记录下每日四次波高，对一整年测波资料统计后列入表 3.2.13，试求设计波高。

表 3.2.13　例 3.2.3 波高统计计算表

$H\frac{1}{10}$(m)	Δm	$\sum \Delta m$	$P(\%)$	$\lg H(y)$	$\lg\lg\frac{1}{P}(x)$	$(y-\bar{y})^2$	$(x-\bar{x})^2$	$(y-\bar{y})(x-\bar{x})$
≥4.2	1	1	0.069	0.623	0.500	0.132 9	0.348 6	0.215 3
3.9~4.1	1	2	0.14	0.591	0.456	0.110 6	0.298 6	0.181 7
3.6~3.8	7	9	0.62	0.556	0.344	0.088 6	0.188 7	0.129 3
3.3~3.5	3	12	0.83	0.519	0.318	0.067 9	0.166 8	0.043 5
3.0~3.2	19	31	2.15	0.477	0.222	0.047 8	0.097 6	0.068 3
2.7~2.9	12	43	2.98	0.431	0.184	0.029 8	0.075 3	0.047 4
2.4~2.6	34	77	5.33	0.380	0.105	0.014 8	0.038 2	0.023 3
2.1~2.3	50	127	8.79	0.322	0.024	0.004 0	0.013 1	0.007 3
1.8~2.0	67	194	13.43	0.255	−0.059	0.000 0	0.001 0	−0.000 1
1.5~1.7	121	315	21.80	0.176	−0.179	0.009 7	0.007 8	0.007 3
1.2~1.4	192	507	35.10	0.079	−0.342	0.032 2	0.063 3	0.045 1
0.9~1.1	284	791	54.74	−0.046	−0.582	0.092 7	0.241 7	0.149 6
0.6~0.8	325	1 116	77.23	−0.222	−0.950	0.230 8	0.738 9	0.413 0
0.3~0.5	174	1 290	89.27	−0.523	−1.307	0.610 6	1.480 1	0.950 7
0.0~0.2	154	1 444	99.93	—	—	—	—	—
总和	—			—	—	1.472 4	3.759 6	2.282 0
平均	—			0.258 4	−0.090 4			

将 $\lg H_{1/10}$ 与 $\lg\lg\frac{1}{P}$ 绘于普通坐标纸上,如图 3.2.12 所示,可见经验累积频率点的分布近似呈直线分布,进一步用最小二乘法拟合得 50 年一遇设计波高为 5.37 m。

3.2.8　与设计波高相对应的设计周期的推算方法

设计波高和设计周期是工程设

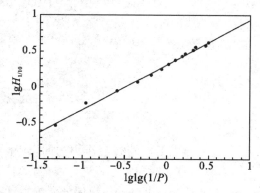

图 3.2.12　某海域一年全部 $H_{1/10}$ 波高的频率分析

计波浪的两个要素。目前波高与周期的联合分布只有在深水海域、波浪谱为窄带谱的条件下才能确定,因此实际工程中常常对波高和周期分别进行频率分析,以确定设计要素。

波高与周期的大小是不对应的,即年极大值波高对应的平均周期未必是当年的极值,它可能比年极值要小。因此,不能选取某波向平均周期的年极大值作为样本,而应该取与波高年最大值 H 相对应的平均周期 $\overline{T}$ 所组成的由大到小排列的系列进行频率分析,其分析方法与波高的频率分析相同。此时,理论频率曲线仍采用 P-III 型曲线或其他线型,以与经验累积频率点拟合最佳作为选定线型的标准。应该说明,此法一般适用于当地大的波浪主要为涌浪和混合浪时,若主要为风浪,则明显偏大。

图 3.2.13 为某观测站 SE 向 26 年资料中,与年极值波高 $H_{1/10}$ 对应的平均周期 $\overline{T}$ 所组成系列的 P-III 型分布拟合结果。通过计算得到与设计波高对应的 100 年一遇和 50 年一遇的平均周期分别为 11.1 s 和 10.7 s。

由于我国地域辽阔,至今还没有一种普遍适用于各种情况的概率分布律,工程实践中,最好选取多种

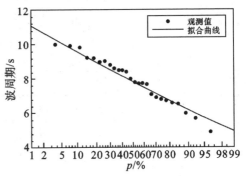

图 3.2.13　某站 SE 向与年极值波高对应的平均周期频率分析

理论线型进行比较分析,从中选优。虽然频率分析法在定量上给出进行工程设计时所需的设计参数,但目前仍存在一些问题,如有些观测站波浪观测年限短,序列的代表性不足,当观测资料中有几年的年极值数值相等时,经验点与理论分布曲线间配合较差。鉴于此,历史上出现过的特大波浪是宝贵的验证资料,它在直观概念上明确,应通过综合分析来确定设计标准。

3.3　波浪荷载

计算海堤工程的波浪作用力时,应采用不规则波要素。根据海堤护面型式,可分为直立式和斜坡式进行波浪力的计算。

对于单一坡度陡墙式海堤的波浪力计算,可参考相关直立式海堤波浪力的公式进行估算;对于斜坡上设置平台或护面坡比变化较大的 1～3 级海堤,以及

对按允许部分越浪标准进行设计的海堤,其波浪作用力计算宜结合模型试验确定。

3.3.1 直立式墙面波浪力

目前已有多种关于直立式墙面波浪力的理论和实验公式,以下介绍我国交通部颁布的《港口与航道水文规范》直立堤波浪力计算公式和其他工程设计常用的波浪力计算公式。

3.3.1.1 《港口与航道水文规范》公式

《港口与航道水文规范》中将直立堤(图 3.3.1)上的波浪形态分为立波、远破波和近破波三种波态,波态的区分可按表 3.3.1 确定。

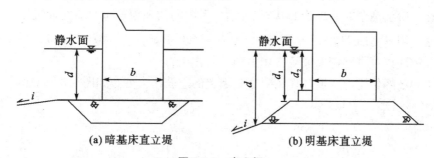

图 3.3.1 直立堤

表 3.3.1 直立堤前的波态

基床类型	产生条件	波态
暗基床和低基床 $\left(\dfrac{d_1}{d}>\dfrac{2}{3}\right)$	$\overline{T}\sqrt{g/d}<8,d\geqslant2H$	立波
	$\overline{T}\sqrt{g/d}\geqslant8,d\geqslant1.8H$	
	$\overline{T}\sqrt{g/d}<8,d<2H,i\leqslant1/10$	远破波
	$\overline{T}\sqrt{g/d}\geqslant8,d<1.8H,i\leqslant1/10$	
中基床 $\left(\dfrac{1}{3}<\dfrac{d_1}{d}\leqslant\dfrac{2}{3}\right)$	$d_1\geqslant1.8H$	立波
	$d_1<1.8H$	近破波
高基床 $\left(\dfrac{d_1}{d}\leqslant\dfrac{1}{3}\right)$	$d_1\geqslant1.5H$	立波
	$d_1<1.5H$	近破波

注:H 表示建筑物所在处进行波的波高(m);d 表示建筑物前水深(m);d_1 表示基床上水深(m);i 表示建筑物前海底坡度。

直立堤立波的产生除了符合表 3.3.1 的要求外,还应满足波峰线与建筑物大致平行,且建筑物的长度大于 1 个波长的条件。

(1)当进行波波陡较大($H/L>1/14$)时,堤前可能形成破碎立波;

(2)当暗基床和低基床直立堤前水深 $d<2H$,且底坡 $i>1/10$ 时,堤前可能出现近破波,应由模型试验确定波态和波浪力;

(3)当明基床上有护肩方块,且方块宽度大于波高 H 时,宜用方块上水深 d_2 代替基床上水深 d_1 以确定波态和波浪力。

1. 浅水立波法

当 $d\geqslant1.8H$,$d/L=0.05\sim0.139$ 时,直立堤上的立波作用力可按下列规定确定。

(1)基于椭圆余弦波理论的浅水立波法。浅水立波法是大连理工大学邱大洪在二阶椭圆余立波理论的基础上,结合系统的物理模型试验研究而提出的新方法。当 $d\geqslant1.8H$,$d/L=0.05\sim0.12$(相当于 $\overline{T}\sqrt{g/d}\approx20\sim9$)时,可采用浅水立波法计算直立堤上波峰作用力和波谷作用力。

1)波峰作用力。波峰作用时直立墙上的立波压力分布如图 3.3.2(a)所示。

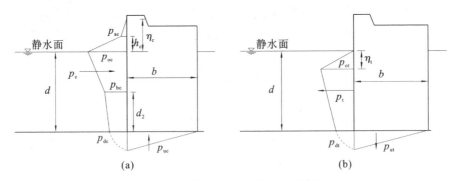

图 3.3.2　浅水立波法的波压力分布图

波面高程按以下公式计算:

$$\eta_c/d=B_\eta(H/d)^m \tag{3.3.1}$$
$$B_\eta=2.310\ 4-2.590\ 7T_*^{-0.594\ 1} \tag{3.3.2}$$
$$m=T_*/(0.009\ 13T_*^2+0.636T_*+1.251\ 5) \tag{3.3.3}$$
$$T_*=\overline{T}\sqrt{g/d} \tag{3.3.4}$$

式中,η_c 为波面高程(m);B_η、m 是系数;T_* 为无因次周期。

在静水面以上 h_0 处的墙面波压力强度按以下公式计算:

$$\frac{h_c}{d}=\frac{2\eta_c/d}{n+2} \tag{3.3.5}$$

$$\frac{p_{\mathrm{ac}}}{\gamma d}=\frac{p_{\mathrm{oc}}}{\gamma d}\frac{2}{(n+1)(n+2)} \tag{3.3.6}$$

$$n=\max[0.636\,618+4.232\,64(H/d)^{1.67},1] \tag{3.3.7}$$

式中,h_c 为波浪压力强度 p_{ac} 在静水面以上的作用点位置(m);n 是静水面以上波浪压强分布曲线的指数,其值取式中两数中的大值;p_{ac} 是与 h_c 对应的墙面波压力强度(kPa);γ 代表水的重度(kN/m³);p_{oc} 为静水面上的波压力强度(kPa)。

p_{oc} 及墙面上其他特征点的波压力强度按下式计算:

$$\frac{p}{\gamma d}=A_p+B_p(H/d)^q \tag{3.3.8}$$

式中,系数 A_p、B_p 和 q 按表 3.3.2 确定。

表 3.3.2　系数 A_p、B_p 和 q(波峰作用)

波压	计算式	A_1,B_1,a	A_2,B_2,b	α,β,c
$p_{\mathrm{oc}}/\gamma d$		0.029 01	$-0.000\,11$	2.140 82
$p_{\mathrm{bc}}/\gamma d$	$A_p=A_1+A_2 T_*^{\alpha}$	0.145 74	$-0.024\,03$	0.919 76
$p_{\mathrm{dc}}/\gamma d$		-0.18	$-0.000\,153$	2.543 41
$p_{\mathrm{oc}}/\gamma d$		1.314 27	$-1.200\,64$	$-0.673\,6$
$p_{\mathrm{bc}}/\gamma d$	$B_p=B_1+B_2 T_*^{\beta}$	$-3.073\,72$	2.915 85	0.110 46
$p_{\mathrm{dc}}/\gamma d$		$-0.032\,91$	0.174 53	0.650 74
$p_{\mathrm{oc}}/\gamma d$		0.037 65	0.464 43	2.916 98
$p_{\mathrm{bc}}/\gamma d$	$q=\dfrac{T_*}{aT_*^2+bT_*+c}$	0.062 20	1.326 41	$-2.975\,57$
$p_{\mathrm{dc}}/\gamma d$		0.286 49	$-3.867\,66$	38.419 5

若计算得出 $p_{\mathrm{bc}}>p_{\mathrm{oc}}$,则取 $p_{\mathrm{bc}}=p_{\mathrm{oc}}$,$p_{\mathrm{bc}}$ 为海底起算高度为 $d/2$ 处的波压力强度。

单位长度墙身上的水平总波浪力按下式计算:

$$P_{\mathrm{c}}=\frac{\gamma d^2}{4}\left[2\frac{p_{\mathrm{ac}}}{\gamma d}\frac{\eta_{\mathrm{c}}}{d}+\frac{p_{\mathrm{oc}}}{\gamma d}\left(1+\frac{2h_c}{d}\right)+\frac{2p_{\mathrm{bc}}}{\gamma d}+\frac{p_{\mathrm{dc}}}{\gamma d}\right] \tag{3.3.9}$$

单位长度墙身上的水平总波浪力矩按下式计算:

$$\frac{M_{\mathrm{c}}}{\gamma d^3}=\frac{1}{2}\frac{p_{\mathrm{ac}}}{\gamma d}\frac{\eta_{\mathrm{c}}}{d}\left[1+\frac{1}{3}\left(\frac{\eta_{\mathrm{c}}}{d}+\frac{h_c}{d}\right)\right]+\frac{p_{\mathrm{oc}}}{24\gamma d}\left[5+\frac{12h_c}{d}+4\left(\frac{h_c}{d}\right)^2\right]+\frac{p_{\mathrm{bc}}}{4\gamma d}+\frac{p_{\mathrm{dc}}}{24\gamma d}$$

$$\tag{3.3.10}$$

单位长度墙面上的波浪浮托力为

$$P_{uc} = \frac{b p_{dc}}{2} \tag{3.3.11}$$

P_{uc} 对应的力矩为

$$M_{pc} = \frac{2}{3} P_{uc} b \tag{3.3.12}$$

2)波谷作用力。波谷作用时,直立墙面上的立波压力分布如图 3.3.2(b)所示。在波峰的情况下,墙面上的波压为在原有的静水压力上增加的动水压,因此其方向与波浪作用方向一致。而在波谷的情况下,墙面上的波压实际上为原有的静水压力上减少的动水压力,通常把静水压力作为不变,因此波谷压力的方向将与波浪方向相反。

波谷的波面在静水面以下的高度按下式计算:

$$\frac{\eta_t}{d} = A_p + B_p (H/d)^q \tag{3.3.13}$$

式中,η_t 为波谷的波面在静水面以下的高度(m)。系数 A_p、B_p 和 q 按表 3.3.3 中 $p_{ot}/\gamma d$ 栏对应值确定。

墙面上的各特征点的波压力强度均按下式计算:

$$\frac{p}{\gamma d} = A_p + B_p (H/d)^q \tag{3.3.14}$$

式中,p 代表墙面上特征点的波压力强度(kPa)。系数 A_p、B_p 和 q 按表 3.3.3 确定。

表 3.3.3　系数 A_p、B_p 和 q（波谷作用）

波压	计算式	A_1, B_1, a	A_2, B_2, b	α, β, c
$p_{ot}/\gamma d$	$A_p = A_1 + A_2 T_*^a$	0.039 7	$-0.000\ 18$	1.95
$p_{dt}/\gamma d$	$A_p = 0.1 - A_1 T_*^a\, e^{A_2 T_*}$	1.678	0.168 94	$-2.019\ 5$
$p_{ot}/\gamma d$	$B_p = B_1 + b_2 T_*^\beta$	0.982 22	$-3.061\ 15$	$-0.284\ 8$
$p_{dt}/\gamma d$		$-2.197\ 07$	0.928 02	0.235 0
$p_{ot}/\gamma d$	$q = a T_*^b\, e^{c T_*}$	2.599	$-0.867\ 9$	0.070 92
$p_{dt}/\gamma d$		20.156 5	$-1.972\ 3$	0.133 29

若计算得出 $|p_{dt}| > |p_{ot}|$,则取 $p_{dt} = p_{ot}$。

单位长度墙身上的水平总波浪力(负值)为

$$P_t = \frac{\gamma d^2}{2} \left[\frac{p_{ot}}{\gamma d} + \frac{p_{dt}}{\gamma d} \left(1 + \frac{\eta_t}{d} \right) \right] \tag{3.3.15}$$

单位长度墙底面上的波谷浮托力(方向向下)为

$$P_{uc} = \frac{b p_{dt}}{2} \tag{3.3.16}$$

例 3.3.1 设建筑物前波高 $H = 3$ m,周期 $T = 12$ s;建筑物前水深 $d = 8$ m,基床上水深 $d_1 = 6$ m。试用《港口与航道水文规范》的方法计算直立堤上受到的波压力。

解 由色散方程可以求得:波长 $L = 102.277$ m,进行波的波陡 $H/L = 3/102.277 = 0.029 < 1/14$,故不可能出现破碎立波。

水深比 $d_1/d = 6/8 = 0.75$,故属于低基床的情况。水深 d 大于低基床破碎水深 $1.8H$,因此堤前产生立波。此时堤前相对水深 $d/L = 8/102.277 = 0.078$,则可以按照《港口与航道水文规范》中的基于椭圆余弦波理论的浅水立波法计算波浪力。

1)波峰作用时

无因次周期

$$T_* = \overline{T} \sqrt{g/d} = 12 \sqrt{9.8/8} = 13.28 \text{ s}$$

系数

$$B_\eta = 2.310\,4 - 2.590\,7 T_*^{-0.594\,1}$$
$$= 2.310\,4 - 2.590\,7 \times 13.28^{-0.594\,1} = 1.75$$

$$m = T_* / (0.009\,13 T_*^2 + 0.636 T_* + 1.251\,5)$$
$$= 13.28 / (0.009\,13 \times 13.28^2 + 0.636 \times 13.28 + 1.251\,5) = 1.17$$

波面高程

$$\eta_c = d B_\eta (H/d)^m = 8 \times 1.75 \times (3/8)^{1.18} = 4.43 \text{ m}$$

静水面以上波浪压强分布曲线的指数

$$n = \max[0.636\,618 + 4.232\,64(H/d)^{1.67}, 1]$$
$$= \max[0.636\,618 + 4.232\,64(3/8)^{1.67}, 1] = 1.46$$

波浪压力强度 p_{ac} 在静水面以上的作用点位置高程

$$h_c = \frac{2\eta_c}{n+2} = \frac{2 \times 4.43}{1.46 + 2} = 2.56 \text{ m}$$

静水面压强 p_{oc} 及墙面上其他特征点的波压力强度分别为

$$p_{oc} = \gamma d [A_p + B_p (H/d)^q]$$

$$= 9.8 \times 1\,000 \times 8 \times [0.001 + 1.1 \times (3/8)^{0.84}] = 37.89 \text{ kPa}$$

$$p_{bc} = \gamma d [A_p + B_p (H/d)^q]$$

$$= 9.8 \times 1\,000 \times 8 \times [-0.114 + 0.806 \times (3/8)^{0.52}] = 29.11 \text{ kPa}$$

$$p_{dc} = \gamma d [A_p + B_p (H/d)^q]$$

$$= 9.8 \times 1\,000 \times 8 \times [-0.29 + 0.906 \times (3/8)^{0.35}] = 27.51 \text{ kPa}$$

$$p_{ac} = p_{oc} \frac{2}{(n+1)(n+2)} = 45.09 \times \frac{2}{(1.46+1)(1.46+2)} = 10.59 \text{ kPa}$$

单位长度墙身上的水平总波浪力

$$P_c = \frac{\gamma d^2}{4} \left[2 \frac{p_{ac}}{\gamma d} \frac{\eta_c}{d} + \frac{p_{oc}}{\gamma d} \left(1 + \frac{2h_c}{d} \right) + \frac{2p_{bc}}{\gamma d} + \frac{p_{dc}}{\gamma d} \right]$$

$$= 318.72 \text{ kPa} \cdot \text{m}$$

单位长度墙身上的水平总波浪力矩

$$M_c = \gamma d^3 \left\{ \frac{1}{2} \frac{p_{ac}}{\gamma d} \frac{\eta_c}{d} \left[1 + \frac{1}{3} \left(\frac{\eta_c}{d} + \frac{h_c}{d} \right) \right] + \frac{p_{oc}}{24\gamma d} \left[5 + \frac{12h_c}{d} + 4 \left(\frac{h_c}{d} \right)^2 \right] \right.$$

$$\left. + \frac{p_{bc}}{4\gamma d} + \frac{p_{dc}}{24\gamma d} \right\} = 1\,678.1 \text{ kPa} \cdot \text{m}^2$$

2)波谷作用时

波谷的波面在静水面以下的高度

$$\eta_t = d [A_p + B_p (H/d)^q] = 8 \times [0.012 - 0.483 \times (3/8)^{0.71}] = -1.84 \text{ m}$$

墙面上的各特征点的波压力强度分别为

$$p_{ot} = \gamma d [A_p + B_p (H/d)^q] = 9.8 \times 1\,000 \times 8 \times [0.012 - 0.483 \times (3/8)^{0.71}]$$

$$= -18.03 \text{ kPa}$$

$$p_{dt} = \gamma d [A_p + B_p (H/d)^q] = 9.8 \times 1\,000 \times 8 \times [0.014 - 0.493 \times (3/8)^{0.72}]$$

$$= -17.94 \text{ kPa}$$

单位长度墙身上的水平总波浪力

$$P_t = \frac{\gamma d^2}{2} \left[\frac{p_{ot}}{\gamma d} + \frac{p_{dt}}{\gamma d} \left(1 + \frac{\eta_t}{d} \right) \right] = -127.63 \text{ kPa} \cdot \text{m}$$

(2)内插法。当 $d \geq 1.8H$，$d/L = 0.12 \sim 0.139$ 和 $8 < T_* \leq 9$ 时，波浪力、波力矩、波浪压强和波面高程等量值按下式计算：

$$X_{T_*} = X_{T_*=8} - (X_{T_*=8} - X_{T_*=9})(T_* - 8) \qquad (3.3.17)$$

式中，X_{T_*} 表示波浪力、波力矩、波浪压强和波面高程等量值；$X_{T_*=8}$ 表示取 $T_* = 8$ 和实际波况的 H/d，按森弗罗法计算各量值；$X_{T_*=9}$ 表示取 $T_* = 9$ 和实际

波况的 H/d,按浅水立波法计算的量值。

2. 森弗罗公式

当 $H/L \geqslant 1/30$ 和 $d/L=0.139 \sim 0.2$ 时采用森弗罗立波压力公式,其导自于椭圆余摆线波理论。立波的波浪线中线超出静水面的高度,即超高为

$$h_s = \frac{\pi H^2}{L} \coth kd \tag{3.3.18}$$

(1)波峰作用力。

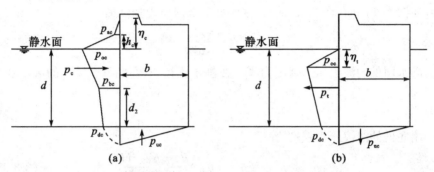

图 3.3.3 森弗罗立波波压力图

立波波峰在静水面以上的高度为 $H+h_s$[图 3.3.3(a)],该处的压力为零。波峰作用时水底处的波浪压力强度为

$$p_d = \frac{\gamma H}{\cosh kd} \tag{3.3.19}$$

当把波浪压力分布图简化为直线时,可得静水面处的波浪压力强度为

$$p_s = (p_d + \gamma d)\left(\frac{H+h_s}{d+H+h_s}\right) \tag{3.3.20}$$

墙底处的波浪压力强度为

$$p_b = p_s - (p_s - p_d)\frac{d_1}{d} \tag{3.3.21}$$

单位长度墙身上的总波浪力为

$$P = \frac{(H+h_s+d_1)(p_b + \gamma d_1) - \gamma d_1^2}{2} \tag{3.3.22}$$

墙底面上的波浪浮托力为

$$P_u = \frac{b p_b}{2} \tag{3.3.23}$$

式中,b 为立墙的底宽(m)。

P 引起的倾覆力矩为

$$M_P = \frac{1}{2}p_s(0.5H+h_s)\left(d_1+\frac{H}{2}+\frac{h_s}{3}\right)+\frac{1}{6}p_b d_1^2+\frac{1}{3}p_s d_1^2 \quad (3.3.24)$$

P_u 对应的力矩为

$$M_{P_u} = \frac{2}{3}P_u b \quad (3.3.25)$$

(2)波谷作用力。

在波谷作用时[图 3.3.3(b)]，水底处的波浪压力强度为

$$p_b' = \frac{\gamma H}{\cosh kd} \quad (3.3.26)$$

静水面处的波浪压力强度为零。在静水面以下深度 $H-h$ 处的波浪压力强度为

$$p_s' = \gamma(H-h_s) \quad (3.3.27)$$

墙底处的波浪压力强度为

$$p_b' = p_s' - (p_s'-p_d')\frac{d_1+h_s-H}{d+h_s-H} \quad (3.3.28)$$

单位长度墙身上的总波浪力（方向与波向相反）为

$$P' = \frac{\gamma d_1^2-(d_1+h_s-H)(\gamma d_1-p_b')}{2} \quad (3.3.29)$$

墙底面上的波浪力（方向向下）为

$$P_u' = \frac{bp_d'}{2} \quad (3.3.30)$$

例 3.3.2　设建筑物前波高 $H=3$ m，周期 $T=7$ s；建筑物前水深 $d=8$ m，基床上水深 $d_1=6$ m。试用《港口与航道水文规范》的方法计算直立堤上受到的波压力。

解　由色散方程可以求得：波长 $L=55.160$ m，进行波的波陡 $H/L=3/55.160=0.054\ 4 < 1/14$，则不可能出现破碎立波。

水深比 $d_1/d=6/8=0.75$，故属于低基床的情况。水深 d 大于低基床破碎水深 $1.8H$，因此堤前产生立波。此时堤前相对水深 $d/L=8/55.160=0.145$，则可以按照《港口与航道水文规范》中的森弗罗公式计算波浪力。

波浪中线抬高值

$$h_s = \frac{\pi H^2}{L}\coth kd = \frac{\pi\times3^2}{55.160}\coth\left(8\times\frac{2\pi}{55.160}\right) = 0.71 \text{ m}$$

1)波峰作用时

水底压强

$$p_d = \frac{\gamma H}{\cosh kd} = \frac{9.8 \times 1\,000 \times 3}{\cosh\left(8 \times \dfrac{2\pi}{55.160}\right)} = 20.35 \text{ kPa}$$

静水面压强

$$p_s = (p_d + \gamma d)\left(\frac{H + h_s}{d + H + h_s}\right)$$

$$= (20.35 + 9.8 \times 8)\left(\frac{3 + 0.71}{8 + 3 + 0.71}\right) = 31.29 \text{ kPa}$$

堤底压强

$$p_b = p_s - (p_s - p_d)\frac{d_1}{d}$$

$$= 31.29 - (31.29 - 20.35) \times \frac{6}{8} = 23.09 \text{ kPa}$$

单位长度墙身上的总波浪力为

$$P = \frac{(H + h_s + d_1)(p_b + \gamma d_1) - \gamma d_1{}^2}{2}$$

$$= \frac{(3 + 0.71 + 6)(23.09 + 9.8 \times 6) - 9.8 \times 6^2}{2}$$

$$= 221.18 \text{ kPa} \cdot \text{m}$$

2)波谷作用时

水底压强

$$p_d' = p_d = 20.35 \text{ kPa}$$

静水面压强

$$p_s' = \gamma(H - h_s) = 9.8 \times (3 - 0.71) = 22.44 \text{ kPa}$$

堤底压强

$$p_b' = p_s' - (p_s' - p_d')\frac{d_1 + h_s - H}{d + h_s - H}$$

$$= 22.44 - (22.44 - 20.35)\frac{6 + 0.71 - 3}{8 + 0.71 - 3} = 21.08 \text{ kPa}$$

单位长度墙身上的总波浪力

$$P' = \frac{\gamma d_1{}^2 - (d_1 + h_s - H)(\gamma d_1 - p_b{}')}{2}$$

$$= \frac{9.8 \times 6^2 - (6 + 0.71 - 3)(9.8 \times 6 - 21.08)}{2}$$

$$= 106.43 \ \text{kPa} \cdot \text{m}$$

3. 欧拉坐标一次近似法

当波陡 $H/L \geqslant 1/30$ 的范围内:相对水深 $d/L = 0.2 \sim 0.5$ 时,可采用欧拉坐标一次近似法计算直立堤上的立波波峰作用力。此时,立波的波峰压力如图 3.3.4 所示。

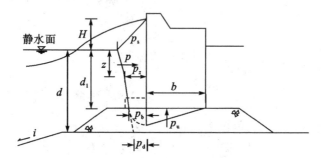

图 3.3.4 欧拉坐标一次近似法波压力分布图

静水面以上高度 H 处的波浪压力强度为零,静水面处的波浪压力强度为

$$p_s = \gamma H \tag{3.3.31}$$

静水面以上的波浪压力强度按直线分布。静水面以下深度 z 处的波浪压力强度为

$$p_z = \gamma H \frac{\cosh \dfrac{2\pi(d - Z)}{L}}{\cosh \dfrac{2\pi d}{L}} \tag{3.3.32}$$

当 $z = d$,即水底处,$p_z = p_d$ 墙底处波浪压力强度为

$$p_b = \gamma H \frac{\cosh \dfrac{2\pi(d - d_1)}{L}}{\cosh \dfrac{2\pi d}{L}} \tag{3.3.33}$$

单位长度墙身上的总波浪力为

$$P = \frac{\gamma H^2}{2} + \frac{\gamma HL}{2\pi}\left[\tanh\frac{2\pi d}{L} - \frac{\sinh\dfrac{2\pi(d-d_1)}{L}}{\cosh\dfrac{2\pi d}{L}}\right] \qquad (3.3.34)$$

墙底面上的波浪浮托力与计算式 $P_u = \dfrac{bp_b}{2}$ 相同。

P 引起的倾覆力矩为

$$M_P = \frac{1}{2}p_sHd_1 + \frac{1}{6}p_sH^2 + \frac{1}{3}p_sd_1^2 + \frac{1}{6}p_bd_1^2 \qquad (3.3.35)$$

P_u 对应的力矩为

$$M_{P_u} = \frac{2}{3}P_ub \qquad (3.3.36)$$

波谷作用时采用森弗罗简化法的有关计算式。当 $d/L \geqslant 0.5$ 时,静水面以下深度 $z = L/2$ 处的波浪压力强度可取为零。波峰作用下式 $p_z = \gamma H$ $\dfrac{\cosh\dfrac{2\pi(d-Z)}{L}}{\cosh\dfrac{2\pi d}{L}}$ 和波谷作用下式 $h_l = \dfrac{\pi H^2}{L}\cosh\dfrac{2\pi d}{L}$ 中的 d 均改用 $L/2$。

例 3.3.3 设建筑物前波高 $H = 3$ m,周期 $T = 6$ s;建筑物前水深 $d = 12$ m,基床上水深 $d_1 = 10$ m。试用《港口与航道水文规范》的方法计算直立堤上受到的波压力。

解 由色散方程可以求得:波长 $L = 50.694$ m。

进行波的波陡 $H/L = 3/50.694 = 0.059\ 2 < 1/14$,则不可能出现破碎立波。

水深比 $d_1/d = 10/12 = 5/6$,故属于低基床的情况。水深 d 大于低基床破碎水深 $1.8H$,因此堤前产生立波。此时堤前相对水深 $d/L = 12/50.694 = 0.237$,则可以按照《港口与航道水文规范》中的欧拉坐标一次近似法计算波浪力。

1)波峰作用时

静水面压强

$$p_s = \gamma H = 9.8 \times 3 = 29.4 \text{ kPa}$$

堤底压强

$$p_b = \gamma H \frac{\cosh\dfrac{2\pi(d-d_1)}{L}}{\cosh\dfrac{2\pi d}{L}} = 9.8 \times 3 \frac{\cosh\dfrac{2\pi\times(12-10)}{50.694}}{\cosh\dfrac{2\pi\times12}{50.694}} = 13.03 \text{ kPa}$$

单位长度墙身上的总波浪力

$$P = \frac{\gamma H^2}{2} + \frac{\gamma HL}{2\pi} \left[\tanh \frac{2\pi d}{L} - \frac{\sinh \frac{2\pi(d-d_1)}{L}}{\cosh \frac{2\pi d}{L}} \right]$$

$$= \frac{9.8 \times 3^2}{2} + \frac{9.8 \times 3 \times 50.694}{2\pi} \left[\tanh \frac{2\pi \times 12}{50.694} - \frac{\sinh \frac{2\pi \times (12-10)}{50.694}}{\cosh \frac{2\pi \times 12}{50.694}} \right]$$

$$= 232.71 \text{ kPa} \cdot \text{m}$$

2)波谷作用时

波浪中线抬高值

$$h_s = \frac{\pi H^2}{L} \coth kd = \frac{\pi \times 3^2}{50.694} \coth \left(12 \times \frac{2\pi}{50.694} \right) = 0.62 \text{ m}$$

水底压强

$$p_d{}' = \frac{\gamma H}{\cosh kd} = \frac{9.8 \times 1\,000 \times 3}{\cosh \left(12 \times \frac{2\pi}{50.694} \right)} = 12.64 \text{ kPa}$$

静水面压强

$$p_s{}' = \gamma(H - h_s) = 9.8(3 - 0.62) = 23.32 \text{ kPa}$$

堤底压强

$$p_b{}' = p_s{}' - (p_s{}' - p_d{}') \frac{d_1 + h_s - H}{d + h_s - H}$$

$$= 23.32 - (23.32 - 12.64) \frac{10 + 0.62 - 3}{12 + 0.62 - 3} = 14.87 \text{ kPa}$$

单位长度墙身上的总波浪力

$$P' = \frac{\gamma d_1{}^2 - (d_1 + h_s - H)(\gamma d_1 - p_b{}')}{2}$$

$$= \frac{9.8 \times 10^2 - (10 + 0.62 - 3)(9.8 \times 10 - 14.87)}{2}$$

$$= 173.36 \text{ kPa} \cdot \text{m}$$

4. 远破波

对于直立墙上远破波的作用力,《港口与航道水文规范》推荐采用大连理工大学的实验公式。

(1)波峰作用力:当波峰作用时[图 3.3.5(a)],在静水面以上高度 H 处的波浪压强为零。静水面处的波浪压强

$$p_s = \gamma K_1 K_2 H \tag{3.3.37}$$

式中，K_1 为水底坡度 i 的函数，K_2 为波坦 L/H 的函数。

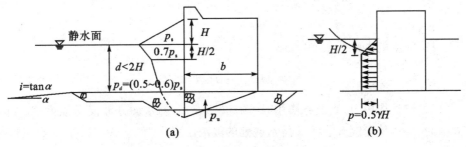

图 3.3.5　远破波波峰、波谷压力分布图

根据实验资料的分析，K_1 及 K_2 可分别表述为

$$K_1 = 1 + 3.2i^{0.55} \tag{3.3.38}$$

$$K_2 = -0.1 + 0.1L/H - 0.001\,5(L/H)^2 \tag{3.3.39}$$

也可查表 3.3.4 及表 3.3.5 求得系数 K_1 及 K_2。

表 3.3.4　系数 K_1

底坡 i	1/10	1/25	1/40	1/50	1/60	1/80	≤1/100
K_1	1.89	1.54	1.40	1.37	1.33	1.29	1.25

表 3.3.5　系数 K_2

波坦 L/H	14	16	18	20	22	24	26	28	30
K_2	1.01	1.12	1.21	1.30	1.37	1.44	1.49	1.52	1.56

静水面以上的波浪压强按直线变化。

静水面以下深度 $z = H/2$ 处的波浪压强 $p_z = 0.7p_s$。

水底处的波浪压强 p_d：当 $d/H \leqslant 1.7$ 时，$p_d = 0.6p_s$；当 $d/H > 1.7$ 时，$p_d = 0.5p_s$。墙底面上的波浪浮托力

$$p_u = \mu \frac{bp_d}{2} \tag{3.3.40}$$

式中，μ 为波浪浮托力分布图中的折减系数，可采用 0.7。

单位长度墙身上的水平总波浪力为

$$P = \frac{1}{2}p_s H + \frac{H}{4}(p_s + p_z) + \frac{1}{2}(p_z + p_d)(d - 0.5H) \tag{3.3.41}$$

P 引起的倾覆力矩为

$$M_P = 0.066\,7p_s H^2 + 0.945 p_s Hd + \left(d - \frac{H}{2}\right)^2 \left(\frac{1}{6}p_d + 0.233\,3p_s\right)$$

$$(3.3.42)$$

P_u 对应的力矩为

$$M_{P_u} = \frac{2}{3}P_u d \qquad\qquad (3.3.43)$$

(2)波谷作用力:当波谷作用时[图 3.3.5(b)],静水面处波浪压强为零。在静水面以下,从深度 $z = H/2$ 至水底处的波浪压强均为

$$p' = 0.5\gamma H \qquad\qquad (3.3.44)$$

墙底面上的方向向下的波浪力为

$$P_u' = \frac{bp'}{2} \qquad\qquad (3.3.45)$$

单位长度墙身上的水平总波浪力按下式计算:

$$P' = \frac{H}{4}p' + p'\left(d - \frac{H}{2}\right) \qquad\qquad (3.3.46)$$

例 3.3.4 设建筑物前波高 $H = 4.5$ m,周期 $T = 10$ s;建筑物前水深 $d = 8$ m,基床上水深 $d_1 = 6$ m。试用《港口与航道水文规范》的方法计算直墙式建筑物上受到的波压力。

解 由色散方程可以求得:波长 $L = 83.769\,6$ m。进行波的波陡 $H/L = 4.5/83.769\,6 = 0.053\,7 < 1/14$,则不可能出现破碎立波。

水深比 $d_1/d = 6/8 = 0.75$,故属于低基床的情况。基床上水深 d 小于破碎水深 $2H$,因此堤前产生远破波。

1)波峰作用时

平底时系数 $K_1 = 1$

系数

$$
\begin{aligned}
K_2 &= -0.1 + 0.1L/H - 0.001\,5(L/H)^2 \\
&= -0.1 + 0.1 \times 83.769\,6/4.5 - 0.001\,5 \times (83.769\,6/4.5)^2 \\
&= 1.241\,7
\end{aligned}
$$

静水面压强

$$p_s = \gamma K_1 K_2 H = 9.8 \times 1 \times 1.241\,7 \times 4.5 = 54.76 \text{ kPa}$$

静水面以下深度 $z = H/2$ 处的波浪压强

$$p_z = 0.7p_s = 0.7 \times 54.76 = 38.33 \text{ kPa}$$

水底处的波浪压强

$$p_z=0.5p_s=0.5\times54.76=27.38 \text{ kPa}$$

单位长度墙身上的水平总波浪力

$$P=\frac{1}{2}p_sH+\frac{H}{4}(p_s+p_z)+\frac{1}{2}(p_z+p_d)(d-0.5H)$$

$$=\frac{1}{2}\times54.76\times4.5+\frac{4.5}{4}(54.76+38.33)+\frac{1}{2}(38.33+27.38)(8-0.5\times4.5)$$

$$=416.87 \text{ kPa} \cdot \text{m}$$

2)波谷作用时

静水面压强 $p_s'=0$

静水面以下深度 $z=H/2$ 处的波浪压强

$$p'=0.5\gamma H=0.5\times9.8\times4.5=22.05 \text{ kPa}$$

单位长度墙身上的水平总波浪力

$$P'=\frac{H}{4}p'+p'\left(d-\frac{H}{2}\right)=\frac{4.5}{4}\times22.05+22.05\times\left(8-\frac{4.5}{2}\right)=151.59 \text{ kPa} \cdot \text{m}$$

5. 近破波

对于直立墙上近破波的作用力,《港口与航道水文规范》推荐大连理工大学的实验公式,其适用条件为 $d_1\geqslant0.6H$。当波峰作用时(图 3.3.6),静水面以上高度 z 处的波浪压强为零,z 按照下式计算:

$$z=\left(0.27+0.53\frac{d_1}{H}\right)H \tag{3.3.47}$$

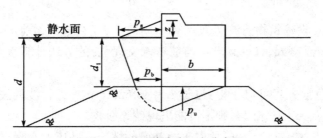

图 3.3.6 近破波波压力分布图

静水面处的波浪压强分下列情况计算:

1)当 $\frac{2}{3}\geqslant\frac{d_1}{d}>\frac{1}{3}$ 时:

$$p_s=1.25\gamma H(1.8H/d_1-0.16)(1-0.13H/d_1) \tag{3.3.48}$$

2)当$\frac{1}{3} \geqslant \frac{d_1}{d} \geqslant \frac{1}{4}$时：

$$p_s = 1.25\gamma H[(13.9-36.4d_1/d)(H/d_1-0.67)+1.03] \times (1-0.13H/d_1)$$

$$(3.3.49)$$

墙底处的波浪压强

$$p_b = 0.6p_s \qquad (3.3.50)$$

墙底面的波浪浮托力

$$P_u = \mu \frac{bp_b}{2} \qquad (3.3.51)$$

单位长度墙身上的水平总波浪力分下列情况计算：

1)当$\frac{2}{3} \geqslant \frac{d_1}{d} > \frac{1}{3}$时：

$$P = 1.25\gamma Hd_1(1.9H/d_1-0.17) \qquad (3.3.52)$$

2)当$\frac{1}{3} \geqslant \frac{d_1}{d} \geqslant \frac{1}{4}$时：

$$P = 1.25\gamma Hd_1[(14.8-38.8d_1/d)(H/d_1-0.67)+1.1] \qquad (3.3.53)$$

P引起的倾覆力矩M_P为

$$M_P = \frac{1}{2}p_s Zd_1 + \frac{1}{6}p_s Z^2 + \frac{1}{3}p_s d_1^2 + \frac{1}{6}p_b d_1^2 \qquad (3.3.54)$$

P_u对应的力矩为

$$M_{P_u} = \frac{2}{3}P_u d \qquad (3.3.55)$$

例3.3.5 设建筑物前波高$H=3$ m,周期$T=7$ s;建筑物前水深$d=5$ m,基床上水深$d_1=3$ m。试用《港口与航道水文规范》的方法计算直立堤上受到的波压力。

解 由色散方程可以求得:波长$L=45.628\,5$ m。进行波的波陡$H/L=3/45.628\,5=0.065\,7<1/14$,则不可能出现破碎立波。

水深比$d_1/d=3/5=0.6$,故属于中基床的情况。基床上水深d_1小于破碎水深$1.8H$,因此堤前产生近破波。

压强零点高度

$$z = \left(0.27+0.53\frac{d_1}{H}\right)H = \left(0.27+0.53\frac{3}{3}\right) \times 3 = 2.4 \text{ m}$$

静水面压强

$$p_s = 1.25\gamma H(1.8H/d_1 - 0.16)(1 - 0.13H/d_1)$$
$$= 1.25 \times 9.8 \times 3(1.8 \times 3/3 - 0.16)(1 - 0.13 \times 3/3) = 52.43 \text{ kPa}$$

堤底压强

$$p_b = 0.6p_s = 0.6 \times 52.43 = 31.46 \text{ kPa}$$

单位长度墙身上的水平总波浪力

$$P = 1.25\gamma Hd_1(1.9H/d_1 - 0.17)$$
$$= 1.25 \times 9.8 \times 3 \times 3(1.9 \times 3/3 - 0.17) = 190.73 \text{ kPa} \cdot \text{m}$$

例 3.3.6 设建筑物前波高 $H = 3$ m,周期 $T = 7$ s;建筑物前水深 $d = 6$ m,基床上水深 $d_1 = 2$ m。试用《港口与航道水文规范》的方法计算直立堤上受到的波压力。

解 由色散方程可以求得:波长 $L = 49.244\ 2$ m。进行波的波陡 $H/L = 3/49.244\ 2 = 0.060\ 9 < 1/14$,则不可能出现破碎立波。

水深比 $d_1/d = 2/6 = 1/3$,故属于高基床的情况。基床上水深 d_1 小于破碎水深 $1.5H$,因此堤前产生近破波。

压强零点高度

$$z = \left(0.27 + 0.53\frac{d_1}{H}\right)H = \left(0.27 + 0.53\frac{2}{3}\right) \times 3 = 1.87 \text{ m}$$

静水面压强

$$p_s = 1.25\gamma H[(13.9 - 36.4d_1/d)(H/d_1 - 0.67) + 1.03] \times (1 - 0.13H/d_1)$$
$$= 1.25 \times 9.8 \times 3[(13.9 - 36.4 \times 2/6)(3/2 - 0.67) + 1.03] \times (1 - 0.13 \times 3/2)$$
$$= 73.85 \text{ kPa}$$

堤底压强

$$p_b = 0.6p_s = 0.6 \times 73.85 = 44.31 \text{ kPa}$$

单位长度墙身上的水平总波浪力

$$P = 1.25\gamma Hd_1[(14.8 - 38.8d_1/d)(H/d_1 - 0.67) + 1.1]$$
$$= 1.25 \times 9.8 \times 3 \times 2[(14.8 - 38.8 \times 2/6)(3/2 - 0.67) + 1.1]$$
$$= 194.73 \text{ kPa} \cdot \text{m}$$

3.3.1.2 永井公式

根据大量的水槽模型试验资料,日本学者永井提出分 3 种情况计算立波的波峰作用力。

1. 非常浅水波区

非常浅水波区的应用范围为 $d/L < 0.135$ 和 $H/L < 0.4$[图 3.3.7(a)]。

静水面以下的最大波浪压力强度为

$$p_B = \gamma H \left[\frac{\cosh k(d+z)}{\cosh kd} + \frac{0.3(d+z)}{d} \right] \qquad (3.3.56)$$

式中，γ 为水的重度（$\mathrm{kN/m^3}$）；波数 $k = 2\pi/L$；垂直坐标 z 自水面起算，向上为正。静水面以上最大波浪压力的分布为三角形，即在 $z = 1.3H$ 处，$p_B = 0$；在 $z = 0$ 处，$p_B = 1.3\gamma H$。因此，最大的总波浪力为

$$P_B = \gamma \left(\frac{(1.3H)^2}{2} + 0.15Hd + \frac{H}{k}\tanh kd \right) \qquad (3.3.57)$$

2. 浅水波区

浅水波区的应用范围为 $0.135 \leqslant d/L \leqslant 0.35$［图 3.3.7(b)］。

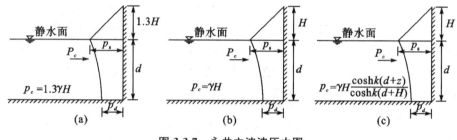

图 3.3.7　永井立波波压力图

基于小振幅波理论可导出，作用在静水面以下堤面上的最大波浪压力强度为

$$p_A = \gamma H \frac{\cosh k(d+z)}{\cosh kd} \qquad (3.3.58)$$

静水面以上最大波浪压力的分布为三角形，即在 $z = H$ 处，$P_A = 0$；在 $z = 0$ 处，$P_A = \gamma H$。因此，最大的总波浪力（即单位长度墙身上的总波浪力）为

$$P_A = \gamma \left(\frac{H^2}{2} + \frac{H}{k}\tanh kd \right) \qquad (3.3.59)$$

波浪压力的分布如图 3.3.7(b)所示。当为明基床时，在立墙底面处的波浪压力为

$$p_B = \gamma H \frac{\cosh k(d-d_1)}{\cosh kd} \qquad (3.3.60)$$

此时单位长度墙身上的总波浪力为

$$P = \gamma \left\{ \frac{H^2}{2} + \frac{H}{k} \left[\tanh kd - \frac{\sinh k(d-d_1)}{\cosh kd} \right] \right\} \qquad (3.3.61)$$

3. 深水波区

深水波区的应用范围为 $d/L \geqslant 0.35$[图 3.3.7(c)]。

静水面以下的最大波浪压力为

$$p_c = \gamma H \frac{\cosh k(d+z)}{\cosh k(d+H)} \tag{3.3.62}$$

静水面以上的最大波浪压力为

$$p_c = \gamma \left[H \frac{\cosh k(d+z)}{\cosh k(d+H)} - z \right] \tag{3.3.63}$$

当 $z = H$ 时，$p_c = 0$，最大波浪压力为

$$P_c = \gamma \left[\frac{H}{k} \tanh k(d+H) - \frac{H^2}{2} \right] \tag{3.3.64}$$

绘制波压力分布图时，一般用不少于 5 个点的压力强度值，其中包括 $p = 0$、静水面处的 p_s 和海底面处的 p_d(对暗基床)或墙角面处的 p_b(对明基床)三点。

例 3.3.7 试用永井方法计算例 3.3.2。

解 由例 3.3.2 可知：波长 $L = 55.160$ m。堤前相对水深 $d/L = 8/55.160 = 0.155$，故属于浅水波区。静水面压强

$$p_s = \gamma H = 9.8 \times 3 = 29.40 \text{ kPa}$$

堤底压强

$$p_B = \gamma H \frac{\cosh k(d+z)}{\cosh kd} = 9.8 \times 3 \frac{\cosh\left[\dfrac{2\pi}{55.160}(8-6)\right]}{\cosh\left(\dfrac{2\pi}{55.160} \times 8\right)} = 20.88 \text{ kPa}$$

单位长度墙身上的总波浪力

$$P = \gamma \left(\frac{H^2}{2} + \frac{H}{k} \tanh kd \right)$$

$$= 9.8 \times \left[\frac{3^2}{2} + \frac{3}{\dfrac{2\pi}{55.160}} \tanh\left(\frac{2\pi}{55.160} \times 8\right) \right] = 230.38 \text{ kPa} \cdot \text{m}$$

3.3.1.3 合田公式

日本学者合田根据波压力的实验结果对现场防波堤进行适用性验证，又进行了波向影响修正后提出了有关公式。当有冲击性破碎波作用时，该公式结果往往偏低。这里仅给出与本书相关的公式与参数。

$$\eta = 1.5H \tag{3.3.65}$$

$$p_s = (\alpha_1 + \alpha_2)\gamma H \tag{3.3.66}$$

$$p_d = p_s/\cosh(kd) \tag{3.3.67}$$

$$p_d = \alpha_3 p_s \tag{3.3.68}$$

$$\alpha_1 = 0.6 + \frac{1}{2}\left[\frac{2kd}{\sinh(2kd)}\right]^2 \tag{3.3.69}$$

$$\alpha_2 = \min\left\{\frac{d_3 - d_2}{3d_3}\left(\frac{H}{d_2}\right)^2, \frac{2d_2}{H}\right\} \tag{3.3.70}$$

$$\alpha_3 = 1 - \frac{d_1}{d}\left[1 - \frac{1}{\cosh(2\pi d - L)}\right] \tag{3.3.71}$$

式中,p_s 为静水面处的波压力强度;p_d 为直墙底处的波压力强度。d_2 为基床护面表层上的水深,若无护面层,则 $d_2 = d_1$;d_3 表示堤前 $5H$ 距离处的水深(图 3.3.8)。

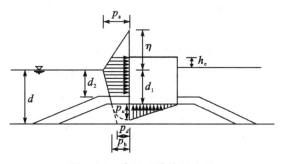

图 3.3.8 合田立波波压力图

不越浪的情况下总波浪力(通过积分获得)

$$P = 0.5[p_s(\eta + d_1) + p_b d_1] \tag{3.3.72}$$

直墙趾部的浮托力强度为

$$P_u = \alpha_1 \alpha_3 \gamma H \tag{3.3.73}$$

P 引起的倾覆力矩 M_P 为

$$M_P = p_s h_c\left(1 - \frac{h_c}{\eta}\right)\left(d_1 + \frac{h_c}{2}\right) + 0.5p_s\frac{h_c^2}{\eta}\left(d_1 + \frac{h_c}{3}\right) + \frac{1}{6}p_b d_1^2 + \frac{1}{3}p_s d_1^2 \tag{3.3.74}$$

P_u 对应的力矩为

$$M_{P_u} = \frac{2}{3}P_u b \tag{3.3.75}$$

3.3.1.4 苏联规范公式

该公式将波浪力的计算分为立波、破波和击岸波三种情况。这里仅给出相关的公式及参数。

1. 立波

当 $h > 1.5H$ 且 $d \geqslant 1.25H$ 时,应用立波压力公式(不考虑深水区域)。在浅水区,以假定计算水深 h' 代替 h,分 5 点连线计算总波浪力。

$$h_1 = d + k_1(h - d) \tag{3.3.76}$$

$$\eta' = H + \frac{kH^2}{2}\coth kh' \tag{3.3.77}$$

波峰作用时:深度 h' 的静水面以上 η' 处,$P_1 = 0$

　　　　　　深度 h' 的静水面处,$P_2 = k_2\gamma H$

　　　　　　深度 h' 的静水面以下 $0.25h'$ 处,$P_3 = k_3\gamma H$

　　　　　　深度 h' 的静水面以下 $0.5h'$ 处,$P_4 = k_4\gamma H$

　　　　　　深度 h' 的静水面以下 h' 处,$P_5 = k_5\gamma H$

总波浪力(通过积分获得):

$$P = \gamma H[k_2(0.5\eta' + 0.125h') + 0.25h'k_3 + 0.375h'k_4 + k_5(d - 0.75h')] \tag{3.3.78}$$

式中,k_2、k_3、k_4、k_5 为系数,可从图 3.3.9 和图 3.3.10 中查得。

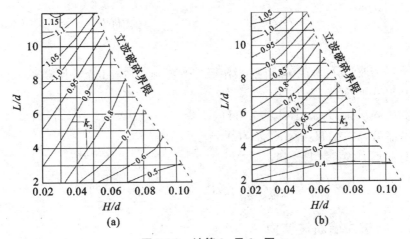

图 3.3.9 计算 k_2 及 k_3 图

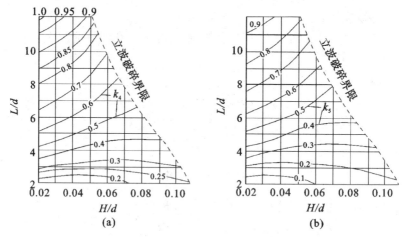

图 3.3.10　计算 k_4 及 k_5 图

2. 破波

$d<1.25H$ 且 $h\geqslant1.5H$ 时按破波计算。

高出静水面 H 处，$P_1=0$

静水面处，$P_2=1.5\gamma H$

墙底处，$P_3=\gamma H/\cosh(2\pi d/L)$

总波浪力（通过积分得）：

$$P=0.75\gamma H^2+\left(0.75+\frac{0.5}{\cosh kd}\right)\gamma Hd \tag{3.3.79}$$

3. 击岸波

当半倍波长处的水深 h 小于极限破碎水深 $h_{\max}$ 时按击岸波计算。

高出静水面 H 处，$P_1=0$

高出静水面 $H/3$ 处，$P_2=1.5\gamma H$

墙底处，$P_3=\gamma H/\cosh(2\pi d/L)$

总波浪力（通过积分得）：

$$P=\left(0.75+\frac{1}{6\cosh kd}\right)\gamma H^2+\left(0.75+\frac{1}{2\cosh kd}\right)\gamma Hd \tag{3.3.80}$$

3.3.2　斜坡式墙面波浪力

对于斜坡式海堤，当护面层采用混凝土板或栅栏板时，护面板的稳定取决于上、下两面波浪力与浮力的作用。

在 $1.5\leqslant m\leqslant5.0$ 的条件下，作用在整体或装配式平板护面上的波压力分布见图 3.3.11。

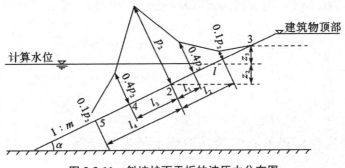

图 3.3.11　斜坡护面平板的波压力分布图

最大波压力 P_2(kPa) 为有效波压力,按下式计算:

$$P_2 = k_1 k_2 \bar{p} \gamma H \qquad (3.3.81)$$

$$k_1 = 0.85 + 4.8 \frac{H}{L} + m\left(0.028 - 1.5\frac{H}{L}\right) \qquad (3.3.82)$$

式中,γ 为水的容重(kN/m³);H 取有效波高 H_s;系数 k_2 按表 3.3.6 确定;$\bar{p}$ 表示斜坡上点 2 的最大相对波压力(图 3.3.11),按表 3.3.7 确定。

表 3.3.6　系数 k_2

波坦 L/H	10	15	20	25	35
k_2	1.00	1.15	1.30	1.35	1.48

表 3.3.7　斜坡上最大相对波压力 $\bar{p}$

H(m)	0.5	1.0	1.5	2.0	2.5	3.0	3.5	$\geqslant 4.0$
$\bar{p}$	3.7	2.8	2.3	2.1	1.9	1.8	1.75	1.7

最大波压力 P_2 作用点 2 的垂直坐标 z_2(m) 按下式确定:

$$z_2 = A + \frac{1}{m^2}\left(1 - \sqrt{2m^2 + 1}\right)(A + B) \qquad (3.3.83)$$

式中,B(m) 为沿坡方向(垂直于水边线)的护面板长度。系数 A 和 B 按下式计算:

$$A = H\left(0.47 + 0.023\frac{L}{H}\right)\frac{1 + m^2}{m^2} \qquad (3.3.84)$$

$$B = H\left[0.95 - (0.84m - 0.25)\frac{H}{L}\right] \qquad (3.3.85)$$

图 3.3.11 中 z_3(m)即为波浪在斜坡上的爬高,是压力零点。斜坡上点 2 上、下各压力转折点与点 2 的距离以及各点的波压力 P,可由下述规定:

$$l_1=0.012\ 5l_a \text{ 与 } l_3=0.026\ 5l_a \text{ 处}，P=0.4P_2$$
$$l_2=0.032\ 5l_a \text{ 与 } l_4=0.067\ 5l_a \text{ 处}，P=0.1P_2$$

式中,

$$l_a=\frac{mL}{\sqrt[4]{m^2-1}} \qquad (3.3.86)$$

3.3.3　作用在矩形开孔沉箱防波堤上的波浪荷载

国内外学者对波浪与矩形开孔沉箱的相互作用已经从物理实验、理论分析、数值模拟作了系统的研究,并给出了计算波浪荷载的经验公式。目前工程上常用的方法包括:我国《防波堤与护岸设计规范》(JTS154—2018)推荐的由大连理工大学团队提出的经验公式,日本学者高桥重雄给出的计算公式和法国的 Tabet-Aoul 与 Lambert 给出的计算公式。

3.3.3.1　《防波堤与护岸设计规范》(JTS154—2018)推荐公式

对于矩形开孔沉箱结构,应计算水平和垂直波浪力,水平波浪力包括消浪室开孔前墙上的正向、反向以及消浪室后墙上的水平波浪力;垂直波浪力包括作用于消浪室底板、内顶板上的垂直波浪力和消浪沉箱底面上的波浪浮托力。

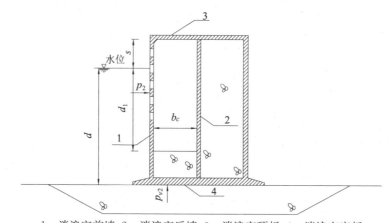

1—消浪室前墙;2—消浪室后墙;3—消浪室顶板;4—消浪室底板

图 3.3.12　波峰作用时,有顶板开孔矩形沉箱结构上的波浪力

此法可用于消浪室前墙开孔率 $\mu=20\%\sim40\%$,消浪室相对宽度 $b_c/L=0.078\sim0.266$,相对水深 $d/L=0.207\sim0.355$ 和 $d/H_{1\%}\geqslant2.0$,波浪不破碎,不越

浪,低基床与暗基床工况。低基床的计算水深取为基床上水深。

（1）在正向不规则波波峰作用时,作用在开孔沉箱上每延米的最大总水平波浪力图 3.3.12 及相应的力臂值按式(3.3.87)～式(3.3.90)计算。当 $s/H_{1/3} \geqslant 2.1$ 时,不考虑顶板影响。

$$\frac{P_1}{P_0} = 0.997 - 1.515\left(\frac{H_{1/3}}{L_{1/3}}\right) - 0.804\left(\frac{d}{L_{1/3}}\right) - 1.312\left(\frac{b_c}{L_{1/3}}\right) + 0.25\mu$$

$$(3.3.87)$$

$$\frac{P_2}{P_1} = 1.247 + 0.648\left(\frac{d}{L_{1/3}}\right) - 0.573\left(\frac{b_c}{L_{1/3}}\right) - 0.349\left(\frac{s}{H_{1/3}}\right) + 0.082\left(\frac{s}{H_{1/3}}\right)^2 + 0.215\mu$$

$$(3.3.88)$$

$$\frac{l_1}{l_0} = 1.063 - 2.56\left(\frac{H_{1/3}}{L_{1/3}}\right) + 1.019\left(\frac{d}{L_{1/3}}\right) - 0.88\left(\frac{d}{L_{1/3}}\right)^2 - 1.432\left(\frac{b_c}{L_{1/3}}\right)$$

$$+ 2.848\left(\frac{b_c}{L_{1/3}}\right)^2 + 0.091\mu$$

$$(3.3.89)$$

$$\frac{l_2}{l_1} = 1.0$$

$$(3.3.90)$$

作用在开孔沉箱上每延米的最大垂向波浪力及相应的力臂值按式(3.3.91)～式(3.3.94)计算。当 $s/H_{1/3} \geqslant 2.1$ 时,不考虑顶板影响。

$$\frac{P_{v1}}{P_{v0}} = 0.088 + 11.154\left(\frac{H_{1/3}}{L_{1/3}}\right) - 2.084\left(\frac{d}{L_{1/3}}\right) + 8.273\left(\frac{b_c}{L_{1/3}}\right) - 19.508\left(\frac{b_c}{L_{1/3}}\right)^2 + 0.832\mu$$

$$(3.3.91)$$

$$\frac{P_{v2}}{P_{v1}} = 2.134 - 0.811\left(\frac{s}{H_{1/3}}\right) + 0.184\left(\frac{s}{H_{1/3}}\right)^2 - 7.056\left(\frac{H_{1/3}}{L_{1/3}}\right) + 0.961\left(\frac{d}{L_{1/3}}\right)$$

$$- 0.296\left(\frac{b_c}{L_{1/3}}\right) + 4.365\left(\frac{b_c}{L_{1/3}}\right)^2 + 0.703\mu$$

$$(3.3.92)$$

$$\frac{l_{v1}}{l_{v0}} = 1.01 - 1.917\left(\frac{H_{1/3}}{L_{1/3}}\right) + 1.063\left(\frac{d}{L_{1/3}}\right) - 2.023\left(\frac{b_c}{L_{1/3}}\right) + 2.532\left(\frac{b_c}{L_{1/3}}\right)^2 + 0.429\mu$$

$$(3.3.93)$$

$$\frac{l_{v2}}{l_{v1}} = 1.0$$

$$(3.3.94)$$

当计算水位上方没有开孔或 $s/H_{1/3} < 0.5$ 时,对式(3.3.92)计算的垂直力比值进行修正,修正系数按下式计算:

$$\alpha = 1 + b_c/L_{1/3}$$

$$(3.3.95)$$

最大垂直波浪力与最大水平波浪力的相对相位差 $\Delta t/T_s$ 按式(3.3.96)和

式(3.3.97)计算。当 $s/H_{1/3} \geqslant 1.7$ 时,不考虑顶板的影响。

$$\frac{\Delta t_1}{T_s} = 0.009 + 0.477\left(\frac{b_c}{L_{1/3}}\right) + 0.099\left(\frac{d}{L_{1/3}}\right) + 0.324\mu \qquad (3.3.96)$$

$$\frac{\Delta t_2}{T_s} = -0.237 + 0.304\left(\frac{b_c}{L_{1/3}}\right) + 0.08\left(\frac{d}{L_{1/3}}\right) + 0.299\left(\frac{s}{H_{1/3}}\right) - 0.088\left(\frac{s}{H_{1/3}}\right)^2 + 0.347\mu$$

$$(3.3.97)$$

最大总垂直力出现时刻的总水平力值为最大水平力值乘以折减系数,最大水平波浪力出现时刻的总垂直力值为最大垂直力值乘以折减系数,折减系数按式(3.3.98)计算,力臂值不变。

$$\beta_1 = \cos\left(2\pi\frac{\Delta t}{T_s}\right) \qquad (3.3.98)$$

式中,P_1 为无顶板开孔沉箱上的最大总水平波浪力(kN/m),方向与波向一致;P_0 为不开孔沉箱上的最大总水平波浪力(kN/m),方向与波向一致,根据现行行业标准《港口与航道水文规范》(JTS145—2015)的方法计算,波高采用 $H_{1\%}$,波长采用平均周期对应的波长 L;$H_{1/3}$ 即 $H_{13\%}$,有效波高(m);$L_{1/3}$ 为有效波长(m),由有效周期 T_s 计算;d 为基床上水深(m);b_c 为消浪室净宽(m);μ 为开孔率,为开孔面积与开孔部分上、下沿之间总面积之比;P_2 为有顶板开孔沉箱上的最大总水平波浪力(kN/m),方向与波向一致;s 为顶板底面距计算水位高度(m);l_1 为无顶板开孔沉箱上的总水平波浪力对沉箱底的力臂(m);l_0 为不开孔沉箱上的总水平波浪力对沉箱底的力臂(m);l_2 为有顶板开孔沉箱上的总水平波浪力对沉箱底的力臂(m);P_{v1} 为无顶板开孔沉箱上的最大总垂直波浪力(kN/m),方向向上;P_{v0} 为不开孔沉箱上的最大总垂直波浪力(kN/m),方向向上,按现行行业标准《港口与航道水文规范》(JTS145—2015)的方法计算,波高采用 $H_{1\%}$,波长采用平均周期对应的波长 L;P_{v2} 为有顶板开孔沉箱上的最大总垂直波浪力(kN/m),方向向上;l_{v1} 为无顶板开孔沉箱上的总垂直波浪力对沉箱后踵的力臂(m);l_{v0} 为不开孔沉箱上的总垂直波浪力对沉箱后踵的力臂(m);l_{v2} 为有顶板开孔沉箱上的总垂直波浪力对沉箱后踵的力臂(m);α 为修正系数;Δt_1 为无顶板开孔沉箱最大垂直波浪力与出现最大水平波浪力的相位的时间差(s);Δt_2 为有顶板开孔沉箱最大垂直波浪力与出现最大水平波浪力的相位的时间差(s);β_1 为折减系数;Δt 为开孔沉箱最大垂直波浪力与出现最大水平波浪力的相位的时间差(s),无顶板情况取 Δt_1,有顶板时情况取 Δt_2;T_s 为有效波周期(s)。

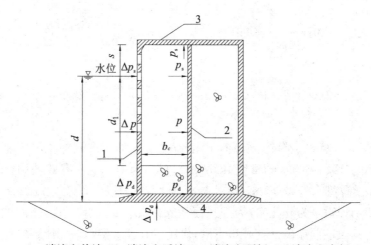

1—消浪室前墙;2—消浪室后墙;3—消浪室顶板;4—消浪室底板

图 3.3.13 波峰作用时,有顶板开孔矩形沉箱结构上的波压力和压差

(2)正向不规则波波峰作用时,矩形开孔沉箱结构上的波压力图 3.3.13 可按下式计算。

计算水位以下,消浪室前墙分为计算水位附近、中部及底部三个区,压差分别按下式计算:

$$\frac{\Delta p_s}{\gamma H_{1/3}} = -0.376 + 4.531\left(\frac{s}{H_{1/3}}\right) - 0.731\left(\frac{s}{H_{1/3}}\right)^2 - 24.317\left(\frac{d}{L_{1/3}}\right)$$
$$+ 80.137\left(\frac{H_{1/3}}{L_{1/3}}\right) + 12.254\mu \tag{3.3.99}$$

$$\frac{\Delta p}{\gamma H_{1/3}} = 2.56 + 2.534\left(\frac{s}{H_{1/3}}\right) - 0.393\left(\frac{s}{H_{1/3}}\right)^2 - 5.946\left(\frac{d}{L_{1/3}}\right) - 8.534\left(\frac{b_c}{L_{1/3}}\right) + 6.505\mu$$
$$\tag{3.3.100}$$

$$\frac{\Delta p_d}{\gamma H_{1/3}} = 3.5 + 0.28\left(\frac{s}{H_{1/3}}\right) - 29.351\left(\frac{H_{1/3}}{L_{1/3}}\right)^2 + 3.919\left(\frac{d}{L_{1/3}}\right) - 12.064\left(\frac{b_c}{L_{1/3}}\right) + 7.801\mu$$
$$\tag{3.3.101}$$

计算水位以下,消浪室后墙分为计算水位附近、中部和底部三个区,压强分别按下式计算:

$$\frac{p_s}{\gamma H_{1/3}} = 9.0 - 2.422\left(\frac{s}{H_{1/3}}\right) + 0.64\left(\frac{s}{H_{1/3}}\right)^2 + 2.342\left(\frac{d}{L_{1/3}}\right) - 19.641\left(\frac{b_c}{L_{1/3}}\right) + 5.376\mu$$
$$\tag{3.3.102}$$

$$\frac{p}{\gamma H_{1/3}}=6.8-2.991\left(\frac{s}{H_{1/3}}\right)+0.618\left(\frac{s}{H_{1/3}}\right)^2-6.685\left(\frac{d}{L_{1/3}}\right)-2.932\left(\frac{b_c}{L_{1/3}}\right)+7.197\mu$$

$$(3.3.103)$$

$$\frac{p_d}{\gamma H_{1/3}}=7.49-2.921\left(\frac{s}{H_{1/3}}\right)+0.582\left(\frac{s}{H_{1/3}}\right)^2-9.24\left(\frac{b_c}{L_{1/3}}\right)-23.646\left(\frac{H_{1/3}}{L_{1/3}}\right)+4.14\mu$$

$$(3.3.104)$$

式中，Δp_s 为计算水位附近，作用于消浪室前墙外侧与内侧的压强之差（kPa），方向与波向一致；γ 为水的重度（kN/m³）；$H_{1/3}$ 为即 $H_{13\%}$，有效波高（m）；s 为顶板底面离计算水位高度（m）；d 为基床上水深（m）；$L_{1/3}$ 为有效波长（m），由有效周期 T_s 计算；μ 为开孔率，为开孔面积除以开孔部分上、下沿之间的全部面积；Δp 为消浪室前墙的开孔孔口下沿，作用于开孔外侧与内侧压强之差（kPa），方向与波向一致；b_c 为消浪室净宽（m）；Δp_d 为作用于消浪室前墙底部的外侧与内侧压强之差（kPa），方向与波向一致；p_s 为计算水位附近，作用于消浪室后墙的压强（kPa），方向与波向一致；p 为作用于消浪室后墙上对应于消浪室前墙中部位置的压强（kPa），方向与波向一致；p_d 为消浪室后墙底部的压强（kPa），方向与波向一致。

消浪室底板下侧的浮托力与上侧的渗透波浪力之间的压差按式（3.3.101）计算，方向向上。

如果计算水位上方无开孔或 $s/H_{1/3}<1.5$ 时，有顶板开孔沉箱的顶板压强按式（3.3.102）计算。

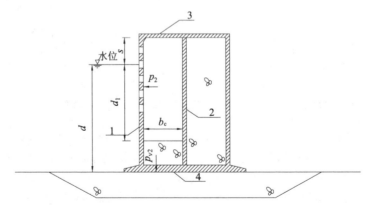

1—消浪室前墙；2—消浪室后墙；3—消浪室顶板；4—消浪室底板

图 3.3.14　波谷作用时，有顶板开孔矩形沉箱结构上的波浪力

（3）在正向不规则波波谷作用时，矩形开孔沉箱结构上的波浪力（图 3.3.14）可按下列规定计算。

作用在开孔沉箱上每延米最大总水平波浪力及相应的力臂按式（3.3.105）～式（3.3.108）计算。当 $s/H_{1/3} \geqslant 2.1$ 时，不考虑顶板影响。

$$\frac{P_1}{P_0} = 1.147 + 1.24\left(\frac{H_{1/3}}{L_{1/3}}\right) - 2.147\left(\frac{d}{L_{1/3}}\right) - 0.844\left(\frac{b_c}{L_{1/3}}\right) - 0.41\mu$$

$$(3.3.105)$$

$$\frac{P_2}{P_1} = 1.247 + 0.648\left(\frac{d}{L_{1/3}}\right) - 0.573\left(\frac{b_c}{L_{1/3}}\right) - 0.349\left(\frac{s}{H_{1/3}}\right) + 0.082\left(\frac{s}{H_{1/3}}\right)^2 + 0.215\mu$$

$$(3.3.106)$$

$$\frac{l_1}{l_0} = 0.915 + 0.308\left(\frac{H_{1/3}}{L_{1/3}}\right) - 0.19\left(\frac{d}{L_{1/3}}\right) + 0.452\left(\frac{d}{L_{1/3}}\right)^2$$
$$+ 2.449\left(\frac{b_c}{L_{1/3}}\right) - 6.473\left(\frac{b_c}{L_{1/3}}\right)^2 + 0.189\mu$$

$$(3.3.107)$$

$$\frac{l_2}{l_1} = 1.0 \tag{3.3.108}$$

作用在开孔沉箱上每延米的最大总垂向波浪力及相应力臂值按式（3.3.109）～式（3.3.111）计算。当 $s/H_{1/3} \geqslant 2.1$ 时，不考虑顶板影响。无顶板开孔沉箱上的总垂直波浪力对沉箱前趾的力臂与不开孔沉箱上的总垂直波浪力对沉箱前趾的力臂的比值参照式（3.3.111）计算。

$$\frac{P_{v1}}{P_{v0}} = 0.249 + 8.797\left(\frac{b_c}{L_{1/3}}\right) - 19.476\left(\frac{b_c}{L_{1/3}}\right)^2 - 1.083\left(\frac{H_{1/3}}{L_{1/3}}\right) - 1.034\left(\frac{d}{L_{1/3}}\right) - 0.138\mu$$

$$(3.3.109)$$

$$\frac{P_{v2}}{P_{v1}} = 0.61 + 0.535\left(\frac{s}{H_{1/3}}\right) - 0.125\left(\frac{s}{H_{1/3}}\right)^2 + 2.424\left(\frac{H_{1/3}}{L_{1/3}}\right) + 0.266\left(\frac{d}{L_{1/3}}\right)$$
$$- 3.618\left(\frac{b_c}{L_{1/3}}\right) + 7.246\left(\frac{b_c}{L_{1/3}}\right)^2 + 0.103\mu$$

$$(3.3.110)$$

$$\frac{l_{v2}}{l_{v1}} = 1.0 \tag{3.3.111}$$

最大垂直波浪力与最大水平波浪力的相对相位差 $\Delta t/T_s$ 按式（3.3.112）和式（3.3.113）计算。当 $s/H_{1/3} \geqslant 1.7$ 时，不考虑顶板的影响。

$$\frac{\Delta t_1}{T_s} = -0.045 - 0.5\left(\frac{b_c}{L_{1/3}}\right) + 0.313\left(\frac{d}{L_{1/3}}\right) + 0.76\mu \tag{3.3.112}$$

$$\frac{\Delta t_2}{T_s} = -0.264 - 0.224\left(\frac{b_c}{L_{1/3}}\right) + 0.19\left(\frac{d}{L_{1/3}}\right) + 0.244\left(\frac{s}{H_{1/3}}\right) - 0.074\left(\frac{s}{H_{1/3}}\right)^2 + 0.781\mu$$

(3.3.113)

　　最大水平波浪力出现时刻的总垂直力值应为最大垂直力值乘以折减系数，折减系数按式(3.3.114)计算，力臂值不变。

$$\beta_2 = \cos\left(1.2 \times 2\pi \frac{\Delta t}{T_s}\right)$$

(3.3.114)

式中，P_1 为无顶板开孔沉箱上的最大总水平波浪力(kN/m)，方向与波向相反；P_0 为不开孔沉箱上的最大总水平波浪力(kN/m)，方向与波向相反，根据现行行业标准《港口与航道水文规范》(JTS145—2015)的方法计算，波高采用 $H_{1\%}$，波长采用平均周期对应的波长 L；$H_{1/3}$ 即 $H_{13\%}$，有效波高(m)；$L_{1/3}$ 为有效波长(m)，由有效周期 T_s 计算；d 为基床上水深(m)；b_c 为消浪室净宽(m)；μ 为开孔率，为开孔面积与开孔部分上、下沿之间总面积之比；P_2 为有顶板开孔沉箱上的最大总水平波浪力(kN/m)，方向与波向相反；s 为顶板底面距计算水位高度(m)；l_1 为无顶板开孔沉箱上的总水平波浪力对沉箱底的力臂(m)；l_0 为不开孔沉箱上的总水平波浪力对沉箱底的力臂(m)；l_2 为有顶板开孔沉箱上的总水平波浪力对沉箱底的力臂(m)；P_{v1} 为无顶板开孔沉箱上的最大总垂直波浪力(kN/m)，方向向下；P_{v0} 为不开孔沉箱上的最大总垂直波浪力(kN/m)，方向向下，按现行行业标准《港口与航道水文规范》(JTS145—2015)的方法计算，波高采用 $H_{1\%}$，波长采用平均周期对应的波长 L；P_{v2} 为有顶板开孔沉箱上的最大总垂直波浪力(kN/m)，方向向下；l_{v1} 为无顶板开孔沉箱上的总垂直波浪力对沉箱前趾的力臂(m)；l_{v2} 为有顶板开孔沉箱上的总垂直波浪力对沉箱前趾的力臂(m)；Δt_1 为无顶板开孔沉箱最大垂直波浪力与出现最大水平波浪力的相位的时间差(s)；Δt_2 为有顶板开孔沉箱最大垂直波浪力与出现最大水平波浪力的相位的时间差(s)；β_2 为折减系数；Δt 为开孔沉箱最大垂直波浪力与出现最大水平波浪力的相位的时间差(s)，无顶板情况取 Δt_1，有顶板情况取 Δt_2；T_s 为有效波周期(s)。

　　(4)在正向不规则波波谷作用时，矩形开孔沉箱结构上的波压力(图3.3.15)可按下列规定计算。

　　在计算水位以下，消浪室前墙分为计算水位附近、中部及底部三个区，墙外侧与内侧的压差分别按式(3.3.115)～式(3.3.117)计算：

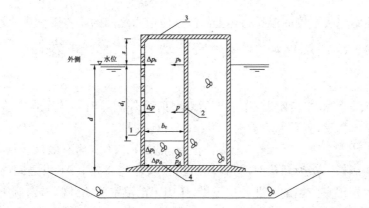

1—消浪室前墙;2—消浪室后墙;3—消浪室顶板;4—消浪室底板

图 3.3.15　波谷作用时,有顶板开孔矩形沉箱结构上的波压力和压差

$$\frac{\Delta p_s}{\gamma H_{1/3}} = 5.7 + 2.246\left(\frac{s}{H_{1/3}}\right) - 0.438\left(\frac{s}{H_{1/3}}\right)^2 + 10.543\left(\frac{b_c}{L_{1/3}}\right)$$

$$- 42.314\left(\frac{H_{1/3}}{L_{1/3}}\right) - 4.959\mu \tag{3.3.115}$$

$$\frac{\Delta p}{\gamma H_{1/3}} = 3.583 + 3.628\left(\frac{s}{H_{1/3}}\right) - 0.675\left(\frac{s}{H_{1/3}}\right)^2 - 14.29\left(\frac{d}{L_{1/3}}\right) + 42.64\left(\frac{H_{1/3}}{L_{1/3}}\right) - 0.148\mu$$

$$\tag{3.3.116}$$

$$\frac{\Delta p_d}{\gamma H_{1/3}} = -6.6 + 0.435\left(\frac{s}{H_{1/3}}\right) + 94.841\left(\frac{d}{L_{1/3}}\right) - 237.48\left(\frac{d}{L_{1/3}}\right)^2 + 10.254\left(\frac{b_c}{L_{1/3}}\right) + 1.494\mu$$

$$\tag{3.3.117}$$

计算水位以下,消浪室后墙分为计算水位附近、中部和底部三个区,压强分别按式(3.3.118)~式(3.3.120)计算:

$$\frac{p_s}{\gamma H_{1/3}} = 4.20 - 0.936\left(\frac{s}{H_{1/3}}\right) + 0.18\left(\frac{s}{H_{1/3}}\right)^2 - 16.272\left(\frac{H_{1/3}}{L_{1/3}}\right) - 14.861\left(\frac{b_c}{L_{1/3}}\right) + 12.672\mu$$

$$\tag{3.3.118}$$

$$\frac{p}{\gamma H_{1/3}} = 3.3 - 0.538\left(\frac{s}{H_{1/3}}\right) + 0.101\left(\frac{s}{H_{1/3}}\right)^2 - 22.709\left(\frac{H_{1/3}}{L_{1/3}}\right) - 12.344\left(\frac{b_c}{L_{1/3}}\right) + 12.141\mu$$

$$\tag{3.3.119}$$

$$\frac{p_d}{\gamma H_{1/3}} = 3.0 - 0.568\left(\frac{s}{H_{1/3}}\right) + 0.107\left(\frac{s}{H_{1/3}}\right)^2 - 11.328\left(\frac{b_c}{L_{1/3}}\right)$$

$$- 24.589\left(\frac{H_{1/3}}{L_{1/3}}\right) + 1.119\left(\frac{d}{L_{1/3}}\right) - 11.328\mu \tag{3.3.120}$$

消浪室底板下侧的浮托力与上侧渗透波浪力之间的压差按下式计算：

$$\frac{\Delta p_1}{\gamma H_{1/3}} = 2.6 + 0.262\left(\frac{b_c}{H_{1/3}}\right) - 0.029\left(\frac{b_c}{H_{1/3}}\right)^2 - 4.463\left(\frac{H_{1/3}}{L_{1/3}}\right) - 12.935\left(\frac{d}{L_{1/3}}\right) + 2.333\mu$$

$$(3.3.121)$$

式中，Δp_s 为计算水位附近，作用于消浪室前墙外侧与内侧的压强之差(kPa)，方向与波向相反；γ 为水的重度(kN/m³)；$H_{1/3}$ 即 $H_{13\%}$，有效波高(m)；s 为顶板底面离计算水位高度(m)；b_c 为消浪室净宽(m)；$L_{1/3}$ 为有效波长(m)，由有效周期 T_s 计算；μ 为开孔率，为开孔面积除以开孔部分上、下沿之间的全部面积；Δp 为消浪室前墙的开孔孔口下沿，作用于消浪室前墙外侧与内侧压强之差(kPa)，方向与波向相反；d 为基床上水深(m)；Δp_d 为作用于消浪室前墙底部的外侧与内侧压强之差(kPa)，方向与波向相反；p_s 为计算水位附近，作用于消浪室后墙的压强(kPa)，方向与波向相反；p 为作用于消浪室后墙上对应于消浪室前墙中部位置的压强(kPa)，方向与波向相反；p_d 为消浪室后墙底部的压强(kPa)，方向与波向相反；Δp_1 为消浪室底板下侧的浮托力与上侧的渗透波浪力之间的压差(kPa)，方向向下。

(5)矩形开孔沉箱前波浪的反射率可按式(3.3.122)和式(3.3.123)计算。当 $s/H_{1/3} \geqslant 1.7$ 时，不考虑顶板影响。

$$K_{r1} = 0.913 - 8.422\left(\frac{b_c}{L_{1/3}}\right) + 23.581\left(\frac{b_c}{L_{1/3}}\right)^2 + 0.18\left(\frac{d}{L_{1/3}}\right) - 1.88\left(\frac{H_{1/3}}{L_{1/3}}\right) + 0.504\mu$$

$$(3.3.122)$$

$$\frac{K_{r2}}{K_{r1}} = 1.109 + 1.655\left(\frac{b_c}{L_{1/3}}\right) - 5.735\left(\frac{b_c}{L_{1/3}}\right)^2 - 0.142\left(\frac{s}{H_{1/3}}\right) + 0.041\left(\frac{s}{H_{1/3}}\right)^2 - 0.17\mu$$

$$(3.3.123)$$

式中：K_{r1} 为无顶板开孔沉箱前的波浪反射系数；b_c 为消浪室净宽(m)；$L_{1/3}$ 为有效波长(m)，由有效周期 T_s 计算；d 为基床上水深(m)；μ 为开孔率，为开孔面积除以开孔部分上、下沿之间的全部面积；K_{r2} 为有顶板开孔沉箱前的波浪反射系数；s 为顶板底面离计算水位高度(m)。

3.3.3.2 高桥公式

高桥计算公式是对著名的合田公式进行的修正，该方法假设在静水面以上和以下，作用于前墙的波压力分别呈梯形分布，作用在防波堤底部的浮托力呈三角形分布，如图 3.3.16 所示。

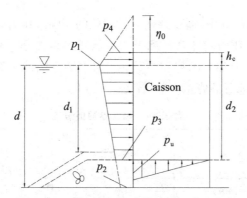

图 3.3.16 修正合田公式的波浪压力分布图

在波浪与结构物相互作用的不同相位,开孔沉箱防波堤各个部位所受的波浪力将分别达到峰值,因此,必须对每个相位的波压力分布进行评估。事实上,引起防波堤滑移或倾覆的波浪荷载不一定发生在波峰恰好作用于透空墙的时刻。

波浪荷载的峰值发生在 6 个主要的波浪相位:波峰-Ⅰ,波峰-Ⅱ,波峰-Ⅲ,波谷-Ⅰ,波谷-Ⅱ,波谷-Ⅲ;如图 3.3.17 所示。

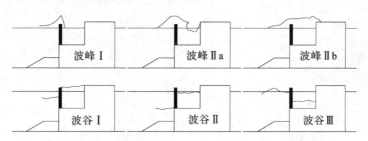

图 3.3.17 波浪作用在矩形开孔沉箱的特征相位图

6 个相位的定义如下:

波峰-Ⅰ:作用在前墙(包括上部开孔墙和下部实体墙)的波浪力达到正向最大值。

波峰-Ⅱ:作用在消浪室实体墙上的波浪力达到冲击力的峰值,如果波浪力没有冲击时,该相位不显著。

波峰-Ⅲ:紧随冲击力峰值,作用在消浪室实体墙上的波浪力达到一个较低的峰值。

波谷-Ⅰ:作用在前墙的波浪力达到负向最大值。

波谷-Ⅱ:消浪室前面的水位处于最低值。

波谷-Ⅲ:消浪室内部水位最低。

在开孔沉箱的设计中,需要评估三种相位的正向波压力分布,即波峰-Ⅰ、波峰-Ⅱ、波峰-Ⅲ。波压力的计算是基于带有修正参数 λ_1、λ_2 和 λ_3 的合田公式,λ_1 为缓慢变化波压力部分的修正参数,λ_2 为水平方向冲击波压力部分的修正参数,λ_3 为浮托力部分的修正参数,详见表 3.3.8。

表 3.3.8 修正参数值表

作用力部位	修正参数	波峰Ⅰ	波峰Ⅱa	波峰Ⅱb
前墙开孔部分	λ_{S1}	0.85	0.7	0.3
	λ_{S2}	$0.4(\alpha^* \leqslant 0.75)$ $0.3/\alpha^*(\alpha^*>0.75)$	0	0
前墙实体部分	λ_{L1}	1.0	0.75	0.65
	λ_{L2}	$0.4(\alpha^* \leqslant 0.75)$ $0.2/\alpha^*(\alpha^*>0.75)$	0	0
消浪室后墙	λ_{R1}	0	$20B'/3L'(B'/L'\leqslant 0.15)$ $1.0(B'/L'>0.15)$	$1.4(H_d/d\leqslant 0.1)$ $1.6-2H_d/d(0.1<H_d/d<0.3)$ $1.0(H_d/d\geqslant 0.3)$
	λ_{R2}	0	$0.56(\alpha^* \leqslant 25/28)$ $0.5/\alpha^*(\alpha^*>25/28)$	0
消浪室底板	λ_{M1}	0	$20B'/3L'(B'/L'\leqslant 0.15)$ $1.0(B'/L'>0.15)$	$1.4(H_d/d\leqslant 0.1)$ $1.6-2H_d/d(0.1<H_d/d<0.3)$ $1.0(H_d/d\geqslant 0.3)$
	λ_{M2}	0	0	0
浮托力	λ_{U3}	1.0	0.75	0.65

图 3.3.18 为波峰-2 相位时的波压力分布图,λ 的下标代表所对应的矩形开孔沉箱防波堤的位置,S 代表前墙的透空部分,L 代表前墙的实体部分,R 代表消浪室的后实体墙,M 代表消浪室的底板,U 代表浮托力。修正参数 λ_1、λ_2 和 λ_3 的值见表 3.3.8。

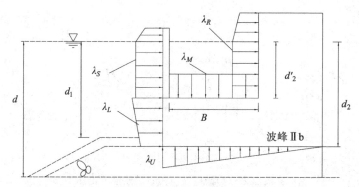

图 3.3.18   波峰 Ⅱ a 状况下开孔沉箱压力分布图

$$p_1 = 0.5(1+\cos\theta)(\lambda_1\alpha_1 + \lambda_2\alpha^* \cos^2\theta)\gamma H_d \tag{3.3.124}$$

$$P_2 = \frac{p_1}{\cosh(2\pi d/L)} \tag{3.3.125}$$

$$p_3 = \alpha_3 p_1 \tag{3.3.126}$$

$$p_4 = \alpha_4 p_1 \tag{3.3.127}$$

$$p_u = 0.5(1+\cos\theta)\lambda_3\alpha_1\alpha_3\gamma H_d \tag{3.3.128}$$

$$\alpha_1 = 0.6 + 0.5\left[\frac{4\pi d/L}{\sinh(4\pi d/L)}\right]^2 \tag{3.3.129}$$

$$\alpha_2 = \min\left\{\frac{h_b - d_2}{3h_b}\left(\frac{H_d}{d_2}\right)^2, \frac{2d_2}{H_d}\right\} \tag{3.3.130}$$

$$\alpha_3 = 1 - \frac{d_1}{d}\left[1 - \frac{1}{\cosh(2\pi d/L)}\right] \tag{3.3.131}$$

$$\alpha_4 = 1 - \frac{h_c{}^*}{\eta_0}, h_c{}^* = \min\{\eta_0, h_c\} \tag{3.3.132}$$

$$\eta_0 = 0.75(1+\cos\beta)\lambda_1 H_d \tag{3.3.133}$$

$$\alpha^* = \max\{\alpha_2, \alpha_1\} \tag{3.3.134}$$

式中,θ 为入射波方向和防波堤法线的夹角(°);λ_1、λ_2、λ_3 表示与结构型式相关的修正参数,直墙式防波堤统一设定为 1;H_d 为设计波高(m),$H_d = H_{max} = H_{1/250} = 1.8H_{1/3}$,$H_{1\%} = 1.67H_{1/3}$;$L$ 为设计波长(m),由有效波周期 T_s 计算得到;α_1 为冲击压力系数;γ 为海水重度(kN/m³);h_b 为堤前 5 倍显著波高处的水深(m)。

图 3.3.19 说明了从立波压力到破碎波压力再到波浪冲击压力的变化;各部分波压力通过参数 α_1、α_2 和 α_1 来表示:α_1 代表缓慢变化压力部分,α_2 代表波浪破碎压力部分,α_1 代表波浪冲击压力部分(图 3.3.20),可通过下述经验公式得到。

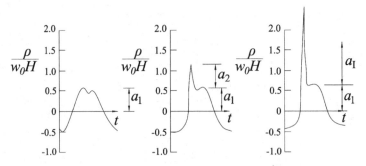

(a)立波压力;(b)破碎波压力;(c)波浪冲击压力

图 3.3.19　波浪压力的变化图

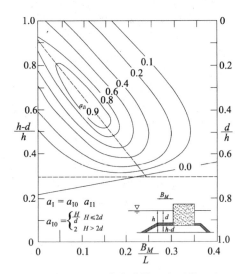

图 3.3.20　冲击波浪压力系数

$$\alpha_1 = \alpha_{10}\alpha_{11} \tag{3.3.135}$$

$$\alpha_{10} = \begin{cases} H/d, & H \leqslant 2d \\ 2.0, & H > 2d \end{cases} \tag{3.3.136}$$

$$\alpha_{11} = \begin{cases} \dfrac{\cosh\delta_2}{\cosh\delta_1}, & \delta_2 \leqslant 0 \\ \left[(\cosh\delta_1)(\cosh\delta_2)^{0.5}\right]^{-1}, & \delta_2 > 0 \end{cases} \tag{3.3.137}$$

$$\delta_1 = \begin{cases} 20\delta_{11}, & \delta_{11} \leqslant 0 \\ 15\delta_{11}, & \delta_{11} > 0 \end{cases} \tag{3.3.138}$$

$$\delta_2 = \begin{cases} 4.96\delta_{22}, & \delta_{22} \leqslant 0 \\ 3\delta_{22}, & \delta_{22} > 0 \end{cases} \tag{3.3.139}$$

$$\delta_{11} = 0.93\left(\frac{B_M}{L} - 0.12\right) + 0.36\left(\frac{h-d}{h} - 0.6\right) \tag{3.3.140}$$

$$\delta_{22} = -0.36\left(\frac{B_M}{L} - 0.12\right) + 0.93\left(\frac{h-d}{h} - 0.6\right) \tag{3.3.141}$$

式中,H 表示波高(m),L 表示波长(m),B_M 表示明基床肩宽(m)。

3.3.3.3 Tabet-Aoul 和 Lambert 公式

Tabet-Aoul 和 Lambert's 基于二维水槽模型试验对不同类型矩形开孔沉箱的波压力分布进行研究,提出了计算开孔前墙与不透水后墙的最大波浪力公式,二者相加乘以一个相位调节系数可得到开孔沉箱结构上的最大总水平波浪力(图 3.3.21)。

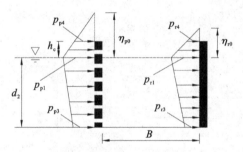

图 3.3.21 波压力分布图

$$p_{p1} = (1 + \cos\beta)\left[0.21\alpha_1 + \frac{B}{L}(1 + \alpha^*)\cos^2\theta\right]\gamma H_d \tag{3.3.142}$$

$$p_{p3} = \alpha_3 p_{p1} \tag{3.3.143}$$

$$p_{p4} = \alpha_4 p_{p1} \tag{3.3.144}$$

$$p_{r1} = 0.5(1 + \cos\theta)\left[\left(0.7 - \frac{B}{L}\right)^2\alpha_1 + \left(0.43 - \frac{B}{L}\right)(1 + \alpha^*)\cos^2\theta\right]\gamma H_d \tag{3.3.145}$$

$$p_{r3} = \alpha_3 p_{r1} \tag{3.3.146}$$

$$p_{r4} = \alpha_4 p_{r1} \tag{3.3.147}$$

$$\eta_{p0} = 0.32(1 + \cos\theta)H_d \tag{3.3.148}$$

$$\eta_{r0} = 0.75(1 + \cos\theta)\left(0.7 - \frac{B}{L}\right)^2 H_d \tag{3.3.149}$$

$$F_p = \left[(p_{p1} + p_{p3})\frac{d_2}{2} + (p_{p1} + p_{p4})\frac{h_c^*}{2}\right](1 - \varepsilon) \tag{3.3.150}$$

$$F_r = (p_{r1} + p_{r3})\frac{d_2}{2} + (p_{r1} + p_{r4})\frac{h_c{}^*}{2} \tag{3.3.151}$$

$$F_{tot} = \chi(F_p + F_r) \tag{3.3.152}$$

$$\chi = 1 - \frac{9}{25}\frac{B}{L} + \left(\frac{11}{4}\frac{B}{L}\right)^2 - \left(4\frac{B}{L}\right)^3 + \left(\frac{10}{3}\frac{B}{L}\right)^4 \tag{3.3.153}$$

式中，F_p 表示作用在开孔前墙上的最大水平波浪压力(kPa)；F_r 表示作用在不透水后壁上的最大水平波浪压力(kPa)；F_{tot} 表示作用在沉箱上的总水平波浪力(kPa)；χ 为相位调节系数，与消浪室长度和波长有关。

3.3.4 作用在削角直立堤上的波浪荷载

(1)作用于削角直立堤上的波压力，可先按不削角直立堤计算波压力分布，再取作用于削角斜面上各点的波压强度标准值等于不削角直立堤在同一高程上的波压强度标准值(图 3.3.22)。

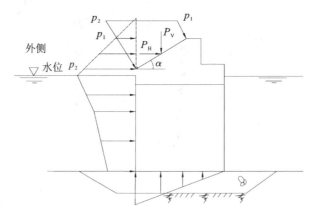

α—削角斜面与水平面的夹角($^\circ$)，可取 $25^\circ\sim30^\circ$；p_1—斜面顶波压强度标准值(kPa)；p_2—斜面底拐点处波压强度标准值(kPa)；P_H—作用于削角斜面上的水平波浪力标准值(kN/m)；P_V—作用于削角斜面上的竖向波浪力标准值(kN/m)

图 3.3.22 削角直立堤波压力图

(2)当有充分论证时，作用于削角直立堤上的波压力可适当减少。

3.3.5 作用在半圆形防波堤上的波浪荷载

1. 当半圆形防波堤的堤顶高程高于计算水位时

此时，波峰作用下的波浪力可按下列规定确定。

(1)波浪力强度可采用先按与半圆形堤相同水深、相同基床高度和相同堤顶高程的直立堤计算,再进行相位修正和角度修正的方法确定。

波峰作用时,直立堤上的波压力分布如图 3.3.23(a)所示,其中直立墙上的波压力图形零点在计算水位以上的高度、直立墙上计算水位处的波压力强度以及直立墙底面处的波压力强度按下列公式计算:

$$\eta = 1.5H \tag{3.3.154}$$

$$p_s = \alpha_s \gamma H \tag{3.3.155}$$

$$p_b = p_u = \alpha_b p_s \tag{3.3.156}$$

$$\alpha_s = 0.6 + \frac{1}{2}\left[\frac{\dfrac{4\pi d}{L}}{\sinh\left(\dfrac{4\pi d}{L}\right)}\right]^2 \tag{3.3.157}$$

$$\alpha_b = 1 - \frac{d_1}{d}\left[1 - \frac{1}{\cosh\left(\dfrac{2\pi d}{L}\right)}\right] \tag{3.3.158}$$

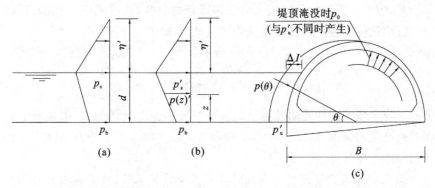

(a)直立墙波压;(b)相位修正后波压;(c)角度修正后波压

图 3.3.23　半圆形堤上的波压力

波峰作用于半圆形堤面上的波压力强度分布如图 3.3.23(b)所示,按下列公式进行相位修正:

$$\eta' = \eta \tag{3.3.159}$$

$$p_s' = p_s \tag{3.3.160}$$

$$p_b' = \lambda_p p_b \tag{3.3.161}$$

$$\lambda_p = \cos^4\left(\frac{2\pi \Delta l}{L}\right) \tag{3.3.162}$$

波峰作用于半圆形堤面上各点的波压力强度分布如图 3.3.23(c)所示,其方向垂直于堤面,按下式进行角度修正:

$$p(\theta) = p'(z)\cos\theta \tag{3.3.163}$$

式中，η 为直立墙上的波压力图形零点在计算水位以上的高度(m)；H 为设计波高(m)；p_s 为直立墙上计算水位处的波压力强度(kPa)；p_b 为直立墙底面处的波压力强度(kPa)；p_u 为直立墙底面海侧的波浪浮托力强度(kPa)；α_s、α_b 为计算系数；d 为堤前水深(m)；L 为设计波长(m)；d_1 为基床上水深(m)；η' 为半圆形堤上的波压力图形零点在计算水位以上的高度(m)；p'_s 为半圆形堤上的计算水位处的波压力强度(kPa)；p'_b 为半圆形构件底面处的波压力强度(kPa)；λ_p 为相位修正系数；Δl 为半圆形堤面上的 p'_s 与 p'_b 作用点间的水平距离(m)；θ 为波压作用点的圆心角(°)；$p(\theta)$ 为经角度修正后的堤面波压力强度(kPa)，即半圆形防波堤上的波压力强度；$p'(z)$ 为经相位修正后 z 点的波压力强度(kPa)，z 为自半圆形构件底面起算的垂直高度，由 p'_s 和 p'_b 经内插求得。

(2)作用于半圆形堤上总的水平波浪力和垂直波浪力可由半圆形堤面上各点波压力强度分解的水平波压力强度和竖向波压力强度分别求得。

(3)作用于半圆形构件底板上的波浪浮托力强度，可按式(3.3.164)计算；作用于半圆形构件底板上的波浪浮托力可按式(3.3.165)计算。

$$p_u' = p_b' \tag{3.3.164}$$

$$P_u = \frac{p_u'B}{2} \tag{3.3.165}$$

式中，p_u' 为半圆形构件底面外边缘的波浪浮托力强度(kPa)；p_b' 为半圆形构件底面处的波压力强度(kPa)；P_u 为半圆形构件底面的波浪浮托力(kPa)；B 为半圆形构件的底宽(m)。

2. 当半圆形防波堤的堤顶高程位于或低于计算水位，且半圆形构件的外半径与波长之比不大于 0.085 时

此时，波峰作用下的波浪力可按下列规定确定。

(1)波浪力强度可采用先按与半圆形堤相同水深、相同基床高度和相同堤顶高程的直立堤按式(3.3.166)~式(3.3.169)计算，再进行相位修正和角度修正的方法确定。

波峰作用于半圆形堤面上的波压力强度，按下列公式进行相位修正：

$$\eta' = \eta \tag{3.3.166}$$

$$p_s' = p_s \tag{3.3.167}$$

$$p_b' = \lambda_p' p_b \tag{3.3.168}$$

$$\lambda_p' = \cos\left[\frac{2\pi(\Delta l)'}{L}\right] \tag{3.3.169}$$

式中，η' 为半圆形堤上的波压力图形零点在计算水位以上的高度（m）；η 为计算水位以上的高度（m）；p_s' 为半圆形堤上的计算水位处的波压力强度（kPa）；p_s 为计算水位处的波压力强度（kPa）；p_b' 为半圆形构件底面处的波压力强度（kPa）；p_b 为直立墙底面处的波压力强度（kPa）；L 为设计波长（m）；λ_p' 为堤顶淹没时的相位修正系数；$(\Delta l)'$ 为 P_b' 作用点与堤顶间的水平距离（m）。

（2）作用于半圆形堤上总的水平波浪力和垂直波浪力可由半圆形堤面上各点波压力强度分解的水平波压力强度和竖向波压力强度分别求得。

（3）当半圆形构件底板泄压孔的开孔率等于或大于 10% 时，作用于底板上的波浪浮托压力强度可忽略不计，作用在半圆形拱圈里侧方向向外的波浪压力强度可按下式计算：

$$p_0 = \frac{p_b'}{2} \tag{3.3.170}$$

式中，p_0 为作用在半圆形拱圈里侧方向向外的波浪压力强度（kPa）；p_b' 为半圆形构件底面处的波压力强度（kPa）。

3.4 波浪爬高

海堤工程的波浪爬高计算应以海堤堤前的波浪要素作为计算条件，波浪要素采用不规则波要素，其位置为堤脚前约 1/2 波长处。当堤脚前滩涂坡度较陡时，其位置应定在靠近海堤堤脚的地方。

波浪爬高计算应按单一坡度海堤、带平台的复合斜坡堤、折坡式海堤等不同的海堤型式分类进行，计算时应根据海堤实际断面特征，合理分析和概化后采用合适的计算公式。

为了降低波浪爬高值，建造斜坡堤时，可以采用四脚空心块体、栅栏板等加糙护面结构的工程措施。对于堤前植有防浪林的斜坡式海堤，需要先确定防浪林消波后的堤脚前波高，再计算波浪爬高值。对于插砌条石斜坡堤，当考虑其消浪作用时，平面加糙率宜采用 25%。

对 1～3 级或断面几何外形复杂的重要海堤，波浪爬高值宜结合模型试验确定。

3.4.1 单一坡度海堤上的波浪爬高

对于单一坡度的斜坡式海堤，若其斜坡坡度为 $1:m$，如图 3.4.1 所示，其波浪爬高分不同情况进行计算。

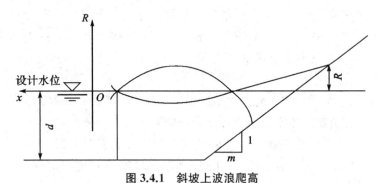

图 3.4.1　斜坡上波浪爬高

（1）当 $1 \leqslant m \leqslant 5$ 时，若堤脚前水深 $d=(1.5 \sim 5.0) H$，且堤前底坡 $i \leqslant 1/50$，在正向规则波作用下的爬高为

$$R = K_\Delta R_1 H \tag{3.4.1}$$

其中，

$$R_1 = 1.24 \tanh(0.432M) + [(R_1)_m - 1.029] R(M) \tag{3.4.2}$$

$$M = \frac{1}{m} \left(\frac{L}{H} \right)^{1/2} \left(\tanh \frac{2\pi d}{L} \right)^{-1/2} \tag{3.4.3}$$

$$(R_1)_m = 2.49 \tanh \frac{2\pi d}{L} \left[1 + \frac{4\pi d / L}{\sinh \frac{4\pi d}{L}} \right] \tag{3.4.4}$$

$$R(M) = 1.09 M^{3.32} \exp(-1.25M) \tag{3.4.5}$$

式中，R 为波浪爬高（m），从静水位算起，向上为正；H 为波高；L 为波长；R_1 为 $K_\Delta = 1$、$H = 1$ m 时的波浪爬高（m）；$(R_1)_m$ 为相应于某一 d/L 时的爬高最大值（m）；M 为与斜坡的 m 值有关的函数；$R(M)$ 为爬高函数；K_Δ 为与斜坡护面结构型式有关的糙渗系数，见表 3.4.1。

表 3.4.1　糙渗系数 K

护面类型	K_Δ
光滑不透水护面（沥青混凝土）	1.00
混凝土及混凝土护面	0.90
草皮护面	0.85～0.90
砌石护面	0.75～0.80

（续表）

护面类型	K_Δ
抛填两层块石(不透水基础)	$0.60\sim0.65$
抛填两层块石(透水基础)	$0.50\sim0.55$
四脚空心方块(安放一层)	0.55
栅栏板	0.49
扭工字块体(安放二层)	0.38

在风直接作用下，满足式(3.4.1)条件的单一坡度的斜坡式海堤正向不规则波的爬高可按下式计算：

$$R_{1\%}=K_\Delta K_V R_1 H_{1\%} \tag{3.4.6}$$

式中，$R_{1\%}$ 表示累积频率为 1％的爬高(m)；K_Δ 表示与斜坡护面结构型式有关的糙渗系数，按表 3.4.1 确定；K_V 表示与风速 V 有关的系数，按表 3.4.2 确定；R_1 表示 $K_\Delta=1$、$H=1$ m 时的爬高(m)，由式(3.4.2)确定，计算时波坦取 $L/H_{1\%}$，L 表示平均波周期对应的波长。

表 3.4.2　系数 K_V

V/C	$\leqslant1$	2	3	4	$\geqslant5$
K_V	1.0	1.10	1.18	1.24	1.28

注：波速 $C=L/T$(m/s)

对于其他累积频率的爬高 $R_{F\%}$，可用累积频率为 1％的爬高 $R_{1\%}$ 乘以表 3.4.3 中的换算系数 K_F 确定。

表 3.4.3　系数 K_F

$F(\%)$	0.1	1	2	4	5	10	13.7	20	30	50
K_F	1.17	1	0.93	0.87	0.84	0.75	0.71	0.65	0.58	0.47

注：表 3.4.3 中，$F=4\%$ 和 $F=13.7\%$ 的爬高分别相当于将不规则的爬高值按大小排列时，其中最大 1/10 和 1/3 部分的平均值。

(2)当 $0<m<1$ 时，累积率为 $F(\%)$波浪爬高值(m)可按下式估计：

$$R_F=K_\Delta K_V R_0 H_{1\%} K_F \tag{3.4.7}$$

式中，K_Δ 表示与护面结构型式有关的糙率及渗透性系数，见表 3.4.1；K_V 表示与风速 V 及堤前水深 $d_{前}$ 有关的经验系数，见表 3.4.4；R_0 表示不透水光滑墙上相对爬高,即当 $K_\Delta=1.0, H=1.0$ m 时的爬高值。它由斜坡 m 及深水波坦 $L_0/(H_0)_{1\%}$ 或水深 $d=2H_{1\%}$ 处的波坦,查图 3.4.2 确定。当水深 $d \leqslant 2H_{1\%}$ 时,R_0 应按括号里的波坦确定。$H_{1\%}$ 表示波高累积率为 $F=1\%$ 的波高值,当 $H_{1\%} \geqslant H_b$ 时,则 $H_{1\%}$ 取用值 H_b;K_F 表示爬高累积频率换算系数,按表 3.4.5 确定,若所求 R_F 相应累积率的堤前波高 H_F 已经破碎,则 $K_F=1$。

表 3.4.4 经验系数 K_V

$V=\sqrt{gd_{前}}$	$\leqslant 1$	1.5	2.0	2.5	3.0	3.5	4.0	$\geqslant 5$
K_V	1.0	1.02	1.08	1.16	1.22	1.25	1.28	1.30

表 3.4.5 爬高累积频率换算系数 K_F

$F(\%)$	0.1	1	2	5	10	13	30	50
K_F	1.14	1.00	0.94	0.87	0.80	0.77	0.66	0.55

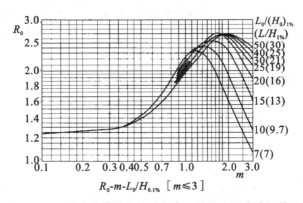

图 3.4.2 不透水光滑墙上相对爬高—坡比—深水波坦关系图

3.4.2 复式斜坡堤上的波浪爬高

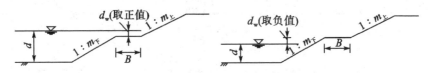

图 3.4.3 带平台的复式斜坡堤段面

对带有平台的复合式斜坡堤的波浪爬高计算(图 3.4.3),可先确定该断面的折算坡度系数 m_e,再按坡度系数为 m_e 的单坡断面确定其爬高值。折算坡度系

数 m_e 按下列公式计算：

(1)当 $\Delta m=m_下-m_上=0$，即上、下坡度一致时，

$$m_e=m_上\left(1-4.0\frac{|d_w|}{L}\right)K_b \tag{3.4.8}$$

(2)当 $\Delta m>0$，即下坡缓于上坡时，

$$m_e=(m_上+0.5\Delta m+0.08\Delta m^2)\left(1-4.5\frac{d_w}{L}\right)K_b \tag{3.4.9}$$

(3)当 $\Delta m<0$，即下坡陡于上坡时，

$$m_e=(m_上+0.5\Delta m+0.08\Delta m^2)\left(1+3.0\frac{d_w}{L}\right)K_b \tag{3.4.10}$$

式(3.4.8)～式(3.4.10)中，$m_上$、$m_下$ 分别为平台以上、以下的斜坡坡度；d_w 为平台处的水深(m)。当平台在静水位以下时取正值；平台在静水位以上时取负值(图 3.4.3)。$|d_w|$ 表示 d_w 取绝对值；B 为平台宽度(m)；L 为波长(m)；系数 K_b 按下式计算：

$$K_b=1+3\frac{B}{L} \tag{3.4.11}$$

需要指出的是，折算坡度法在使用时，应满足 $m_上=1.0\sim4.0$，$m_下=1.5\sim3$，$d_w/L=-0.025\sim+0.025$，$0.05<B/L\leqslant0.25$ 的条件。

3.4.3 斜向入射波对波浪爬高的影响

当波向线与堤轴线的法线成角度 β 时，按上述方法计算的波浪爬高应乘以系数 K_β 进行修正。当海堤坡率 $m\geqslant1$，修正系数 K_β 值可按表 3.4.6 确定。

表 3.4.6 K_β 系数

$\beta(°)$	$\leqslant15$	20	30	40	50	60
K_β	1	0.96	0.92	0.87	0.82	0.76

3.4.4 折坡式断面上的波浪爬高

对于下部为斜坡、上部为陡墙，无平台的折坡式断面的爬高值，可用假想坡度法进行近似计算，计算步骤如下：

(1)确定波浪破碎水深 d_b 处 B 点的位置，如图 3.4.4 所示，B 点在海涂、堤脚处或在坡面上。

(2)假定一爬高值 R_0，爬高终点为 A_0，连接 A_0 与 B 得假想外坡 A_0B 及其

相应的假想坡度 m，计算单坡上的爬高值 $R_计$，若 $R_计 \neq R_0$，则假设另一爬高值 $R_计$，得终点 A_1，连接 A_1 与 B 得假想外坡 A_1B 及其相应的坡度 m，再按单坡计算波浪爬高值 $R_计'$，直至假定爬高与计算爬高值相等。

（3）破碎水深 d_b 的位置可按以下办法确定。

当波浪在堤前已破碎，且堤前滩涂比较平坦，d_b 位置取在堤脚处，见图 3.4.4(a)。

当堤前水深较大，波浪在斜坡上破碎，见图 3.4.4(b)，其破碎水深 d_b 按下式计算：

$$d_b = H\left(0.47 + 0.023\frac{L}{H}\right)\frac{1+m^2}{m^2} \tag{3.4.12}$$

式中，H、L 分别表示堤前的波高及波长(m)，计算 $R_{1\%}$ 时，H 取 $H_{1\%}$；m 表示计算破碎水深中所用坡度系数，一般取用 $m_下$。

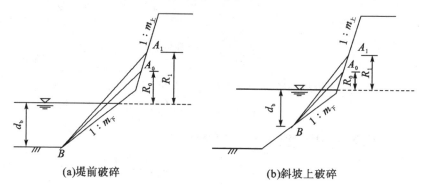

图 3.4.4　假想坡度法求爬高值示意图

3.4.5　带防浪墙的单坡式海堤的波浪爬高

带防浪墙的单坡式海堤，一般可按照单坡式海堤计算波浪爬高。当堤身较低而设计潮位较高时，还应按折坡式断面的假想坡度法计算波浪爬高，并取两者中的较大值。

3.4.6　堤前有压载的波浪爬高

堤前有压载(镇压平台)时波浪爬高按下述步骤计算：

（1）计算无压载时的爬高；

（2）将所计算的爬高值乘以压载系数 K_y，即得有压载的爬高值，K_y 见表 3.4.7；

表 3.4.7 压载系数 K_y

d_1/H	L/B	B/L			
		0.2	0.4	0.6	0.8
1.0	≤15	0.85	0.75	0.70	0.68
	20	0.94	0.82	0.78	0.75
	25	0.99	0.87	0.81	0.79
1.5	≤15	0.92	0.86	0.81	0.79
	20	1.02	0.96	0.91	0.88
	25	1.13	1.06	1.00	0.97
2.0	≤15	0.95	0.91	0.89	0.87
	20	1.10	1.06	1.01	1.01
	25	1.18	1.14	1.11	1.09
2.5	≤15	0.98	0.95	0.93	0.92
	20	1.04	1.02	0.99	0.98
	25	1.10	1.08	1.04	1.03

(3)当堤前 $d_1/H \leqslant 1.5$,且 $1.0 \leqslant m \leqslant 1.5$ 时,有压载海堤上的波浪爬高值计算按步骤(2)所求结果乘以 K_m,K_m 见表 3.4.8。该表中 L 为平均波长,H 取有效波波高即 $H_{13\%}$,d_1、B 分别为压载顶部的水深及压载宽度,见图 3.4.5。

表 3.4.8 压载系数 K_m

d_1/H	m	B/L			
		0.2	0.4	0.6	0.8~1.0
1.0	1.0	1.35	1.26	1.25	1.14
	1.5	1.16	1.10	1.10	1.03
1.5	1.0	1.50	1.60	1.50	1.40
	1.5	1.36	1.56	1.30	1.24

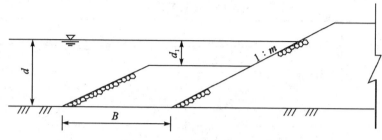

图 3.4.5 带压载的海堤断面

3.4.7 海堤前沿设有潜堤的波浪爬高

当海堤前沿滩地上设有潜堤时,首先计算波浪越堤后的波高 H_1。

当 $\dfrac{d_a}{H} \leqslant 0$ 时,

$$\frac{H_1}{H} = \tanh\left[0.8\left|\frac{d_a}{H}\right| + 0.038\frac{L}{H}K_B\right] \tag{3.4.13a}$$

当 $\dfrac{d_a}{H} > 0$ 时,

$$\frac{H_1}{H} = \tanh\left(0.03\frac{L}{H}K_B\right) - \tanh\left(\frac{d_a}{2H}\right) \tag{3.4.13b}$$

式中,变量符号的意义见图 3.4.6,其中 d_a 为潜堤堤顶的垂直高度,当潜堤出水时,取正值[图 3.4.6(a)],淹没时取负值[图 3.4.6(b)];B 为潜堤堤顶宽度。参量 K_B 按下式计算:

$$K_B = 1.5\mathrm{e}^{-0.4\frac{B}{H}} \tag{3.4.14}$$

然后,按式(3.4.13a)或式(3.4.13b)计算潜堤后的波要素时,潜堤前的波要素取波高 $H_{13\%}$,波长为平均波长 L,并假定潜堤后的波高 H_1 也具有相同的积累率 13%。潜堤后的平均波长可假定周期不变,按有限水深波长公式计算,并认为潜堤前、后有效波波高与平均波高之比不变,按表 3.2.2 换算,或按式(3.2.8′)计算各种累积率的波高。

由潜堤后的波要素,可确定堤前波要素,潜堤与海堤之间距离较短,水深变化不大时,则可把潜堤后的波要素作为海堤前的波要素,并计算其波浪爬高。

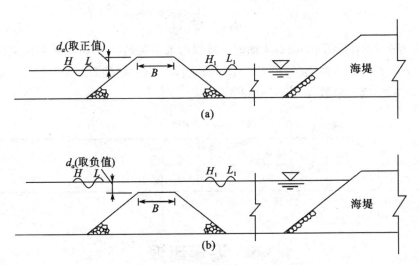

图 3.4.6　海堤前设有潜堤的示意图

3.4.8　堤前植有防浪林的波浪爬高

对于堤前植有防浪林的波浪爬高,应先确定防浪林消波后的堤脚前波高,再计算波浪爬高值。消波后的堤脚前波高可用下式计算:

$$H_f=(1-K)H \tag{3.4.15}$$

式中,H_f 表示经林带消波后的波高;H 表示林带消波前的波高;K 为防浪林消波系数,其值可参考下式计算确定:

$$K=\frac{30+\dfrac{0.03}{\alpha''}}{10^{[0.2-0.16(1-\alpha')]L/(B\alpha')}}+\frac{70-\dfrac{0.03}{\alpha''}}{10^{[0.002\,6-0.23(0.01-\alpha')]L/(B\alpha'')}} \tag{3.4.16}$$

式中,α' 为林木枝叶遮蔽系数,$\alpha'=\dfrac{2\pi(R^2-R_0^2)}{\sqrt{3}\,l^2}$;$\alpha''$ 为林木主干遮蔽系数,$\alpha''=\dfrac{2\pi R^2}{\sqrt{3}\,l^2}$;$R_0$ 表示林木主干平均半径;R 表示林木整体(包括主干和枝叶在内)的平均半径;l 表示林木成等边三角形交错排列的株距;$\dfrac{\sqrt{3}\,l}{2}$ 表示林木成等边三角形交错排列的行距;B 表示林带宽度;L 表示波长。式(3.4.16)的适用范围为$0\leqslant\alpha'\leqslant1.00$、$0.000\,6\leqslant\alpha''\leqslant0.009\,1$。

3.4.9　插砌条石护面的波浪爬高

对于加糙插砌条石护面的波浪爬高,可按下式估算:

$$R_{KP} = K_R R \tag{3.4.17}$$

式中，R_{KP} 表示加糙插砌条石护面的斜坡堤的波浪爬高（m）；R 表示斜坡堤砌石护面为平整时的波浪爬高，由式（3.4.1）确定；K_R 表示加糙插砌条石护面对波浪爬高衰减影响的系数，由表 3.4.9 确定。

表 3.4.9　K_R 值

m	3	2	1.5
K_R	0.70	0.70	0.80

3.5　海堤越浪

按允许部分越浪标准设计的海堤，其堤顶面、内坡及坡脚均应进行防护并按防冲结构要求进行护面设计。护面结构型式应做到安全可靠，并应留有适当的安全裕度。

允许越浪量应根据海堤工程的级别、重要程度和护面防护结构型式的抗冲性综合确定。表 3.5.1 列出了几种护面结构型式海堤的允许越浪量。

表 3.5.1　可能造成海堤损坏的允许越浪量

海堤型式和构造		允许越浪量[m³/(s·m)]
有后坡（海堤）	堤顶为混凝土或浆砌块石护面，内坡为生长良好的草地	≤0.02
	堤顶为混凝土或浆砌块石护面，内坡为垫层完好的干砌块石护面	≤0.05
无后坡（护岸）	堤顶有铺砌	≤0.09
滨海城市堤路结合海堤	堤顶为钢筋混凝土路面，内坡为垫层完好的浆砌块石护面	≤0.09

对于堤顶为混凝土或浆砌石、内坡为垫层完好的干砌石护面结构型式的海堤，除按设计重现期波浪条件计算并复核越浪量外，还应提高一级波浪设计重现期校核越浪量，在校核条件下允许越浪量可放宽至 0.07 m³/(s·m)。

对于1～3级或有重要防护对象的海堤,允许越浪量应结合模型试验确定,并对堤顶和内坡护面的防冲稳定性进行验证。

海堤越浪量与堤前波浪要素、堤前水深、堤身高度、堤身断面形状、护面结构型式,以及风场要素等因素有关。应根据海堤的实际情况选择合适的公式进行计算。

海堤越浪量计算公式分为无风条件和有风条件两种,可根据海堤实际情况计算确定。当存在向岸风时,越浪量计算应计及风的影响。计算时可先按无风条件进行越浪量计算,然后再按有风条件进行校正。

3.5.1　无风条件下的越浪量

无风条件下,斜坡堤1∶2坡度上(带防浪墙)或1∶0.4陡坡上(带防浪墙)的越浪水量可根据下式计算:

$$\frac{q}{T\overline{H}g}=A\exp\left[-\frac{B}{K_\Delta}\frac{H_c}{T\sqrt{g\overline{H}}}\right] \tag{3.5.1}$$

式中,q 表示单位时间宽海堤上的越浪水量$[\mathrm{m^3/(s \cdot m)}]$;$H_c$ 表示防浪墙顶至静止水位(设计高潮位)的高度(m);$\overline{H}$ 表示堤前平均波高(m);T 表示波周期(s),河口港湾地区,以风推浪的方法确定波要素时,采用有效波周期 $T_s=1.15\overline{T}(\mathrm{s})$,对开敞式海岸,用实测波资料确定波要素时,采用平均波周期 $\overline{T}(\mathrm{s})$;g 为重力加速度;$\overline{H}/L$ 表示堤前波陡;K_Δ 表示糙渗系数,取值见表3.4.1;当海堤坡度为1∶2时,A、B 系数见表3.5.2;当海堤坡度为1∶0.4时,A、B 系数见表3.5.3。介于上述陡坡之间的越浪量,用线性插值求出。

表 3.5.2　斜坡堤为 1∶2 时的 A、B 系数值

系数	$\overline{H}/d_{前}$	$\overline{H}/L$						
		0.02～0.03	0.035	0.45	0.065～0.08	0.02～0.025	0.033～0.04	0.05～0.1
A	≤0.4	0.0079	0.0111	0.0121	—	—	—	—
	>0.5	—	—	—	0.0126	0.0081	0.0127	0.014
B	≤0.4	23.12	22.63	21.25	—	—	—	—
	>0.5	—	—	—	20.91	42.53	26.97	22.96

表 3.5.3 1∶0.4 陡坡时 A、B 系数值

系数	$\overline{H}/d_{前}$	$\overline{H}/L$									
		0.02~0.025	0.027 5	0.032 5	0.037 5	0.045	0.05~0.1	0.02~0.025	0.03~0.034	0.05	0.06~0.1
A	≤0.4	0.009 8	0.008 9	0.009 9	0.015 6	0.012 6	0.020 3	—	—	—	—
	>0.5	—	—	—	—	—	—	0.023 8	0.025 1	0.016 7	0.017 6
B	≤0.4	41.22	31.2	27.76	27.19	24.8	24.2	—	—	—	—
	>0.5	—	—	—	—	—	—	85.64	59.11	33.26	20.96

3.5.2 风对越浪量的影响

向岸风会增加海堤上的越浪量。增加的量值取决于相对海堤轴向的风速、风向及海堤的坡度和高度。有风的越浪量为无风条件下的越浪量乘风校正因子 K'。

$$K' = 1.0 + W_f \left(\frac{H_c}{R} + 0.1 \right) \sin\theta \tag{3.5.2}$$

式中，θ 为海堤临潮边坡坡角(°)；R 为海浪在海堤上爬高值(m)；当 $H_c \geqslant R$，则越浪量等于 0；W_f 取决于风速的系数，其值为

$$W_f = \begin{cases} 0, & V = 0 \\ 0.5, & V = 13.4 \text{ m/s} \\ 2.0, & V \geqslant 26.8 \text{ m/s} \end{cases} \tag{3.5.3}$$

介于上面三个风速之间的 W_f 值，根据风速用线性内插求得。

3.5.3 斜坡式海堤堤顶越浪量计算

若斜坡堤符合条件：①$2.2 \leqslant d/H_{1/3} \leqslant 4.7$；②$0.02 \leqslant H_{1/3}/L_{p0} < 0.01$，$L_{p0}$ 为以谱峰周期 T_p 计算的深水波长；③$1.5 \leqslant m \leqslant 3.0$；④底坡 $i \leqslant 1/25$，当斜坡式海堤堤顶无胸墙时(图 3.5.1)，堤顶越浪量可按下式计算：

$$q = AK_A \frac{H_{1/3}^2}{T_p} \left(\frac{H_c}{H_{1/3}} \right)^{-1.7} \left[\frac{1.5}{\sqrt{m}} + \tanh\left(\frac{d}{H_{1/3}} - 2.8 \right)^2 \right] \ln\sqrt{\frac{gT_p^2 m}{2\pi H_{1/3}}} \tag{3.5.4}$$

式中，q 为越浪量[m³/(s·m)]，即单位时间堤宽的越浪水体体积；H_c 为堤顶

在静水面以上的高度(m);A 为经验系数,按表 3.5.4 确定;K_A 为护面结构影响系数,按表 3.5.5 确定;T_p 表示谱峰周期,取 $T_p=1.33\overline{T}$。

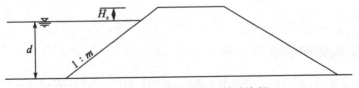

图 3.5.1　堤顶无胸墙的斜坡式海堤

表 3.5.4　经验系数 A、B

m	1.5	2.0	3.0
A	0.035	0.060	0.056
B	0.06	0.45	0.38

表 3.5.5　护面结构影响系数

护面结构	混凝土板	抛石	扭工字块体	四脚空心方砖
K_A	1.0	0.49	0.40	0.50

当斜坡堤顶有防浪墙时,如图 3.5.2 所示,堤顶越浪量按下式计算:

$$q=0.07H_c'/H_{1/3}\exp\left(0.5-\frac{b_1}{2H_{1/3}}\right)B\cdot K_A\frac{H_{1/3}^2}{T_p}$$

$$\left[\frac{0.3}{\sqrt{m}}+\tanh\left(\frac{d}{H_{1/3}}-2.8\right)^2\right]\ln\sqrt{\frac{gT_p^2m}{2\pi H_{1/3}}} \tag{3.5.5}$$

式中,B 为经验系数,按表 3.5.4 确定。

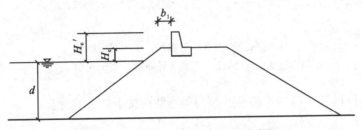

图 3.5.2　堤顶有防浪墙的斜坡式海堤

3.6　堤前冲刷

3.6.1　斜坡堤前的海底冲刷

在部分立波作用下,斜坡堤前沙质海底冲刷形态可分为相对细砂型、过渡型和相对粗砂型(图 3.6.1),并应满足下列属性:

(1)相对细砂型和相对粗砂型的冲刷剖面特性与立波作用下直立堤前相应的 2 种冲刷形态基本相同;

(2)对过渡型的冲刷形态,其冲刷谷和堆积峰的位置均偏离部分立波的节点和腹点;

(3)对相对细砂型和过渡型的冲刷剖面,在斜坡堤坡面下将出现冲刷坑,应采用护底块石层加以保护。

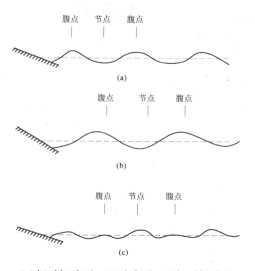

(a)相对细砂型;(b)过渡型;(c)相对粗砂型

图 3.6.1　斜坡堤前的 3 种冲刷形态示意图

斜坡堤前沙质海底冲刷形态的判别参数可按下列公式计算:

$$\beta=\frac{V_{\max}-V_{cr}}{\omega} \tag{3.6.1}$$

$$V_{max} = \frac{2\pi H_{13\%}}{\sqrt{\dfrac{\pi L}{g} \sinh \dfrac{4\pi d}{L}}} \qquad (3.6.2)$$

$$V_{cr} = 2.4 \Delta^{\frac{2}{3}} D_{50}^{0.433} \overline{T}^{\frac{1}{3}} \qquad (3.6.3)$$

$$\Delta = \frac{\gamma_s - \gamma}{\gamma} \qquad (3.6.4)$$

式中,β 为冲刷形态的判别参数;V_{max} 为立波节点处最大底流速(m/s);V_{cr} 为底沙的起动流速(m/s);ω 为沙粒的静水沉降速度(m/s);$H_{13\%}$ 为累积频率为13%的波高(m);L 为由平均周期 $\overline{T}$ 计算得出的波长(m);g 为重力加速度,取9.81 m/s²;d 为水深(m);Δ 为沙粒的相对重度;D_{50} 为沙粒的中值粒径(m);T 为波浪的平均周期(s);γ_s 为沙粒的重度(kN/m³);γ 为水的重度(kN/m³)。

冲刷形态可作下列判定:

(1)当 $\beta > 28$ 时,为相对细砂型;

(2)当 $\beta < 10$ 时,为相对粗砂型;

(3)当 $10 \leqslant \beta \leqslant 28$ 时,为过渡型。

斜坡堤前部分立波第一个腹点至斜坡坡面与静水面交点的距离可按下式计算:

$$l = \frac{L}{2} - \frac{L}{\overline{T} \sin\alpha} \left(\frac{R_u}{g}\right)^{\frac{1}{2}} \qquad (3.6.5)$$

式中,l 为堤前部分立波第一个腹点至斜坡面与静水面交点间的距离(m);L 为由平均周期 $\overline{T}$ 计算得出的波长(m);T 为波浪的平均周期(s);α 为斜坡的坡脚(°);R_u 为波浪在斜坡面上的爬高(m);g 为重力加速度,取 9.81 m/s²。

为相对细砂型或过渡型冲刷形态时,冲刷谷的最大深度 Z_{mf} 可按下列公式计算:

$$Z_{mf} = \frac{0.2 H_{max}}{\left(\sinh \dfrac{2\pi d}{L}\right)^{1.35}} \qquad (3.6.6)$$

$$H_{max} = H_{13\%} + H_R \qquad (3.6.7)$$

式中,Z_{mf} 为冲刷谷的最大深度(m);H_{max} 为波腹点处的波高(m);d 为水深(m);L 为由平均周期 $\overline{T}$ 计算得出的波长(m);$H_{13\%}$ 为累积频率为13%的波高(m);H_R 为反射波高(m)。

为相对粗砂型冲刷形态时,冲刷谷的最大深度 Z_{mc} 可按图 3.6.2 确定。

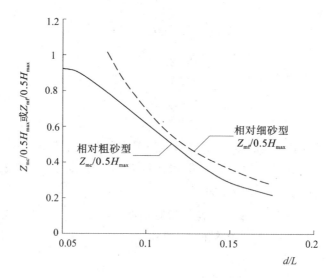

图 3.6.2 冲刷谷最大深度计算图

3.6.2 直立堤前的海底冲刷

立波作用下直立堤前沙质海底冲刷形态可分为相对细砂型和相对粗砂型，并应满足下列属性：

(1)相对细砂型的冲刷形态，沙底在立波的节点处发生冲刷，在腹点附近发生堆积，见图 3.6.3(a)；

(2)相对粗砂型的冲刷形态，沙底在节点与腹点的中部发生冲刷，在节点处发生堆积，见图 3.6.3(b)。

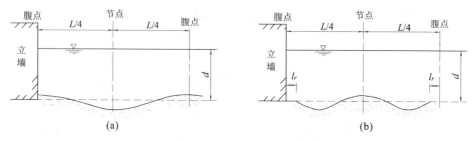

l_r—冲刷剖面参数(m)；L—计算波长(m)；d—堤前水深(m)

(a)相对细砂型；(b)相对粗砂型

图 3.6.3 直立堤前海底冲刷形态示意图

直立堤前沙质海底冲刷形态的判别参数可按下列公式计算：

$$\beta = \frac{V_{\max} - V_{cr}}{\omega} \tag{3.6.8}$$

$$V_{\max} = \frac{2\pi H_{13\%}}{\sqrt{\dfrac{\pi L}{g} \sinh \dfrac{4\pi d}{L}}} \tag{3.6.9}$$

$$V_{cr} = 2.4 \Delta^{\frac{2}{3}} D_{50}^{0.433} \overline{T}^{\frac{1}{3}} \tag{3.6.10}$$

$$\Delta = \frac{\gamma_s - \gamma}{\gamma} \tag{3.6.11}$$

式中，β 为冲刷形态的判别参数；$V_{\max}$ 为立波节点处最大底流速(m/s)；V_{cr} 为底沙的起动流速(m/s)；ω 为沙粒的静水沉降速度(m/s)；$H_{13\%}$ 为有效波高(m)；L 为由平均周期 $\overline{T}$ 计算得出的波长(m)；g 为重力加速度，取 9.81 m/s²；d 为水深(m)；Δ 为沙粒的相对重度；D_{50} 为沙粒的中值粒径(m)；T 为波浪的平均周期(s)；γ_s 为沙粒的重度(kN/m³)；γ 为水的重度(kN/m³)。

冲刷形态可作下列判定：

(1)当 $\beta \geqslant 16.5$ 时，为相对细砂型；

(2)当 $\beta < 16.5$ 时，为相对粗砂型。

相对细砂型的冲刷剖面可按下列公式计算：

$$x_f = \frac{L}{4\pi} \theta + R \sin\theta \tag{3.6.12}$$

$$Z_f = -R \cos\theta \tag{3.6.13}$$

$$R = \frac{1 - \left(1 - \dfrac{8\pi Z_{mf}}{L}\right)^{\frac{1}{2}}}{\dfrac{4\pi}{L}} \tag{3.6.14}$$

$$Z_0 = R - Z_{mf} \tag{3.6.15}$$

$$Z_{mf} = \frac{0.4H}{\left(\sinh \dfrac{2\pi d}{L}\right)^{1.35}} \tag{3.6.16}$$

式中，x_f 为冲刷剖面曲线的水平坐标值(m)，自节点量起；L 为由平均周期 $\overline{T}$ 计算得出的波长(m)；θ 为计算角(弧度)，取 $0 \sim 2\pi$；R 为余摆线剖面参数；Z_f 为冲刷剖面曲线的垂直坐标值(m)，自海底面以上 Z_0 处量起，向上为正；Z_{mf} 为冲刷谷的最大深度(m);Z_0 为冲刷剖面参数(m);H 为有效波高(m);d 为堤前水深(m)。

相对粗砂型的冲刷剖面可按下列公式计算:

$$Z_c = Z_{mc}(1 - 2.8x_c^2 - 14.7x_c^4 + 33x_c^6 - 16.5x_c^8) \tag{3.6.17}$$

$$l_r = \frac{L}{2\pi}\cos^{-1}\left(\frac{V_{cr}}{V_{max}}\right) \tag{3.6.18}$$

式中,Z_c 为冲刷剖面曲线的垂直坐标值(m),由海底面量起,向上为正;Z_{mc} 为冲刷谷的最大深度(m),可由图 3.6.4 查得;x_c 为冲刷剖面的水平坐标值(m),自节点量起,x_c 为 0~1.0,$x_c = 1.0$ 时相当于水平距离为 $L/4 - l_r$;l_r 为冲刷剖面参数(m);L 为计算波长(m);V_{cr} 为底沙的起动流速(m/s);V_{max} 为立波节点处最大底流速(m/s)。

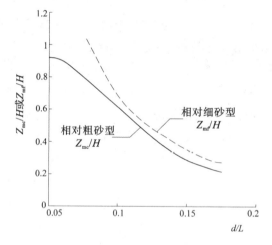

图 3.6.4 冲刷谷最大深度计算图

直立堤前护底块石层的宽度,可根据堤前冲刷剖面由整体稳定性验算确定(图 3.6.5),但不应小于 5 m。

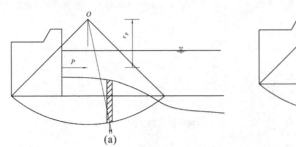
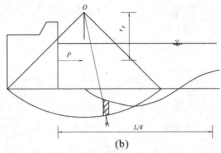

（a）相对细砂型；（b）相对粗砂型

O—最危险圆弧滑动中心；P—波谷时水平波浪力的合力标准值（kN/m）；

r_p—波谷时水平波浪力的合力相对于圆心 O 的力臂（m）

图 3.6.5　受冲刷影响的直立堤稳定分析图

3.7　护面块体

迄今，已经提出的防波堤护面块体种类很多，具体如图 3.7.1 所示。

1 四脚锥体	2 三柱体	3 四脚方块体	4 空心四面体	5 三角块体 A	6 三角块体 B
7 四脚空心方块	8 铁砧体	9 四脚块体	10 四连块体	11 三连块体	12 改型三连块体
13 巴形块体	14 扭 U 形块体	15 土研块体	16 五脚方锥体	17 N 形块体	18 三杆搭接体

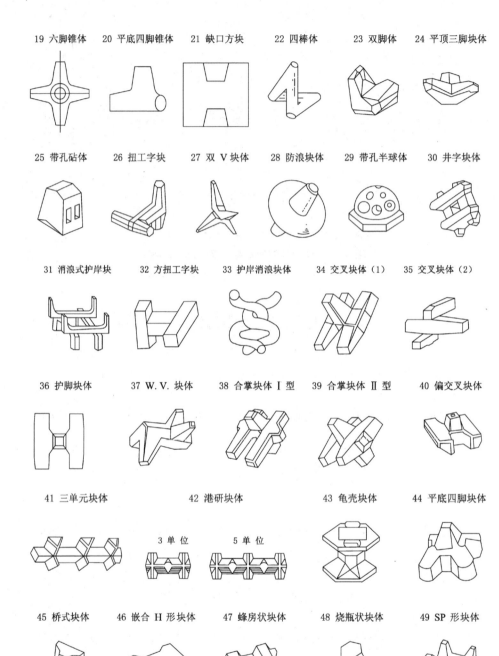

19 六脚锥体 20 平底四脚锥体 21 缺口方块 22 四棒体 23 双脚体 24 平顶三脚块体

25 带孔砧体 26 扭工字块 27 双 V 块体 28 防浪块体 29 带孔半球体 30 井字块体

31 消浪式护岸块 32 方扭工字块 33 护岸消浪块体 34 交叉块体（1） 35 交叉块体（2）

36 护脚块体 37 W.V. 块体 38 合掌块体 I 型 39 合掌块体 II 型 40 偏交叉块体

41 三单元块体 42 港研块体 43 龟壳块体 44 平底四脚块体

3 单 位　　5 单 位

45 桥式块体 46 嵌合 H 形块体 47 蜂房状块体 48 烧瓶状块体 49 SP 形块体

50 鞘形块体

A 型　　　　　　B 型

51 齿形块体

52 双角块体

53 双半环块体

54 带头四脚块体

55 四脚六角块体

56 三脚方椎体

57 磨石块状体

58 梁式块体

59 大研块体

60 钻头形块体

61 护底块体

62 双连三锥体

63 六脚体（A）

64 六脚体（E）

65 六脚体（K）

66 横孔偏状方块

67 方孔方块

68 偏空心沉箱

69 蜂窝状墙体

70 偏格形体

71 跺水板状块体

72 板状 T 形块

73 X 形块体

74 M 形块体

75 四脚八角块体

76 四脚十字块体

77 连锁块体 F 形

78 炉灶状块体　　79 截头三脚体　　80 双连二锥体　　81 平顶四脚空心方块　　82 内弯边工字体

83 双半圆角块体　　84 工作台式块体　　85 六孔四脚角锥体　　86 十二孔六脚方锥体　　87 日形块体

88 正双半环块体　　89 改型工字块体Ⅰ　　90 改型工字块体Ⅱ　　91 土字形块体　　92 六脚球体

93 双连十字块体　　94 容器状块体　　95 带孔六脚锥体　　96 台状块体　　97 异形台状块体

98 双缺口平板体　　99 带孔双砧体　　100 双井字体　　101 螺帽状块体　　102 带槽方块

103 "恐龙"块体　　104 混凝土栅栏板　　105 三方脚体　　106 中空方块

Ⅰ型　　Ⅱ型

图 3.7.1　各种防波堤护面块体

海岸工程波浪物理模型试验中常用的块体有扭王字块体、扭工字块体、四脚空心方块和四脚锥体[《防波堤与护岸设计规范》(JTS154—2018)]。

3.7.1　常用块体的结构图与立体图

1. 四脚锥体

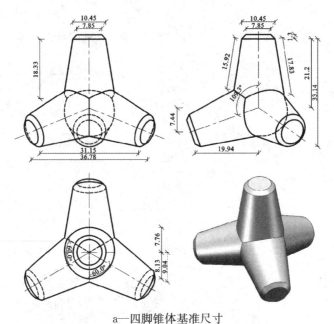

a—四脚锥体基准尺寸

图 3.7.2　四脚锥体三视图与立体图

2. 四脚空心方块

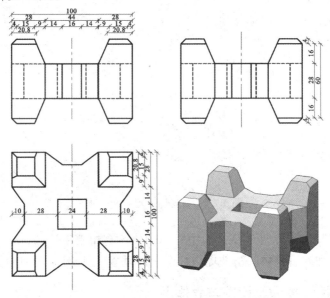

L—四脚空心方块边长

图 3.7.3　四脚空心方块三视图与立体图

3. 扭工字块体

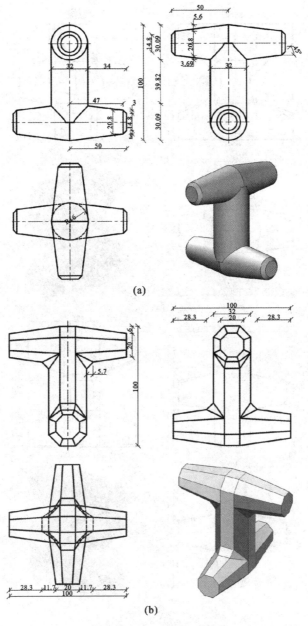

h—扭工字块体正向高度

(a)A型扭工字块体；(b)B型扭工字块体

图 3.7.4 扭工字块体三视图与立体图

4. 扭王字块体

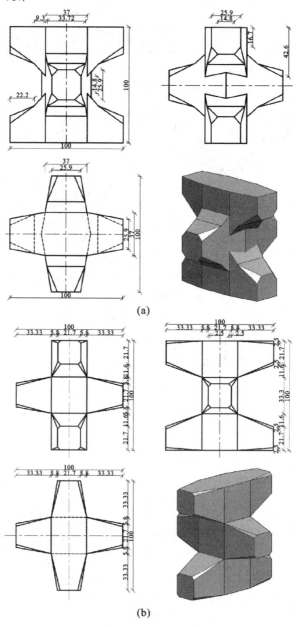

（宜用于重量 10 t 以内，h—扭王字块体高度）

（a）A 型扭王字块体；（b）B 型扭王字块体

图 3.7.5　扭王字块体三视图与立体图

3.7.2 常用块体的体积与基准尺寸的关系

常用护面块体的体积与基准尺寸间的换算关系如表 3.7.1 所示。

表 3.7.1 护面块体体积与基准尺寸关系表

块体	四脚锥体	四脚空心方块	扭工字块体		扭王字块体	
			A 型	B 型	A 型	B 型
$V(\text{m}^3)$	$9.925a^3$	$0.299L^3$	$0.142h^3$	$0.160h^3$	$0.330h^3$	$0.265h^3$

3.7.3 常用护面块体的稳定重量及个数计算

本节介绍常用块体的稳定重量和个数根据原型波高计算[《防波堤与护岸设计规范》(JTS154—2018)]。

抛填 2 层块石和抛填 1 层块石的稳定重量可按照图 3.7.6 和图 3.7.7 确定。

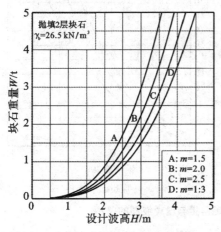

图 3.7.6 抛填 2 层块石的稳定重量 W

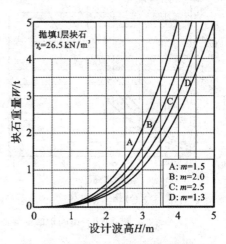

图 3.7.7 抛填 1 层块石的稳定重量 W

四脚锥体、四脚空心方块、扭工字块体,以及扭王字块的稳定重量与设计波高的关系如图 3.7.8(a)~(d)所示。

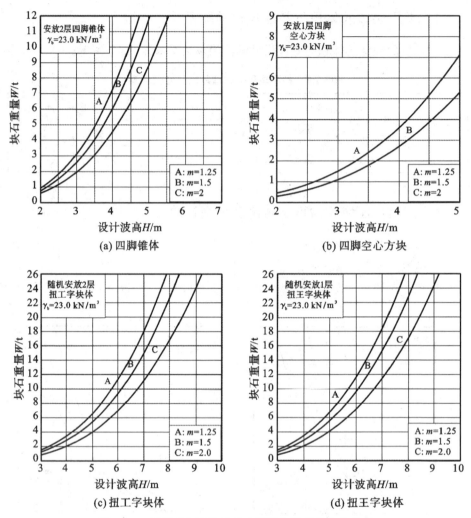

图 3.7.8　不同护面块体的稳定重量与设计波高的关系

　　四脚锥体、四脚空心方块、扭工字块体,以及扭王字块的块体个数和稳定重量的关系如图 3.7.9(a)~(d)所示。

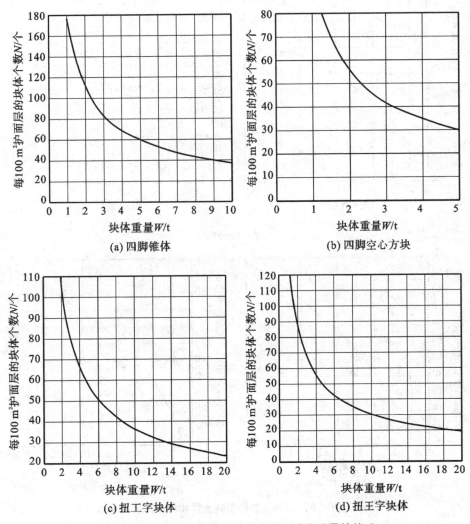

图 3.7.9 不同护面块体的块体个数和稳定重量的关系

四脚锥体、四脚空心方块、扭工字块体,以及扭王字块的混凝土量和块体重量的关系如图 3.7.10(a)～(d)所示。

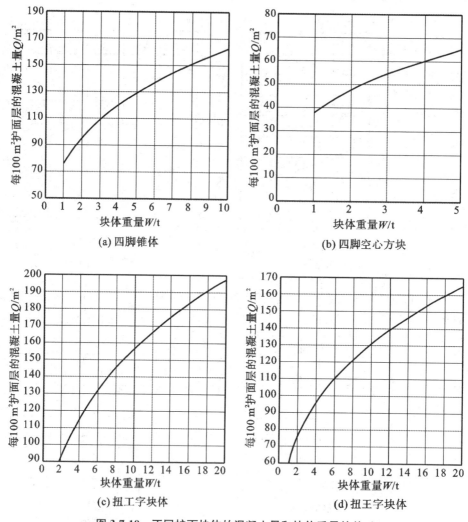

图 3.7.10　不同护面块体的混凝土量和块体重量的关系

3.8　基床块体

当明基床基肩和坡面块体采用抛填块石和单层四脚空心方块时,根据《防波堤与护岸设计规范》(JTS154—2018),其稳定重量可由图 3.8.1 确定。

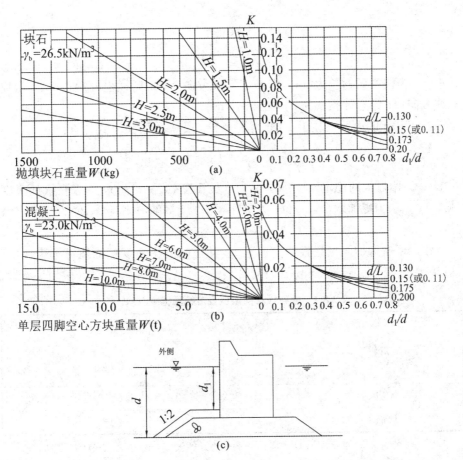

图 3.8.1 明基床基肩和坡面块体稳定重量计算图

注：①d_1—基床顶面水深(m)；d—堤前水深(m)；H—设计波高(m)，采用波高累计频率为 5% 的波高 $H_{5\%}$；L—计算波长(m)。

②由右半图的 d_1/d 和 d/L 可查得系数 K，块体稳定重量 $W = KH^3$(t)，也可由系数 K 和左半图中的波高 H 查得相应的块体稳定重量。

③若为安放块石，块体重量可近似采用抛填块石重量的 0.6 倍。当坡度为 1∶1.5 时，块体重量可近似采用图中数值的 1.33 倍。

深水堤基床的基肩和坡面宜采用随机安放人工块体的型式；块体的重量可取与图 3.8.1 查得四脚空心方块相同的重量。

当明基床基肩和坡面块体采用栅栏板时，应符合下列规定。

栅栏板的平面形状宜采用长方形，其长边与短边的比值可按下列公式计算：

$$\frac{a_0}{b_0} = 1.25 \tag{3.8.1}$$

$$b_0 \geqslant 0.5H \tag{3.8.2}$$

式中,a_0 为栅栏板的长边(m),沿基床斜坡方向;b_0 为栅栏板的短边(m),沿堤轴线方向;H 为累计频率为 5% 的波高(m)。

当明基床的边坡不陡于 1:2,栅栏板的稳定厚度可按下式计算:

$$h = 10^{-3} \frac{\gamma}{\gamma_b - \gamma} \left[140 - \left(39 + 8.6 \frac{d}{H}\right) \frac{d_1}{d}\right] H \tag{3.8.3}$$

式中,h 为栅栏板的稳定厚度(m);γ 为水的重度(kN/m³);γ_b 为栅栏板的重度(kN/m³);d 为堤前水深(m);H 为累计频率为 5% 的波高(m);d_1 为基床上水深(m)。

作用于基床护面栅栏板上的波浪力,其正向波压强度标准值可按表 3.8.1 确定。

表 3.8.1　栅栏板正向波压强度标准值 p_M(kPa)

受力部位	$p_M/(\gamma H)$	$\bar{T}\sqrt{g/H}$ 10	12	14	16
坡肩上		0.35	0.42	0.57	0.66
坡面上		0.21	0.25	0.36	0.46

注:γ—水的重度(kN/m³);H—累计频率为 5% 的波高(m);T—波浪的平均周期(s);g—重力加速度(m/s²)

3.9　堤体沉降

对于 1~3 级的海堤,应进行沉降计算。为了简化计算,通常采用平均低潮位时的工况作为荷载的计算条件,根据 e-p 曲线,计算堤身和堤基的各部位最终沉降量。计算过程如下所述。

设地基中仅有一层有限厚度的压缩土层,则在大面积均布竖向荷载下只有竖向的压缩变形(图 3.9.1),则沉降量 S 为

$$S = h_1 - h_2 \tag{3.9.1}$$

式中,h_1 为土层原来的厚度;h_2 为土层在附加应力作用下沉降稳定后的厚度。

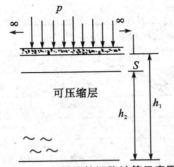

图 3.9.1 土层压缩沉降计算示意图

由于土中的应力状态符合无侧向变形条件,在取得土的室内压缩试验 e-p 曲线后,即可由土层初始有效应力 p_1 和最终有效应力 p_2 分别确定土的初始和最终孔隙比 e_1 和 e_2,按下式计算 S:

$$S = \frac{e_1 - e_2}{1 + e_1} h_1 \qquad (3.9.2)$$

由于地基通常是由不同的土层所组成,而且引起地基变形的附加应力在地基中沿深度分布也有变化。工程中常采用单向压缩分层总和法进行计算,即在地基可能产生压缩的深度内,按土的特性和应力状态的变化划分成若干层,然后,按式(3.9.2)计算各分层的变形量 S_i。最后,再将各层的 S_i 总和起来,即得地基表面的最终沉降量 S。

$$S = \sum_{i=1}^{n} S_i = \sum_{i=1}^{n} \frac{e_{1i} - e_{2i}}{1 + e_{1i}} h_i \qquad (3.9.3)$$

实际施工时应对海堤施工过程加强沉降观测,根据实际沉降观测成果修正计算,预测工后残余沉降和预留各部位超高。

例 3.9.1 某海堤是在原泥面上填筑而成,堤顶高程 2.50 m,原泥面高程 −2.0 m;堤心填料和护面块体为块石,材料规格和下覆土层特性详见图 3.9.2。海堤所在水域设计低水位 −0.70 m;黏土层各级压力下的空隙比详见表 3.9.1。求海堤堤顶中心点处的最终沉降。

表 3.9.1 例 3.9.1 黏土层各级压力下的空隙比

材料分区	各级压力下的孔隙比					
	0 kPa	50 kPa	100 kPa	200 kPa	400 kPa	600 kPa
淤泥质黏土	1.360	1.165	1.020	0.830	0.800	0.780
亚黏土	0.800	0.700	0.650	0.625	0.600	0.580

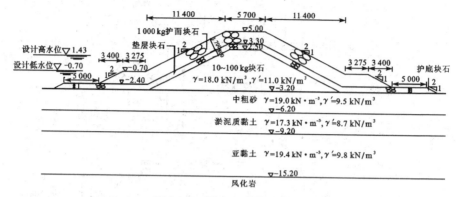

图 3.9.2 例 3.9.1 海堤断面图

解 通常防波堤长度远大于其底部宽度,故可按平面问题(条形基础)求解。

1)求防波堤泥面以上附加应力分布

为了便于查表计算将附加应力分为图 3.9.3 所示的 3 个条形荷载和 2 个三角形荷载。

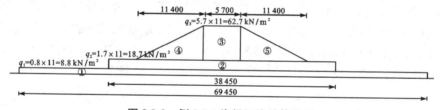

图 3.9.3 例 3.9.1 海堤沉降计算简图

2)基底沉降计算压力的分布

由于防波堤基础基本已在自重下压缩稳定,故基底各点的沉降计算压力等于防波堤泥面以上的附加应力。防波堤基础底部各部位的沉降均可按以上 5 部分附加分布载荷的组合叠加效果来确定。

3)计算地基中自重应力的分布

由原地面算起,在设计低水位以上按天然容重计算,设计低水位以下按浮容重计算。设不同深度处的自重应力为 $\sigma_s(h)$,h 为埋置深度。

基底面处(中粗砂顶层):$\sigma_s(0)=0$ kN/m^2

中粗砂底层(淤泥质黏土顶层):$\sigma_s(-3)=9.5\times3=28.5$ kN/m^2

亚黏土顶层(淤泥质黏土底层):$\sigma_s(-6)=28.5+8.7\times3=54.6$ kN/m^2

亚黏土中间层:$\sigma_s(-9)=54.6+9.8\times3=84.0$ kN/m^2

亚黏土底层：$\sigma_s(-12)=80.0+9.8\times3=113.4\ \text{kN/m}^2$

4）计算防波堤基础中心处可压缩土层深度范围内压缩应力的分布

由于防波堤地基表层土为中粗砂，压缩性很小且透水性大。在施工过程中一般能够压缩稳定，故此层的压缩量忽略不计。

中粗砂下存在两层可压缩土层，应分层计算压缩量；由于亚黏土层较厚（6 m），分为两层（按 3 m 一层）分别进行计算。计算结果详见表 3.9.2，其中：σ_z 为不同深度处的压缩应力；Z 为土层深度；B 为荷载分布宽度；x 为计算点相对位置；q_n，$n=1,2,\cdots,5$ 为分布荷载大小；K_z 为压缩应力系数，在《水运工程地基设计规范》（JTS147—2017）附录 K 中查表得出。

表 3.9.2　沿基底中点 2 基土中压缩应力的计算表

z (m)	$x/B=0.5$									$x/B=-0.25$						$\sum\sigma_z$ (kN/m²)
	$B=69.45$ (条形分布)			$B=38.45$ (条形分布)			$B=5.70$ (条形分布)			$B=11.4$ (三角形分布)			$B=11.4$ (三角形分布)			
	$q_1=8.8\ \text{kN/m}^2$			$q_2=18.7\ \text{kN/m}^2$			$q_3=62.7\ \text{kN/m}^2$			$q_4=62.7\ \text{kN/m}^2$			$q_5=62.7\ \text{kN/m}^2$			
	z/B	K_z	σ_z	z/B	K_z	σ_z	z/B	K_z	σ_z	z/B	K_z	σ_z	z/B	K_z	σ_z	
3	0.04	0.998	8.78	0.08	0.997	18.64	0.53	0.796	49.91	0.26	0.076	4.77	0.26	0.076	4.77	86.87
6	0.09	0.997	8.77	0.16	0.986	18.43	1.05	0.531	33.29	0.53	0.163	10.22	0.53	0.163	10.22	80.93
9	0.13	0.991	8.72	0.23	0.963	18.01	1.58	0.386	24.20	0.79	0.187	11.72	0.79	0.187	11.72	74.37
12	0.17	0.984	8.66	0.31	0.925	17.30	2.11	0.295	18.50	1.05	0.182	11.41	1.05	0.182	11.41	67.28

5）求防波堤中点的沉降量

①先确定各分层内的自重应力平均值 σ_{si} 和压缩应力平均值 σ_{zi}，用面与底面的应力平均值表示。

其中，第一分层：初始自重应力平均值

$$\overline{\sigma_s}=\frac{1}{2}(28.5+54.6)=41.55\ \text{kN/m}^2$$

压缩应力平均值

$$\overline{\sigma_z}=\frac{1}{2}(86.87+80.93)=83.90\ \text{kN/m}^2$$

第二、三分层的初始应力、压缩应力平均值详见表 3.9.3。

②按各分层的初始应力平均值 $\overline{\sigma_{si}}$ 与最终应力平均值（$\overline{\sigma_{si}}+\overline{\sigma_{zi}}$），绘制土层的 $e-p$ 线，在所绘制的 $e-p$ 线上查取初始孔隙比 e_{1i} 和最终孔隙比 e_{2i}，列入表

3.9.3。

③按式 3.9.3 列表计算沿基底中点 2 土层各分层变形量 S_i 值,求和后乘以地区经验系数 m,得出基础中点的最终沉降量 S,详见表 3.9.3。

表 3.9.3　基底中点沉降量计算表

分层编号	分层厚度 h_i (cm)	初始应力平均值 (kN/m²)	压缩应力平均值 (kN/m²)	最终应力平均值 (kN/m²)	e_{1i}	e_{2i}	$\dfrac{e_{1i}-e_{2i}}{1+e_{1i}}$	$S_i=\dfrac{e_{1i}-e_{2i}}{1+e_{1i}}h_i$
1	300	41.55	83.90	125.45	1.20	0.97	0.1045	31.36
2	300	69.30	77.65	146.95	0.68	0.64	0.0238	7.14
3	300	98.70	70.83	169.53	0.65	0.63	0.0121	3.64

地区经验系数 $m=1.05$,$\sum S_i=42.1$ cm,则最终计算沉降 $S=1.05\times42.14=44.25$ cm

3.10　基础稳定

3.10.1　海堤失稳的成因与类型

海堤建成后,在使用中可能会遇到各种各样的情况,如台风季节风浪的袭击、海流冲刷、超载堆货引起的地基基础破坏等因素,均会使海堤边坡失稳。现分述如下。

1. 波浪引起海堤失稳

通常发生在台风季节,此时如果风浪较大,会有一定比例的护面块体破裂或滑落,造成局部边坡坍塌变缓。这种情况发生后需要对局部坍塌变缓的坡面进行修复。

2. 海流和波浪底流淘刷引起的失稳

强烈的海流冲刷会使海堤的局部边坡坍塌变缓,海堤护底设施抵抗不住海流的冲刷作用,堤脚被破坏,使堤脚的坡度逐渐变陡,直至失去平衡引起岸坡失稳破坏,即为通常所说的崩岸险情。这种破坏多发生在海流较大或沿堤流较强的区域。

3. 地基问题引起的滑坡

海堤地基天然强度不足或基础处理达不到预期效果,引起海堤地基失稳,这种情况危害性很大,失稳后很难修复,一般定义为工程质量事故。

造成这种严重破坏的主要原因:①设计时选用的计算强度指标与实际强度不符,没有对海堤地基的土质进行深入调查,钻探过于简单,地质勘探资料没有揭示严重的地质局部突变,没有探查到堤防地基中软弱夹层或者探查深度不够等。②在深厚软黏土地基上筑堤,基础处理施工扰动使地基强度暂时降低,在地基土强度还没有来得及恢复时,后续的回填施工加载较快,致使荷载强度超过了地基土的极限承载能力。因此,在软土地基上建设堤防工程通常要增加侧向位移、孔隙水压力的监检测措施,合理控制施工进度,避免加载速度过快产生不利影响。③施工期监检测措施不力,或因为工期紧而忽视了位移和孔隙水压力消散等情况的实时观测结果。

4. 其他原因

偶然因素的作用,如地震和海啸的作用;在已经建成的海堤前疏浚挖泥等人为因素,均有可能使海堤失稳。

3.10.2 海堤失稳的典型模式

按边坡失稳滑动的形式可分为浅层滑动与深层滑动,如图 3.10.1 和图 3.10.2所示。

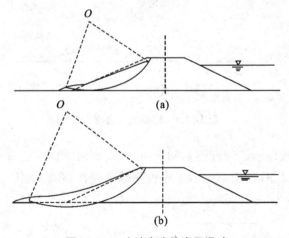

图 3.10.1 边坡失稳的浅层滑动

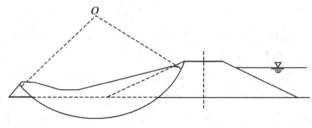

图 3.10.2　边坡失稳的深层滑动

　　按滑弧的形式可分为圆弧滑动和复式滑动,圆弧滑动一般发生在均质土中,滑动面近似于圆弧。复式滑动通常发生在土体中较薄的软弱层。另外,特别深厚的软黏土,在较大堆载作用下发生复式滑动的可能性也非常大,应引起足够的重视。

3.10.3　海堤稳定性的计算方法

　　软基上海堤失稳滑动时通常沿着一个近似圆弧的滑动面旋转下滑,在坡顶处滑动面近于垂直,在接近坡脚处滑动面与地面斜交,坡脚附近的地面有较大的侧向位移并有隆起,如图 3.10.3 所示。

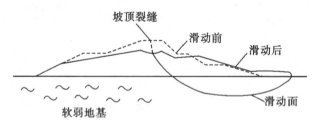

图 3.10.3　软基上的海堤失稳

　　在岩石或较硬的近似刚性基础上由砂、块石回填而成的海堤,堤体内部的滑动面近于平面[图 3.10.4(a)];在海堤基础中存在软弱夹层时,可能会出现由曲线和直线组合成的复式滑动面[图 3.10.4(b)]。

图 3.10.4　刚性基础上的海堤失稳

分析海堤稳定性时,一般按平面问题沿长度方向取单位长度来计算。在港口工程设计中,海堤的稳定性计算通常考虑采用总应力方法,这与使用过程积累的经验较多有关。主要计算方法如下所述。

1. 整体圆弧滑动法

对于均质黏性土边坡,在验算一个已知土坡断面的稳定性时,先假定多个不同的滑动圆弧,通过试算找出多个相应的稳定安全系数值。所找到的土坡稳定的最小安全系数的滑弧,即为该土坡的最危险滑弧。

图 3.10.5 表示一个均质的纯黏性土坡(摩擦角 $\varphi=0$)。AC 为假设的滑动圆弧,弧长为 L,O 为圆心,R 为半径。边坡失稳破坏意味着滑动土体绕圆心 O 发生转动。如果把滑动土体作为刚性隔离体,土体重量绕圆心 O 的转动力矩为 $M_o=Wd$,d 为过滑动土体重力相对圆心 O 的力臂。由于 $\varphi=0$,

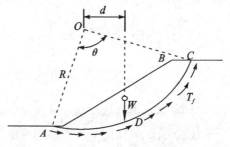

图 3.10.5 纯黏性土坡的圆弧滑动

滑动面是光滑的,土体重量在滑动面上的反力一定垂直于滑动面,即反力通过圆心 O,其产生的力矩等于 0。因此,土体抗滑力矩 M_R 等于 AC 弧面上土体黏聚力产生的抗滑力矩,其值为 $L \cdot \tau_f$,这时稳定安全系数由下式确定:

$$F_S = \frac{L\tau_f R}{Wd} \qquad (3.10.1)$$

2. 简单条分法

对于外形比较复杂,$\varphi>0$ 的黏性土坡,特别是土坡由多层土构成时,滑动土体的重力及其重心位置不难确定,但是假定的滑动面穿过不同的土层,每层土的抗剪强度也不可能相同,另外土体重力在圆弧面上产生的反力也不一定通过圆心。针对此情况,费伦纽斯在土坡稳定性分析中提出简单条分法,即将滑动土体分成若干垂直土条,把每个土条当成刚性体,分别计算作用于各土条上的力对圆心的滑动力矩和抗滑力矩。

把滑动土体分成若干土条后,土条的两个侧面存在着相邻土条对其产生的作用力,如图 3.10.6 所示。作用在第 i 条土的作用力,除了土条自重 W_i 以外,条块侧面 cf 和 ed 上有法向作用力 P_i 和 P_{i+1},切向作用力 H_i 和 H_{i+1},P_i 和 P_{i+1} 的作用点距弧面分别为 h_i 和 h_{i+1}。圆弧段的长度为 l_i,其上作用着法向力

N_i 和切向力 T_i，T_i 等于黏聚力和摩擦力之和，$T_i = c_i l_i + N_i \tan\varphi_i$。由于土条宽度不大，可以认为 W_i 和 N_i 作用在弧段的中点。

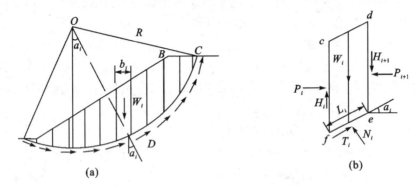

图 3.10.6　简单条分法计算示意图

简单条分法忽略了条间作用力，这样作用于土条的力就仅有 W_i，N_i 及 T_i [图 3.10.6(b)]，利用土条的静力平衡条件，即得

$$N_i = W_i \cos \theta_i \qquad (3.10.2)$$

$$T_i = W_i \sin \theta_i \qquad (3.10.3)$$

式中，W_i 为土条的重力，按下式计算：

$$W_i = \gamma_i b_i h_i \qquad (3.10.4)$$

式中，γ_i 为土的重度；h_i 为土条的中心高度；b_i 为土条的宽度。

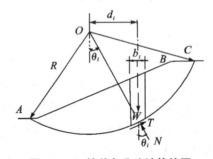

图 3.10.7　简单条分法计算简图

在滑动面上，由所有土条自重引起的切向力所产生的滑动力矩（对滑动圆心）为

$$\sum T_i R = \sum W_i \sin\theta_i \cdot R \qquad (3.10.5)$$

由所有土条底部抗剪强度所产生的抗滑力矩（对滑动圆心）为

$$\sum \tau_{fi} l_i \cdot R = \sum (N_i \tan\varphi_i + c_i l_i) R \tag{3.10.6}$$

$$F_S = \frac{M_R}{M_S} = \frac{\sum (N_i \tan\varphi_i + c_i l_i) R}{\sum W_i \sin\theta_i \cdot R} \tag{3.10.7}$$

$$F_S = \frac{\sum (W_i \cdot \cos\theta_i \tan\varphi_i + c_i l_i)}{\sum W_i \sin\theta_i} \tag{3.10.8}$$

计算经验表明：此公式不考虑土条间的作用力，使算得的安全系数偏低（即偏于安全），但对 φ 为零或 φ 值很小的软黏土用此法求出的稳定安全系数并不一定偏于安全。

采用简单条分法，确定最危险滑动圆弧要经过大量试算工作。目前由于计算机的普及，通过编制自动计算圆心点网格的方法，可以很容易找到最危险滑动圆弧的圆心和半径。在计算机没有普及之前，费伦纽斯（Fellenius，W，1927）提出了减少试算次数的有效方法，他的研究成果显示：$\varphi = 0$ 的简单土坡的最危险滑动圆弧通过坡脚，其圆心位于图 3.10.8 中 AO 与 BO 两线的交点。图中 β_1 和 β_2 与坡度或坡角的关系详见表 3.10.1；当 $\varphi \neq 0$ 时，最危险的滑动圆弧的圆心将沿图 3.10.8(b)中的 MO 线向左上方移动。O 点的位置取决于坡角 β，可按表 3.10.1 确定。而 M 点则位于坡顶之下 $2H$ 深处，距坡脚的水平距离为 $4.5H$。计算时沿 MO 延长线上取 $O_1, O_2, O_3, \cdots$ 作为圆心，绘出相应的通过坡脚的滑弧。分别按式(3.10.8)求出各滑弧的安全系数 $F_{S1}, F_{S2}, F_{S3}, \cdots$，绘出 F_S 的曲线，最后求出 MO 延线上土坡稳定的最小安全系数 $F_{S\min}$（相应的圆心为 O_n），如图 3.10.8(b)所示。然后通过 O_n 点作 MO 的垂直线 KS，在 KS 线上 O_n 点的两侧再取几个圆心，分别求出相应的安全系数，绘制 F_S 曲线，选取最小安全系数，作为土坡稳定的最终安全系数。

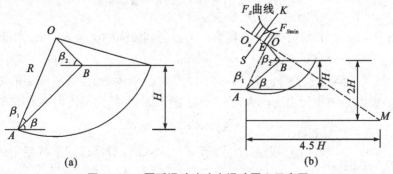

图 3.10.8　圆弧滑动法确定滑动圆心示意图

表 3.10.1 β_1、β_2 的数值

坡角 β	坡度 1：m（垂直：水平）	$\beta_1(°)$	$\beta_2(°)$
60°	1：0.58	29	40
45°	1：1.0	28	37
33°47′	1：1.5	26	35
26°34′	1：2.0	25	35
18°26′	1：3.0	25	35
11°19′	1：5.0	25	37

3. 毕肖普法

毕肖普于 1955 年提出了考虑土条间作用力的土坡稳定分析方法，称毕肖普法。当土坡处于稳定状态时（$F_s>1$），任一土条底部滑弧上的抗剪强度只发挥了一部分，并与切向力 T_i 相平衡，如图 3.10.9(a)所示，其平衡方程如下：

$$T_i = \frac{c_i l_i}{F_S} + \frac{N_i \tan\varphi_i}{F_S} \qquad (3.10.9)$$

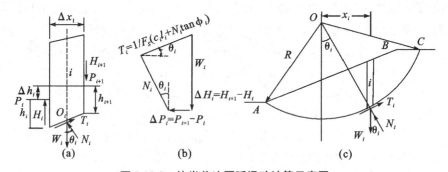

图 3.10.9 毕肖普法圆弧滑动计算示意图

如图 3.10.9(b)所示，如果将所有的力投影到弧面的法线方向上，则得

$$N_i = [W_i + (H_{i+1} - H_i)]\cos\theta_i - (P_{i+1} - P_i)\sin\theta_i \qquad (3.10.10)$$

当整个滑动土体处于平衡状态时，如图 3.10.9(c)所示，各土条对圆心的力矩之和为零，此时条间作用力为内力，将互相抵消。因此，得到下述力矩平衡方程：

$$\sum W_i X_i - \sum T_i R = 0 \qquad (3.10.11)$$

将式(3.10.9)、式(3.10.10)代入上式，且 $x_i = R\sin\theta_i$，最后得到土坡稳定的安全系数为

$$F_S = \frac{\sum c_i l_i + \sum \left[(W_i + H_{i+1} - H_i) \cos \theta_i - (P_{i+1} - P_i) \sin \theta_i \right] \tan \varphi_i}{\sum W_i \sin \theta_i}$$

(3.10.12)

实用上,毕肖普建议不计土条间的切向力之差,即令 $H_{i+1} - H_i = 0$,式(3.10.12)
就简化为

$$F_S = \frac{\sum c_i l_i + \sum \left[W_i \cos \theta_i - (P_{i+1} - P_i) \sin \theta_i \right] \tan \varphi_i}{\sum W_i \sin \theta_i}$$

(3.10.13)

所有作用力在铅直及水平向的总和都应为零,即 $\sum F_X = 0$,$\sum F_Y = 0$,并结合
式(3.10.13) 和 $H_{i+1} - H_i = 0$,得出

$$P_{i+1} - P_i = \frac{\dfrac{1}{F_S} W_i \cos \theta_i \tan \varphi_i + \dfrac{c_i l_i}{F_S} - W_i \sin \theta_i}{\dfrac{\tan \varphi_i \sin \theta_i}{F_S} + \cos \theta_i}$$

(3.10.14)

将式(3.10.14) 代入式(3.10.13),并简化后得到

$$F_S = \frac{\sum (c_i l_i \cos \theta_i + W_i \tan \varphi_i) \cdot \dfrac{1}{\tan \varphi_i \cdot \sin \theta_i / F_S + \cos \theta_i}}{\sum W_i \sin \theta_i}$$

(3.10.15)

4. 简布法

简布法又称为普遍条分法(图 3.10.10),每个土条都满足静力平衡和极限平
衡条件,也满足土体的整体力矩平衡。简布法不仅适用于圆弧滑动面,也适用
于其他任何滑动面。

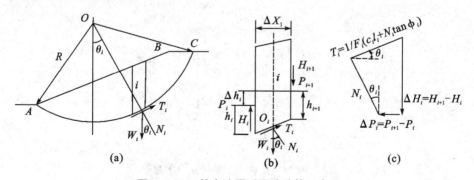

图 3.10.10　简布法圆弧滑动计算示意图

对单一的土条进行受力分析,可以得到两个力的平衡方程,即

$\sum F_Y = 0$,得

$$W_i + \Delta H_i = N_i \cos \theta_i + T_i \sin \theta_i \qquad (3.10.16)$$

$\sum F_X = 0$,得

$$\Delta P_i = T_i \cos \theta_i - N_i \sin \theta_i \qquad (3.10.17)$$

由以上两个方程可以得到

$$\Delta P_i = T_i \left(\cos \theta_i + \frac{\sin^2 \theta_i}{\cos \theta_i} \right) - (W_i + \Delta H_i) \tan \theta_i \qquad (3.10.18)$$

根据圆弧切线方向的极限平衡条件,并考虑安全系数,得到如下极限平衡方程:

$$T_i = \frac{c_i l_i + N_i \tan \varphi_i}{F_S} \qquad (3.10.19)$$

由上述三个平衡方程,可以推导出

$$N_i = \frac{1}{\cos \theta_i} (W_i + \Delta P_i - T_i \sin \theta_i) \qquad (3.10.20)$$

$$T_i = \frac{\dfrac{1}{F_S} \cdot \left[c_i l_i + \dfrac{1}{\cos \theta_i} (W_i + \Delta H_i) \tan \varphi_i \right]}{1 + \dfrac{\tan \varphi_i \tan \theta_i}{F_S}} \qquad (3.10.21)$$

把式(3.10.20)和式(3.10.21)代入式(3.10.18)得

$$\Delta P_i = \frac{1}{F_S} \frac{\sec^2 \theta}{1 + \dfrac{\tan \varphi_i \tan \theta_i}{F_S}} \left[c_i l_i \cos \theta_i + (W_i + \Delta H_i) \tan \theta_i \right] - (W_i + \Delta H_i) \tan \theta_i$$

$$(3.10.22)$$

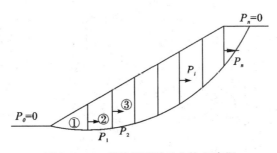

图 3.10.11 条块侧面的法向力示意图

图 3.10.11 表示作用在条块侧面的法向力为 $P_{i+1} = P_i + \Delta P_i$,$P_1 = \Delta P_1$,$P_2$

$=\Delta P_1 + \Delta P_2$，依次类推得 $P_i = \sum_{i=1}^{n} \Delta P_i$，因为整个土体的重力 $\sum W_i$ 与弧面上的法向力 $\sum N_i$ 和切向力 $\sum T_i$ 满足静力平衡条件，在没有其他水平外力作用下有

$$P_i = \sum_{i=1}^{n} \Delta P_i = 0 \tag{3.10.23}$$

将式(3.10.22)代入式(3.10.23)，整理后得

$$F_S = \frac{\sum \left[c_i l_i \cos\theta_i + (W_i + \Delta H_i)\tan\varphi_i \right]}{\sum (W_i + \Delta H_i)\tan\theta_i} \cdot \frac{\sec^2\theta_i}{1 + \tan\theta_i \tan\varphi_i / F_S}$$

$$\tag{3.10.24}$$

5. 复式滑动面法

一般情况下失稳土坡的滑动面近似于圆弧形，因此利用圆弧滑动法进行分析计算。如果海堤堤身或地基中存在着比较明显的软弱夹层，土体会沿着软弱层滑动，滑动面就变成了圆弧与直线相结合形成的复合形滑动面。在《堤防工程设计规范》中规定，这种情况宜采用改良圆弧法，即复式滑动面法。

如图 3.10.12 所示，当地基不深处有软弱夹层时，滑动面是由圆弧和通过软弱夹层的直线组成的复合滑动面 $ABCD$，如图 3.10.12(a)所示。在复合滑动面 $ABCD$ 中，AB 与 CD 为不同圆心的两个圆弧，而 BC 为通过软弱夹层的直线。假设滑动土体内三个滑块中 ABB' 滑块产生的滑动力为 P_1，$C'CD$ 滑块产生的抗滑力为 P_2（P_1 与 P_2 的作用方向都假设为水平），以及由 $B'BCC'$ 滑块自重在软弱夹层中引起的抗滑阻力 T_j，则土块稳定的安全系数可用下式来计算：

$$F_S = \frac{P_2 + T_f}{P_1} \tag{3.10.25}$$

式中，T_f 为抗滑阻力，按下式计算：

$$T_f = W\tan\varphi + cL$$

式中，W 为滑块 $B'BCC'$ 的自重(kPa)；c 为软弱夹层的黏聚力(kPa)；φ 为软弱夹层的内摩擦角(°)。

P_1 和 P_2 可用作图的方法求解，将滑动土块 ABB' 按条分法分成若干条块，忽略土条间的竖向剪切力，只考虑土条间的水平作用力。如图 3.10.11(c)所示，取第一条块进行分析，其中重力 W_1 和黏聚力 cl_1 为已知量，作用在条块两侧上的水平合力 P_1' 和滑动弧段上的反力 R_1 的方向已知但是大小未知，根据 $\sum F_X = 0$ 和 $\sum F_Y = 0$ 两个平衡方程可以解出 P_1' 和 R_1 两个未知量，依次类推，可以

解出任一土条上的P_i'和R_i,可见$P_1 = \sum P_i'$,用同样的方法可以求出P_2。为了简化计算,P_1和P_2可以近似地按主动土压力和被动土压力计算。

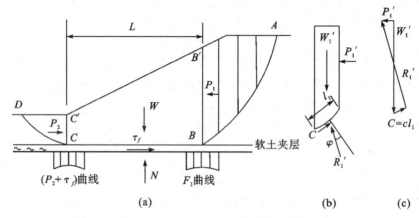

图 3.10.12　复式滑动面法计算示意图

6. 有限元法

以上算法基本上是把土坡划分成有限宽度的土条,以刚性体假设为基础,考虑静力平衡条件和极限平衡条件的算法。有限元法则把土坡划分为多个土体单元(图 3.10.13),以弹性或弹塑性变形体为基础,计算出土坡内的应力分布,然后再引入圆弧滑动面的概念,验算滑动土体的抗滑稳定性。

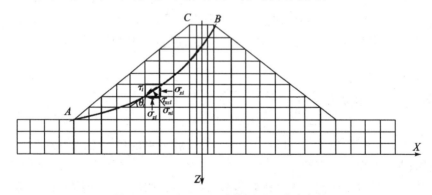

图 3.10.13　有限元法计算圆弧滑动示意图

用有限元法可以计算出每个单元的应力、应变和每个结点的结点力和位移。当土坡的边界条件、受力状态和各土体单元的力学特性均为已知时,可以通过有限元软件计算出土坡内各单元的应力和应变。假设一滑动圆弧(图

3.10.13)，然后把滑动面划分成若干小弧段 Δl_i，如果小弧段划分的足够短，每个小弧段中点的应力可以代表整个小弧段上的应力，其数值采用有限元应力分析计算结果，可根据弧段中点所在单元的应力确定，表示为 σ_{xi}，σ_{zi} 和 τ_{xzi}。如果小弧段 Δl_i 与水平线的夹角为 θ_i，则作用在弧段上的法向应力和剪应力分别为

$$\sigma_{ni} = \frac{1}{2}(\sigma_{xi} + \sigma_{zi}) - \frac{1}{2}(\sigma_{xi} - \sigma_{zi})\cos 2\theta_i + \tau_{xzi}\sin 2\theta_i \tag{3.10.26}$$

$$\tau_i = -\tau_{xzi}\cos 2\theta_i - \frac{1}{2}(\sigma_{xi} - \sigma_{zi})\sin 2\theta_i \tag{3.10.27}$$

根据摩尔-库伦强度理论，该点土体的抗剪强度为

$$\tau_{ri} = c_i + \sigma_{ni}\tan\varphi_i \tag{3.10.28}$$

将滑动面上所有小弧段的剪应力和抗剪强度分别求出后，则沿着滑动面的总的剪切力和抗剪力分别为

$$f = \sum_{i=1}^{n} \tau_i \Delta l_i \tag{3.10.29}$$

$$f_r = \sum_{i=1}^{n} \tau_{ri} \Delta l_i = \sum_{i=1}^{n} (c_i + \sigma_{ni}\tan\varphi_i)\Delta l_i \tag{3.10.30}$$

可见边坡稳定的安全系数为

$$F_S = f_r / f = \sum_{i=1}^{n} (c_i + \sigma_{ni}\tan\varphi_i)\Delta l_i / \sum_{i=1}^{n} \tau_i \Delta l_i \tag{3.10.31}$$

有限元分析方法以土体的应力和变形分析为基础进行边坡稳定分析，滑动土体自然满足静力平衡条件，因此计算过程不用引入大量的人为假定。但是当边坡接近失稳状态时，单元土体的状态将发生很大的变化，数值模拟的难度较大，主要原因是很难找到反映土体实际状况的土力学计算模型。如果在土力学计算模型上有所突破，则该方法推广应用前景将十分广阔。

7. 计算方法评述

在实际工程中可以根据具体情况采用适当的计算方法，目前由于计算机的普及应用，类似的计算程序很多，过于简化的算法在实际中已经很少使用，如整体圆弧法；实际应用中简单条分法和毕肖普法较常用，由于简布法计算结果的收敛性差，即在某些情况下得不出合理的计算结果，因此也较少使用。最常用的仍然是简单条分法，这主要因为可参考的实际工程案例较多，对参数的取值和计算结果的判断较为有利。

3.10.4 计算参数和安全系数的选取

计算参数主要依据实际工程的地质勘探资料选取,在力学指标选取上可以采用固结快剪、有效剪、十字板剪和快剪指标。在遇到深厚软黏土的情况下,一般采用十字板原位测试指标计算复核。

土的抗剪强度指标值的选用对土坡稳定性分析结果非常关键。使用过高的指标值来设计海堤,就会发生滑坡的危险。同时也有人指出,用简单条分法、毕肖普法计算,安全系数相差10%,简单条分法计算结果偏低;而对同一土坡按毕肖普法进行计算时,则采用不同的试验方法得到强度指标,得出的稳定安全系数差别有时超过50%。因而应尽可能结合边坡的实际加荷情况、填料的性能和排水条件等,去合理地选用土的抗剪强度指标值。若能准确知道主中孔隙水压力的分布,则采用有效应力法比较合理,重要的工程应采用有效强度指标进行核算。

《水运工程地基设计规范》对土堤的抗滑稳定安全系数作了明确的规定,详见表3.10.2。

表 3.10.2 土堤抗滑稳定安全系数

堤防工程的级别		1	2	3	4	5
安全系数	设计条件	1.3	1.25	1.2	1.15	1.1
	地震条件	1.2	1.15	1.1	1.05	1.05

《水运工程地基设计规范》的最小抗力分项系数(相当于安全系数)详见表3.10.3。表中除注明了计算方法外,按考虑条块间作用力的毕肖普法和不考虑条间作用力的简单条分法进行计算,所得的安全系数不应小于表3.10.2所示的数值。其他行业对土坡稳定的安全系数都有不同的规定。选用时要根据工程的重要性,结合当地的实际条件,分析影响安全系数的因素(如计算方法、计算参数的选取)。

表 3.10.3 港口工程边坡最小安全系数

强度指标	计算方法		最小抗力分项系数
固结快剪直剪	毕肖普法	黏性土坡	1.2~1.4
		其他土坡	1.3~1.5
	简单条分法		1.1~1.3

(续表)

强度指标	计算方法	最小抗力分项系数
有效剪	毕肖普法	1.3~1.5
十字板剪 无侧限抗压强度 三轴不排水剪	简单条分法	1.1~1.3
快剪直剪	简单条分法	根据经验取值

当拟建工程附近有滑坡,且两处土层和土质基本相同、土坡高度及坡度相近时,并已查明滑坡时的各项条件,则可用对比计算方法设计。要仔细分析拟建工程的各项条件,拟建工程土坡的应较曾有滑坡的最小安全系数至少增加20%。

3.10.5 防止海堤失稳的工程措施

在软土地基上建设海堤,采用的地基加固处理的办法很多,置换法是常用的方法,即采用挖填、抛石挤淤、爆破挤淤、挤密砂桩或挤密碎石桩等方式将软黏土全部或部分置换为砂土或开山石。软黏土厚度不大,通常采用挖填和抛石挤淤方式;遇到深厚软黏土的情况,应根据软土的性质和堤防施工的具体情况选择其他方式进行处理。通常采用排水固结法(又称排水井法),即在软黏土中打设塑料排水板或沙井的方法。

设计时应提出保证土坡稳定的施工措施,施工时应采用有利于土坡稳定的施工方法和施工程序。设计过程中若初步采用的土坡稳定性不足,应根据具体情况选用合理措施,如放缓坡度、铺排水砂垫层、铺设土工织物、夹筋、打设竖向排水通道、设置反压平台和分期施加荷载等。

在施工中要加强观测以便及时发现可能出现的失稳迹象。出现失稳迹象时应及时采取应急措施如削坡、坡脚压载、坡顶减载、井点排水、增设防滑板桩等措施。对软土,特别是灵敏度较高的软土应放慢加荷速率,以防止边坡失稳。在坡顶或岸壁后吹填土时应采用有效的排水措施以防产生过大的水头差。基坑底部如有承压水影响稳定,应采取临时降压措施。堆放弃土应离坡肩一定距离,堆载不宜过高,并应考虑堆载产生的超孔隙水压力的不利作用。当坡脚可能被冲刷时,应采取防护措施。

例 3.10.1 如图 3.10.14 所示,一均质黏性土坡,高 20 m,边坡为 1∶3,土

的内摩擦角 $\varphi=20°$，黏聚力 $c=9.81$ kPa，土的重度 $\gamma=17.66$ kN/m³，试用简单条分法计算土坡稳定安全系数。

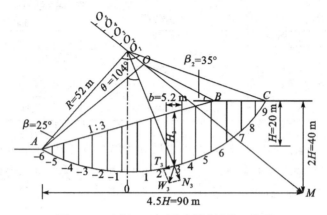

图 3.10.14　例 3.10.1 圆弧滑动计算示意图

解　按费伦纽斯最小圆弧滑动算法计算滑弧的中心。

(1)按比例绘制土坡的剖面图，假定滑弧圆心及相应滑弧的位置。因为是均质土坡，其边坡为 1 : 3，由表 3.10.1 查得 $\beta_1=25°$，$\beta_2=35°$，作 MO 延长线，在 MO 延长线上任取一点 O_1，作为第一次试算，通过坡脚作相应的滑弧 AC，其半径 $R=52$ m。

(2)将滑动土体 ABC 分成若干土条，并对土条进行编号。为了计算方便，土条宽度取滑弧半径 1/10，即取 $b=0.1R=5.2$ m。土条编号一般取滑弧圆心的铅垂线作为 0 条，逆滑动方向依次为 $-1,-2,-3,\cdots$，反方向依次为 $+1$，$+2,+3,\cdots$。

(3)量出各土条的中心高度 h_i，并列表计算 $\sin\alpha_i$，$\cos\alpha_i$ 及 $\sum h_i\sin\alpha_i$，$\sum h_i\cos\alpha_i$ 等值(表 3.10.4)。其中 $\sin\alpha_i=\dfrac{nb}{R}=\dfrac{n\times0.1R}{R}=0.1n$($n$ 为土条编号)，土条编号为正表示滑动力与滑动方向相同，土条编号为负表示滑动力与滑动方向相反。

滑动土块两侧端土条的宽度一般不会恰好等于 b，在计算过程中，可以把该土条的实际高度 h_i 折算成假定宽度为 b 时的高度 h_i，使折算后的土条面积 bh_i' 与实际土条面积相等，则折算后土条的高度 $h_i'=\dfrac{b_ih_i}{b}$，同时对该土条对应的 $\sin\alpha_i$ 也进行调整。

以编号为 -6 的土条为例,该土条的实际高度 $h_i=3$ m,实际宽度 $b_i=4.68$ m,如果假定土条宽度均为 5.2 m,则折算后的土条高度 $h_i=\dfrac{3\times4.68}{5.2}=2.7$ m;

$$\sin\alpha_{-6}=-\left(\frac{5.5b+0.5b_{-6}}{R}\right)=-\left(\frac{5.5\times5.2+0.5\times4.68}{5.2}\right)=-0.595$$

(4)求出滑弧中心角 $\theta=104°$,计算滑弧长度

$$\hat{L}=\sum l_i=\frac{\pi}{180}\theta R=\frac{\pi}{180}\times104\times52=94.3 \text{ m}$$

(5)将以上计算结果代入式(3.10.8)得

$$F_s=\frac{\sum(W_i\cdot\cos\theta_i\tan\varphi_i+c_il_i)}{\sum W_i\sin\theta_i}=\frac{\sum c_il_i+\sum\gamma_ib_ih_i\cos\alpha_i\tan\varphi_i}{\sum\gamma_ib_ih_i\sin\alpha_i}$$

$$=\frac{c\hat{L}+\gamma b\tan\varphi\sum h_i\cos\alpha_i}{\gamma b\sum h_i\sin\alpha_i}=\frac{9.81\times94.3+17.66\times5.2\times0.364\times240.18}{17.66\times5.2\times52.08}$$

$$=1.89$$

表 3.10.4 圆弧滑动土条计算表

土条编号	$h_i(\text{m})$	$\sin\alpha_i$	$\cos\alpha_i=\sqrt{1-\sin^2\alpha_i}$	$h_i\sin\alpha_i$	$h_i\cos\alpha_i$
-6	2.7	-0.6	0.800	-1.62	2.16
-5	6.4	-0.5	0.866	-3.20	5.55
-4	10.0	-0.4	0.916	-4.00	9.16
-3	14.0	-0.3	0.954	-5.20	13.36
-2	17.4	-0.2	0.980	-3.48	17.10
-1	20.0	-0.1	0.995	-2.00	19.00
0	22.0	0	1	0	22.00
1	23.6	0.1	0.995	2.36	23.40
2	24.4	0.2	0.980	4.88	23.20
3	25.0	0.3	0.954	7.50	24.90
4	25.0	0.4	0.916	10.00	22.90
5	24.0	0.5	0.866	12.00	20.80
6	20.8	0.6	0.800	12.48	16.60
7	16.0	0.7	0.715	11.20	11.45

（续表）

土条编号	h_i(m)	$\sin\alpha_i$	$\cos\alpha_i = \sqrt{1-\sin^2\alpha_i}$	$h_i\sin\alpha_i$	$h_i\cos\alpha_i$
8	10.8	0.8	0.600	8.64	6.48
9	2.8	0.9	0.436	2.52	1.22
			$\sum$	52.08	240.18

（6）在 MO 延长线上重新假定滑弧中心 $O_2,O_3,\cdots$，重复以上计算，求出相应的安全系数 $F_{S1},F_{S2},F_{S3},\cdots$，绘图找出 MO 上最小安全系数对应的滑弧中心 O_n，然后通过 C 作 MO 的垂线 KS，在 KS 上 O_n 两侧假定几个滑弧中心，重复上述过程，通过绘图找出 KS 上的最小安全系数 F_{Smin}，此数值即所要求的土坡稳定安全系数值。

例3.10.2 计算图 3.10.15 中带有软弱夹层的土沿 $ABCD$ 复合滑动面滑动的安全系数 F_S（设 BB' 和 CC' 为光滑的挡土墙背，按朗肯公式计算土压力）。填土的容重 $\gamma=19\ \mathrm{kN/m^3}$，抗剪强度指标 $c=10\ \mathrm{kN/m^2}$，$\varphi=30°$。软弱夹层的抗剪强度指标 $c_u=12.5\ \mathrm{kN/m^2}$，$\varphi_u=0$。

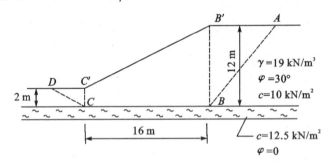

图 3.10.15　例 3.10.2 圆弧滑动计算示意图

解　（1）求作用于 BB′ 面上的朗肯主动土压力

$$E_a = \frac{1}{2}\gamma H_1^2 K_a - 2cH_1\sqrt{K_a} + \frac{1}{2}\gamma z_0^2 K_a$$

式中，

$$K_a = \tan^2\left(45°-\frac{\varphi}{2}\right) = \tan^2 30° = 0.333$$

$$z_0 = \frac{2c}{\gamma\sqrt{K_a}} = \frac{2\times 10}{19\times\sqrt{0.333}} = 1.82\ \mathrm{m}$$

$$E_a = \frac{1}{2} \times 19 \times 12^2 \times 0.333 - 2 \times 10 \times 12 \times 0.577 + \frac{1}{2} \times 19 \times 1.82^2 \times 0.333$$

$$= 455.5 - 138.5 + 10.5 = 327.5 \text{ kN}$$

(2)求作用于 CC' 面上的朗肯被动土压力

$$E_p = \frac{1}{2} \gamma H_2^2 K_p + 2c H_2 \sqrt{K_p}$$

式中，

$$K_p = \tan^2 \left(45° + \frac{\varphi}{2} \right) = \tan^2 (60°) = 3.0$$

$$E_p = \frac{1}{2} \times 19 \times 2^2 \times 3.0 + 2 \times 10 \times 2 \times \sqrt{3.0} = 183.2 \text{ kN}$$

故沿复合滑动面滑动的稳定安全系数

$$F_S = \frac{cl + E_p}{E_a} = \frac{12.5 \times 16 + 183.2}{327.5} = \frac{383.2}{327.5} = 1.17$$

4 防波堤工程的相关数值模拟

与物理模型试验相比,数值模拟的优势在于:不存在比尺效应;实施费用少;可以模拟多种海洋环境要素相互作用的复杂过程;易于实现多种方案的快速比较;占用场地少等。本章主要介绍与波浪和防波堤作用相关的几个工程数值模拟。

4.1 直立堤迎浪面波压力计算

近年来,有限元数值分析软件的出现,增加了海岸工程数值水槽计算的可行性和有效性,成为研究波浪与海上结构物相互作用的重要手段。而数值波浪水槽研究的一个关键问题是要有效地消除波浪遇到建筑物产生的反射波。基于源项造波理论,本节采用 Fluent 软件,通过二次开发实现了数值水槽的造波和消波功能,建立了可以有效模拟线性波浪和多种非线性规则波(如 Stokes 波、孤立波等)的数值波浪水槽,分析了造波和消波的有效性,对直立式防波堤波浪力进行了数值研究。将数值计算结果与试验结果,以及按照我国规范方法计算的结果进行比较,所得结论对防波堤结构设计有指导意义。

4.1.1 数学模型

1. 控制方程

假设流体是不可压缩的,则描述流体运动的控制方程包括以速度和压力为变量的连续性方程和动量方程。连续性方程为

$$\frac{\partial \rho}{\partial t} + \frac{\partial (\rho u)}{\partial x} + \frac{\partial (\rho v)}{\partial y} = 0 \tag{4.1.1}$$

动量方程为

$$\begin{cases} \dfrac{\partial (\rho u)}{\partial t} + u \dfrac{\partial (\rho u)}{\partial x} + v \dfrac{\partial (\rho u)}{\partial y} = \mu \left(\dfrac{\partial^2 u}{\partial x^2} + \dfrac{\partial^2 u}{\partial y^2} \right) - \dfrac{\partial p}{\partial x} + F_x \\[2mm] \dfrac{\partial (\rho v)}{\partial t} + u \dfrac{\partial (\rho v)}{\partial x} + v \dfrac{\partial (\rho v)}{\partial y} = \mu \left(\dfrac{\partial^2 v}{\partial x^2} + \dfrac{\partial^2 v}{\partial y^2} \right) - \dfrac{\partial p}{\partial y} + F_y - \rho g \end{cases} \tag{4.1.2}$$

式中,u 和 v 分别是 x 和 y 方向上的速度分量;p 是压强;μ 是动力学黏性系数;

g 为重力加速度；F_x 和 F_y 分别是在 x 和 y 方向上的附加动量源项。

2. 数值造波和消波方法

数值水槽不仅可以造波，也可以消波，尤其是在研究波浪与结构物的相互作用时，有效地消除入射波与结构物相互作用后的反射波至关重要。根据源造波理论，可以在连续方程中，或在动量方程中，或同时在两个方程中添加源项达到造波和消波的目的。本节采用在动量方程中添加源项，基本思想是通过控制方程推导出源项，源项的作用是对造波区和消波区的流体增加和减少随时间进行周期性变化的动量，进行数值模拟。

选择不考虑黏性作用的欧拉方程推求各区域源项的表达式。先将 x 方向上添加源项和未添加源项的动量方程分别离散为

$$\begin{cases} \rho\dfrac{u_M^{N+1}-u_C^N}{\Delta t}+\rho u_C^N\dfrac{\partial u_C^N}{\partial x}+\rho v_C^N\dfrac{\partial u_C^N}{\partial y}=-\dfrac{\partial p_C^N}{\partial x}+F_x \\[3mm] \rho\dfrac{u_M^{N+1}-u_M^N}{\Delta t}+\rho u_M^N\dfrac{\partial u_M^N}{\partial x}+\rho v_M^N\dfrac{\partial u_M^N}{\partial y}=-\dfrac{\partial p_M^N}{\partial x} \end{cases} \quad (4.1.3)$$

假设，造波区波动场为

$$\begin{cases} u_M=cu_l \\ v_M=cv_l\ , \\ p_M=cp_l \end{cases} \text{其中}[c]_{x\min}=0;\quad [c]_{x\max}=1。 \quad (4.1.4)$$

前端消波区波动场为

$$\begin{cases} u_M=cu_j+(1-c)u_l \\ v_M=cv_j+(1-c)v_l\ , \\ p_M=cp_j+(1-c)p_l \end{cases} \text{其中}[c]_{x\min}=0;\quad [c]_{x\max}=1。 \quad (4.1.5)$$

尾端消波区波动场为

$$\begin{cases} u_M=cu_j \\ v_M=cv_j\ , \\ p_M=cp_j \end{cases} \text{其中}[c]_{x\min}=1;\quad [c]_{x\max}=0。 \quad (4.1.6)$$

式中，N 和 $(N+1)$ 分别代表 N 和 $(N+1)$ 时刻的值；M、l、j 分别代表离散值、来波值和计算值；$c=c(x)$ 是与空间位置有关的光滑过渡加权函数。

将以上各区的速度和压力表达式(4.1.4)～式(4.1.6)代入式(4.1.3)，联立方程求解，得到水槽中各功能设置区内的动量源项。本节以造波区为例，源项表达式如下：

$$\begin{cases} F_x=(1-c)\left(\dfrac{\partial p_j}{\partial x}-\rho\dfrac{u_j}{\Delta t}\right)+\rho(1-c^2)\left(u_j\dfrac{\partial u_j}{\partial x}+v_j\dfrac{\partial u_j}{\partial y}\right) \\[3mm] F_y=(1-c)\left(\dfrac{\partial p_j}{\partial y}-\rho\dfrac{v_j}{\Delta t}\right)+\rho(1-c^2)\left(u_j\dfrac{\partial v_j}{\partial x}+v_j\dfrac{\partial v_j}{\partial y}\right)+\rho g \end{cases} \quad (4.1.7)$$

将各区的源项表达式采用 C 语言编程,通过 Fluent 软件的 UDF 接口分别代入动量方程式(4.1.2)中,进而实现水槽中各功能区的造波和消波。

4.1.2 模型建立与网格划分

模拟二维数值水槽时,在 Gambit 中进行网格的建立。为了更好地捕捉自由液面,水面处一个波高范围内进行适当的加密,采用结构化网格进行划分。网格划分时,沿着水槽的长度方向一个波长内 80～100 个网格,高度方向一个波高内 20 个网格。水槽部分网格见图 4.1.1。二维数值水槽模型见图 4.1.2。

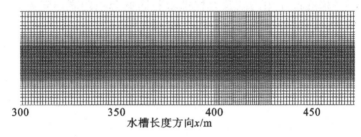

图 4.1.1 水槽网格划分示意图

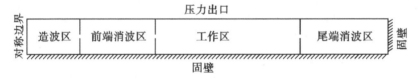

图 4.1.2 二维数值水槽分区及边界条件示意图

边界条件:数值水槽从左到右依次为造波区、前端消波区、工作区和尾端消波区。左边界为对称边界,上边界为压力出口,下边界和右边界设置为固壁边界。

初始条件:流场的初始速度为零,迭代精度为 0.001,每步最多迭代 20 次。在 Fluent 中进行模型设置,湍流模型采用 RNG 的 $k-\varepsilon$ 模型,压力速度耦合采用 PISO 算法求解非定常状态下的紊流问题。

4.1.3 数值波浪水槽模型的验证

1. 数值水槽造波的准确性

本节算例中,水槽的总长 750 m,高度 42.62 m,水深 22.62 m,空气高度范围取 20 m。造波区长度为 120 m,前端消波区长度为 120 m,工作区为 310 m,

尾端消波区为 200 m。波高取为 7.3 m，周期为 8.9 s，由于波陡大于 0.1，需要考虑波浪的非线性作用，因此使用 Stokes 波浪理论来进行研究。与高阶的理论解相比，二阶 Stokes 波的计算结果和基于瞬态不可压缩流的 N-S 方程求解结果相差甚微，考虑计算成本和计算精度，二阶 Stokes 波足以满足工程需求。本节通过 Fluent 中的 UDF 宏编写程序，实现造波和消波，运行一段时间后，水槽中会出现稳定的波形。图 4.1.3 和图 4.1.4 分别给出了 $x=250$ m，$x=350$ m 两个位置处的波高历时曲线图。由图可见，与理论波面曲线比较，建立的数值水槽能产生历时较长稳定的波浪，计算值与理论值吻合较好。

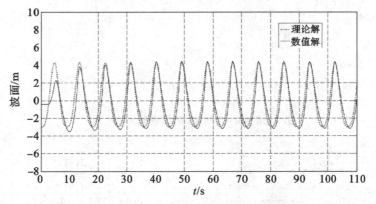

图 4.1.3　$x=250$ m 波面时间变化曲线

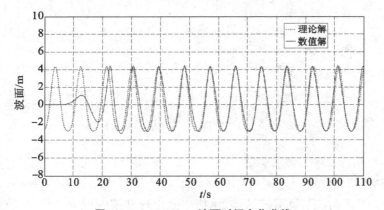

图 4.1.4　$x=350$ m 波面时间变化曲线

2. 网格依赖性检验

数值水槽沿长度方向的网格长度分别取值 $\mathrm{d}x=1.2$ m，1.5 m，2 m，计算时间步长 $\mathrm{d}t$ 取值为 0.005 s，0.01 s，在水槽 $x=250$ m 处设置波面变化监测点，图

4.1.5 为三种网格划分方案在时间步长为 0.005 s 时波面历时变化计算结果,图 4.1.6 为三种网格划分方案在时间步长为 0.01 s 时波面历时变化计算结果。由图可见,不同方案计算结果基本吻合。本节在计算中取 $dx = 1.5$ m, $dt = 0.01$ s 作为网格划分标准。

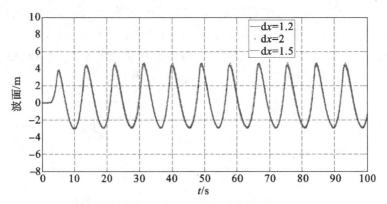

图 4.1.5 $dt = 0.005$ s 时波面时间变化曲线

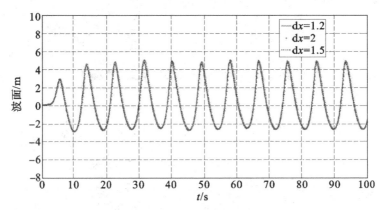

图 4.1.6 $dt = 0.01$ s 时波面时间变化曲线

3. 前端消波区的消波效率

将水槽右边界设为 wall,去掉末端消波区,这样入射波遇到直墙后会发生全反射。当入射波与反射波迭加,水槽中会出现驻波的现象,而且驻波的波幅为入射波的两倍。图 4.1.7 是直墙前波高最大时一个波长左右的波面曲线,图 4.1.8 为 $x = 460$ m 处的波面历时曲线,波浪稳定后可以看到波高大约是入射波高的两倍,这说明前端消波区能较好地吸收直墙反射的波浪。

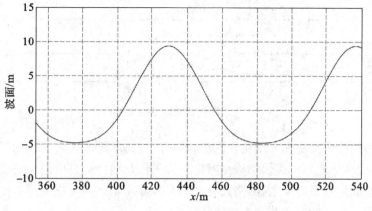

图 4.1.7　墙前驻波波面曲线

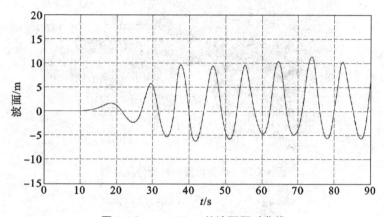

图 4.1.8　$x＝460$ m 处波面历时曲线

4.1.4　直墙防波堤的数值模拟

1. 直墙防波堤数值模型的建立

在数值水槽中,防波堤距离左边界 400 m,模拟波浪的波高取 7.3 m,周期为 8.9 s。试验分别模拟极端高水位、设计高水位以及设计低水位下波浪与建筑物的相互作用,即水深分别是 22.62 m、21.88 m 以及 19.68 m。波浪水槽示意图见图 4.1.9,其中,H 为堤前波高,m 为外侧坡度,L 为波长,d 为水槽水深,d_1 为堤前水深,B 为平台宽度。左边界为对称边界,上边界设置为压力出口,底部边界、堤坝结构以及右边界设置均为固壁边界。

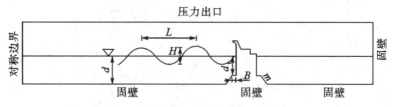

图 4.1.9 直墙防波堤数值模型示意图

采用结构化网格和非结构化网格相结合,在直墙防波堤附近使用三角形网格,在其他区域使用四边形结构化网格。为了较好地捕捉自由液面,在液面上、下一个波高的范围内加密,网格划分如图 4.1.10 所示。防波堤模型断面尺寸与堤身迎浪面布置的压力监测点位置如图 4.1.11 所示。

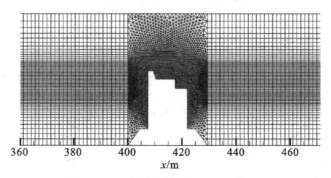

图 4.1.10 数值水槽网格划分示意图

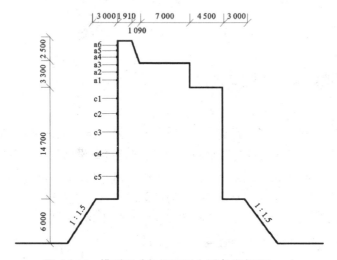

图 4.1.11 模型尺寸与堤面压力测点分布图(mm)

2. 直墙防波堤波浪力的物理模型试验

物理模型试验采用的是某扩建工程东护岸断面物理模型试验。模型试验是在海军工程设计研究院工程综合试验研究中心进行的。试验在长 50.0 m、宽 1.2 m、深 1.2 m 的不规则波水槽中进行。水槽一端为低惯量直流式电机不规则造波机，造波机产生的最大波高为 0.23 m。波浪水槽的另一端为钢质多孔的消能设施，其反射率小于 5%。水槽在宽度方向上分两格，分别为 0.8 m 和 0.4 m，宽度 0.8 m 的一格放置模型，另一格用于消能。

按照《波浪模型试验规程》(JTJ/T234—2001)的要求，本试验重力是主要作用力，因此，按照重力相似准则进行设计，即模型与原型之间须满足 Froude 数相等。按模型比尺 $\lambda = 40$ 进行波要素设计和模型制作，时间比尺 $\lambda_T = \lambda_L^{1/2} = \sqrt{40}$，单宽流量比尺 $\lambda_q = \lambda^{3/2} = 403/2$，力的比尺 $\lambda_F = \lambda^3 = 40^3$，压强比尺 $\lambda_p = \lambda = 40$。图 4.1.12 为物理模型试验断面图。表 4.1.1 为该试验的波浪要素参数。

图 4.1.12　物理模型试验断面图

表 4.1.1　物理模型试验的波浪要素

序号	水位	水深 d(mm)	波高 H(mm)	周期 T(s)
1	极端高水位	565.5	182.5	1.407
2	设计高水位	547.0	182.5	1.407
3	设计低水位	492.0	182.5	1.407

注：波高模型比尺为 $\lambda_H = \lambda = 40$，周期模型比尺为 $\lambda_T = \lambda^{0.5}$。

3. 波压力沿堤面分布的对比

由于波浪的作用，在防波堤上会形成垂直于堤面的波浪正压力和波浪负压力，本节分别测定了极端高水位、设计高水位和设计低水位时的各个测点的最大正向波压力和最大负向波压力。将三种水位下数值模型和物理模型波压力值与我国《防波堤与护岸设计规范》(2018)计算的波压力值进行对比,并绘制压力曲线包络图(图 4.1.13～图 4.1.15)。

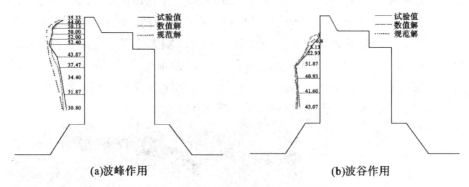

图 **4.1.13**　极端高水位波浪压力包络图(mm)

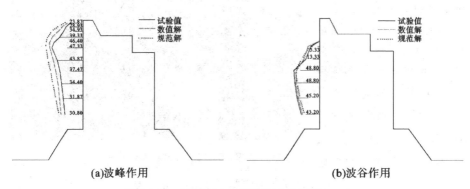

图 **4.1.14**　设计高水位波浪压力包络图(mm)

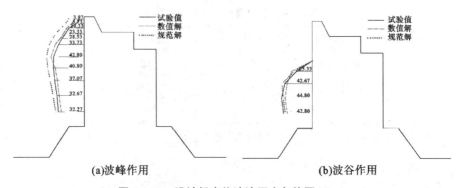

图 **4.1.15**　设计低水位波浪压力包络图(mm)

由图可见,数值模型波压力包络图和物理模型波压力包络图吻合较好,说明本节构建的数值水槽可以有效模拟波浪与结构物相互作用。同时本节中,数值模型计算和物理模型试验得到的波峰作用时最大波浪压力值均比规范值要小,主要原因是规范设计中,为了保证结构的安全性,会增加安全性系数,从而会使规范值变大。最后,物理模型试验和数值模型计算中,均出现越浪现象,建议对胸墙进行适当加固。

4.1.5 结语

通过物理模型试验与计算的对比分析,得到如下结论:

(1)基于非线性波浪理论和源项造波理论,本节在动量方程中添加附加源项建立的二维数值波浪水槽,能够产生历时较长的稳定的非线性规则波浪,能够吸收波浪遇到建筑物产生的反射波,消除建筑物反射波的影响,计算结果与理论解析解吻合较好。

(2)计算结果表明,数值模型波压力包络图和物理模型波压力包络图吻合较好。与规范计算值进行对比发现,在波峰作用时,数值模型和物理模型值均比规范值小。

综上所述,本节所采用的动量源造波、消波方法原理清晰,形式简单,计算稳定,可以高效率地进行波浪对海上结构物的作用研究,并为实际工程方案的设计提供参考。

4.2　港池泊稳

波浪是海中近岸建筑物遭受的主要动力因素之一,当外海深水区的风浪或涌浪传播到海岸浅水区时,受水深、地形等因素的影响,波浪的传播速度、波长、波高、波面等都会发生明显的变化,准确计算这些因素的综合影响对海岸工程设计,特别是合理地布置防波堤,确保港内的泊稳度具有重要意义。随着理论的不断完善,国内外许多学者建立了多种模拟波浪近岸传播变形的数学模型,如基于射线理论的波浪数学模型、基于缓坡方程的波浪数学模型、基于 Boussinesq 型方程的波浪数学模型和基于能量平衡方程的波浪数学模型。不同的模型在实施预报时对波浪的能量输入、能量耗散、折射、绕射、浅水效应及反射等机理各有侧重,然而没有任何模型是可以应用于任意工程状况的,因此应用时需根据工程所在地的物理条件进行选择,以达到模拟所需的精度。

本节对 Mase 建立的考虑绕射项的基于能量平衡方程的多向随机波传播数学模型进行了以下改进：采用 Kirby 和 Dalrymple 提出的适用于各种水深的非线性弥散关系，提高模型计算浅水波浪变形的精度；将我国《港口与航道水文规范》(JTS145—2015)推荐的文氏谱和其他方向分布函数加入原模型中，丰富了模型的波谱和方向函数选择，能够更好地模拟我国近海的波浪变化，应用范围更广。本节利用改进的模型对双突堤和岛式防波堤的绕射系数图进行了计算，并与《港口与航道水文规范》(JTS145—2015)图进行了对比分析，证明了此模型的可靠性，为工程中海洋环境预报提供了有力的工具。

4.2.1 能量平衡方程

1. 控制方程

能量平衡方程是适用于大海域的波浪预报模型。在定常状态下，考虑能量耗散项的能量平衡方程为

$$\frac{\partial(v_x S)}{\partial x}+\frac{\partial(v_y S)}{\partial y}+\frac{\partial(v_\theta S)}{\partial \theta}=-\varepsilon_b S \tag{4.2.1}$$

式中，S 表示方向谱密度函数；ε_b 为能量耗散系数，包括波浪破碎能量耗散和底摩擦能量耗散；v_x、v_y 和 v_θ 分别表示波浪沿 x、y 和 θ 方向的传播速度（θ 为波向与 x 轴正方向夹角，逆时针为正），计算可采用下式：

$$(v_x,v_y)=\frac{\partial \omega}{\partial k}\hat{s}=(C_g\cos\theta,C_g\sin\theta)$$

$$v_\theta=-\frac{1}{k}\frac{\partial \omega}{\partial k}\frac{\partial k}{\partial \vec{n}}=\frac{C_g}{C}\left(\sin\theta\frac{\partial C}{\partial x}-\cos\theta\frac{\partial C}{\partial y}\right) \tag{4.2.2}$$

式中，$\hat{s}$ 和 $\vec{n}$ 分别表示波浪传播方向和其法线方向，C_g 和 C 分别表示波群速度和相位速度。

2. 绕射项的导入

波浪的绕射项可由 Radder 提出的缓坡波浪模型推导出。包含耗散项的缓坡方程可以写成如下形式：

$$2ikCC_g A_x+\mathrm{i}(kCC_g)_x A+(CC_g A_y)_y=-ikC\varepsilon_b A \tag{4.2.3}$$

式中，k 为波数，A 为复数波幅。式(4.2.3)等式两侧同时乘 A^*（振幅 A 的共轭）与式(4.2.2)等式两侧同时乘 A 求和，并利用波能与振幅存在的关系 $E\propto|A|^2$，可以得到上述方程式的实部和虚部分别为

$$(C_g E)_x=-\varepsilon_b E,(CC_g E_y)_y-CC_g E_{yy}/2\cong 0 \tag{4.2.4}$$

利用以上关系，并以波谱密度 S 代替波能 E，Mase 给出了修正的考虑波浪

绕射作用的能量平衡方程，其表达式如下：

$$\frac{\partial(v_x S)}{\partial x} + \frac{\partial(v_y S)}{\partial y} + \frac{\partial(v_\theta S)}{\partial \theta} = -\varepsilon_b S + \frac{\kappa}{2\omega}\left[(CC_g \cos^2\theta S_y)_y - \frac{1}{2}CC_g \cos^2\theta S_{yy} \right]$$

$$(4.2.5)$$

式中，ω 表示角频率，S_y 和 S_{yy} 分别表示谱密度函数对空间坐标 y 的一阶导数和二阶导数，系数 κ 为自由参数，通过其改变绕射的影响程度，按工程试验可取 $\kappa = 2.5$。

3. 非线性弥散关系

通过非线性弥散关系来考虑波浪的非线性效应是一种切实可行的方法，本节采用 Kirby 和 Dalrymple 提出的一个将 Stokes 弥散关系与 Hedges 经验关系相统一的适用于各种水深的弥散关系：

$$\omega^2 = gk\left[1 + f_1\mu^2 D\right]\tanh\left[kh + f_2\mu\right] \tag{4.2.6}$$

式中，k 为波数，h 为水深，参数 μ、D、f_1 和 f_2 按下式计算：

$$\begin{cases} \mu = kH/2, \\ D = \left[\cosh(4kh) + 8 - 2\tanh^2(kh)\right]/\left[8\sinh^2(kh)\right], \\ f_1 = \tanh^5(kh), \\ f_2 = \left[\dfrac{kh}{\sinh(kh)}\right]^4 \text{。} \end{cases} \tag{4.2.7}$$

4.2.2 有限差分方程的建立

1. 控制方程的离散

由于数值耗散项以二阶导数形式表示，与波浪绕射项相类似，为了阻止这种不同于绕射项的数值耗散的生长，采用二次逆风差分格式——QUICK 对方程进行离散，方程左侧第一项离散化后如下：

$$\frac{\partial(v_{x_n}S)}{\partial x} = (S_n^{ijk} v_{x_n}^{(i+1)jk} - S_n^{(i-1)jk} v_{x_n}^{ijk})/\delta x \tag{4.2.8}$$

第二项采用 QUICK 差分格式进行离散：

$$\begin{aligned} \frac{\partial(v_{y_n}S)}{\partial y} = \frac{1}{16\delta y}\{ & v_{y_n}^{i(j+1)k}(-S_n^{i(j+2)k} + 9S_n^{i(j+1)k} + 9S_n^{ijk} - S_n^{i(j-1)k}) \\ & - v_{y_n}^{ijk}(-S_n^{i(j+1)k} + 9S_n^{ijk} + 9S_n^{i(j-1)k} - S_n^{i(j-2)k}) \} \\ + \frac{1}{16\delta y}\{ & |v_{y_n}^{i(j+1)k}|(S_n^{i(j+2)k} - 3S_n^{i(j+1)k} + 3S_n^{ijk} - S_n^{i(j-1)k}) \\ & - |v_{y_n}^{ijk}|(S_n^{i(j+1)k} - 3S_n^{ijk} + 3S_n^{i(j-1)k} - S_n^{i(j-2)k}) \} \end{aligned}$$

$$(4.2.9)$$

在 j 的边界处,采用一阶逆风差分格式进行离散:

$$\frac{\partial(v_{y_n}S)}{\partial y}=\frac{1}{2\partial y}\{(S_n^{i(j+1)k}+S_n^{ijk})v_{y_n}^{i(j+1)k}-(S_n^{ijk}+S_n^{i(j-1)k})v_{y_n}^{ijk}\}$$

$$-\frac{\beta}{2\delta y}\{(S_n^{i(j+1)k}+S_n^{ijk})|v_{y_n}^{i(j+1)k}|-(S_n^{ijk}+S_n^{i(j-1)k})|v_{y_n}^{ijk}|\}$$

$$(4.2.10)$$

式中,β 为权重系数,本节采用 $\beta=1.0$。式(4.2.5)等号左侧的第三项同样采用 QUICK 格式进行离散,离散方式同第二项。方程右侧的绕射项采用中心差分格式离散,最终得到式(4.2.5)的有限差分形式如下:

$$A_1S_n^{ijk}+A_2S_n^{i(j-2)k}+A_3S_n^{i(j-1)k}+A_4S_n^{i(j+1)k}$$

$$+A_5S_n^{i(j+2)k}+A_6S_n^{ij(k-2)}+A_7S_n^{ij(k-1)}$$

$$+A_8S_n^{ij(k+1)}+A_9S_n^{ij(k+2)}=-BS_n^{(i-1)jk}$$

$$(i=1,\cdots,I;j=1,\cdots,J;k=1,\cdots,K;n=1,\cdots,N) \qquad (4.2.11)$$

式中,i、j 分别表示 x 和 y 方向的网格数,n、k 分别表示方向谱离散后的频率数和方向数。Mase 给出了系数 $A_1 \sim A_9$ 和 B 的表达式。采用高斯赛德尔理论求解离散后的差分方程组,可以保证计算的速度和稳定性。

2. 入射边界条件

(1)波浪频谱。20 世纪 80 年代末,文圣常提出了文氏谱。此谱是由理论导出的,谱中包含的参数很容易求得,精确度高于 JONSWAP 谱,且适用于深、浅水,通过检验证明与实测资料相符合。该谱已被列入我国《港口与航道水文规范》,作为规范谱使用。谱函数中引入尖度因子 P 和浅水因子 H^*,其表达式分别如下。

1)对于深水水域,当水深 d 满足 $P=95.3H_s^{1.35}/T_s^{2.7}$,且满足 $1.54 \leqslant P \leqslant 6.77$,$H^*=H/d=0.626H_s/d \leqslant 0.1$。令 $y_d=1.522-0.245P+0.002\ 92P^2$,则波浪频谱的形式为

$$S(f)=\begin{cases}0.068\ 7H_s^2T_sP\times\exp\left\{-95\left[\ln\dfrac{P}{y_d}\right]\times(1.1T_sf-1)^{\frac{12}{5}}\right\}, & 其他 \\ 0.082\ 4H_s^2T_s^{-3}y_df^{-4}, & f>1.05/T_s\end{cases}$$

$$(4.2.12)$$

2)对于有限深度水域,当 $0.5 \geqslant H^* \geqslant 0.1$,且尖度因子 P 满足 $1.27 \leqslant P \leqslant 6.77$ 时,令 $y_s=\dfrac{1.307-1.426H^*}{5.813-5.137H^*}\times(6.77-1.088P+0.013P^2)$,则波浪频谱为

$$S(f) = \begin{cases} 0.068\ 7H_s^2 T_s P \times \exp\left\{-95\left[\ln\dfrac{P}{y_s}\right] \times (1.1T_s f-1)^{\frac{12}{5}}\right\}, & \text{其他} \\ 0.068\ 7H_s^2 T_s y_s \left(\dfrac{1.05}{fT_s}\right)^m, & f > 1.05/T_s \end{cases}$$

(4.2.13)

式中，$m = 2(2-H^*)$。

应指出的是，当 f 较小时，式中的 $(1.1T_s f-1)$ 的值是负值，此时应用 $[(1.1T_s f-1)^2]^{1.2}$ 代替，以保证谱密度不为负值。

（2）方向分布函数。《港口与航道水文规范》中采用的是与频率无关的方向分布函数，即

$$G(f,\theta) = G(\theta) = C(n)\cos^{2n}(\theta-\theta_0), \qquad \left|\theta-\theta_0 < \frac{\pi}{2}\right| \tag{4.2.14}$$

式中，θ 为组成波的方向，θ_0 为主波向；n 表示波能方向分布的集中程度，n 值越大，波能的方向分布越集中。当 $n=1$ 时，$C(1) = 2/\pi$；当 $n=2$ 时，$C(2) = 8/(3\pi)$。

3. 边界条件

为满足有限差分的数值计算，在计算区域外层设置一层虚拟的网格单元，当网格单元所在位置为开放外海时，设其波谱密度等于位于计算区域边缘的网格单元的波谱密度；当网格单元所在位置为沙滩等天然消波地形，则其波谱密度设置为零；当实际需要考虑波浪反射时，则设置可能产生较大反射的区域（障碍物附近）的位置作为输入条件，并根据反射程度的不同，设定反射系数，按照 x 和 y 方向的反射情况分别进行计算。

开边界

$$S(x,y+\delta y,f,\theta) = S(x,y,f,\theta) \tag{4.2.15}$$

吸波边界

$$S(x,y+\delta y,f,\theta) = 0 \tag{4.2.16}$$

反射边界

$$\begin{cases} y: S(x,y+\delta y,f,-\theta+2\alpha) = K_{ry}^2 S(x,y,f,\theta) \\ x: S(x+\delta x,y,f,-\theta+2\alpha) = K_{rx}^2 S(x,y,f,\theta) \end{cases} \tag{4.2.17}$$

式中，K_{ry} 表示 y 方向的反射系数，K_{rx} 表示 x 方向的反射系数，α 为建筑物与 x 轴的夹角。

4.2.3　绕射系数图的绘制

为了验证此模型在波浪模拟中的有效性,本节对随机波浪经过等水深双突堤和岛式防波堤后的波高变化进行了数值模拟,将计算结果分别按照入射角度 $\theta_0=90°$、$45°$ 和 $\theta_0=90°$、$60°$、$30°$,宽度比 $B/L=2$、4、6、8 和 $l/L=4$、6、8 绘制成绕射系数诺模图,并与《海港水文规范》进行对比。其中,B 表示双突堤口门宽度,L 表示入射波长,l 表示岛堤长。

计算采用入射波高和周期分别为 3 m 和 8 s,波长 $L \approx 100$ m,水深 12 m。波浪频谱采用文氏谱,方向函数选用规范中采用的形式,对方向分布参数 $n=1$ 和 $n=2$ 的情况分别进行计算。计算网格尺度为 $\Delta x \times \Delta y = 10$ m$\times 10$ m,频谱的频率总数取 10,方向函数的方向总数取 36。

图 4.2.1 和图 4.2.2 给出了不同角度入射情况下,双突堤后波浪模型的计算结果和规范的波高比等值线比较图。图中实线为模型计算结果,虚线为规范结果。其中,(a)(c)(e)(g)为方向分布参数 $n=1$ 的情况下,B/L 分别为 2~8 时双突堤后绕射系数对比图;(b)(d)(f)(h)为方向分布参数 $n=2$ 的情况下,B/L 分别为 2~8 时双突堤后绕射系数对比图。从图 4.2.1 正向入射绕射系数图中可以看出 $n=1$ 和 $n=2$ 的趋势大致相同:小口门($B/L=2$)情况下,0.4~0.8 等高线计算结果与规范吻合较好,其余等高线计算结果相对于规范偏小;大口门($B/L=8$)情况下等高线计算结果基本与规范吻合,中尺度($B/L=6$)吻合情况介于两者之间。

图 4.2.2 为斜向 45°入射绕射系数图,其趋势与正向入射略有差异:$n=1$ 时,小口门的 0.3~0.7 等高线计算结果与规范十分接近,其余值偏小;中、大口门的计算结果较规范略小;$n=2$ 时,小、中口门多数等高线计算结果与规范吻合良好,大口门计算结果较规范略小。

图 4.2.3 和图 4.2.4 给出了不同角度入射情况下,岛式防波堤后波浪模型的计算结果和规范的绕射系数等值线对比图。其中,图 4.2.3 为 90°入射时不同宽度的岛式防波堤后绕射系数对比图,图 4.2.4(a)(b)(c)和(d)(e)(f)分别为方向 60°和 30°时各宽度的岛式防波堤后绕射系数对比图。图中实线为波浪模型计算结果,虚线为规范值。总结图中等高线的规律如下:正向入射时,堤外 0.9 等高线计算值比规范值小,堤内等高线计算值比规范值略大;斜向 60°入射时,0.9 等高线计算值比规范值小,0.8 等高线计算结果与规范值吻合较好,其余等高线计算值比规范值大;斜向 30°入射时,0.4~0.7 等高线计算值比较接近规范值,0.8~0.9 等高线计算值偏小。

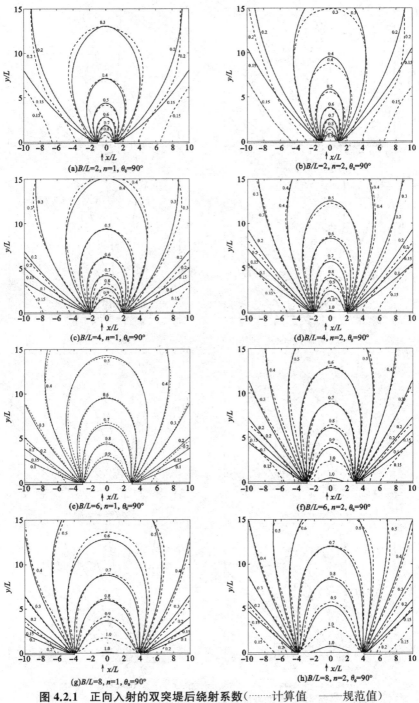

(a)B/L=2, n=1, θ₀=90°

(b)B/L=2, n=2, θ₀=90°

(c)B/L=4, n=1, θ₀=90°

(d)B/L=4, n=2, θ₀=90°

(e)B/L=6, n=1, θ₀=90°

(f)B/L=6, n=2, θ₀=90°

(g)B/L=8, n=1, θ₀=90°

(h)B/L=8, n=2, θ₀=90°

图 4.2.1 正向入射的双突堤后绕射系数(┈┈计算值 ——规范值)

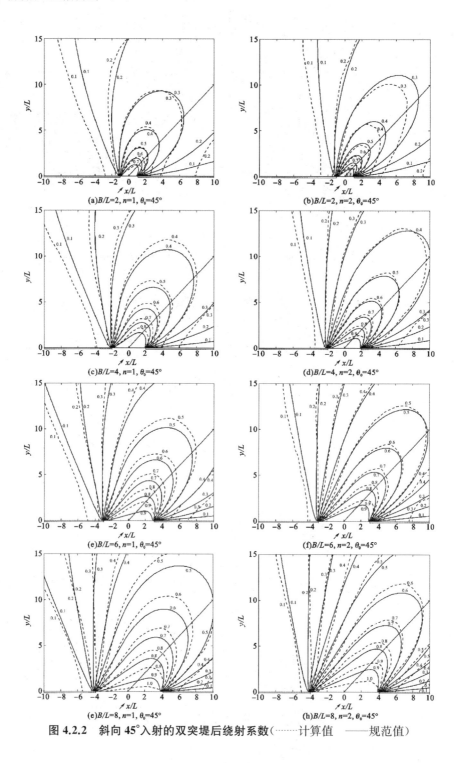

图 4.2.2 斜向 45°入射的双突堤后绕射系数(┈┈┈计算值 ——规范值)

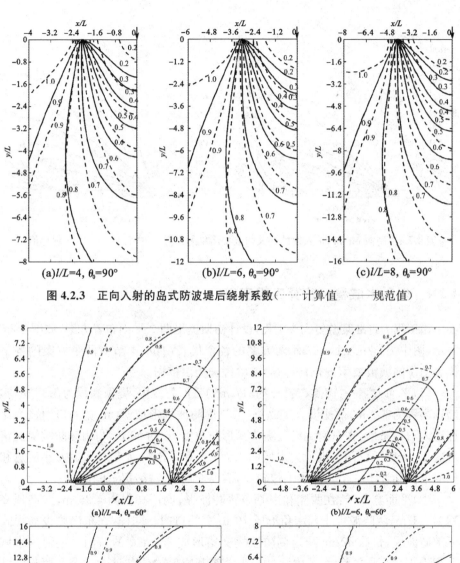

图 4.2.3　正向入射的岛式防波堤后绕射系数（┄┄┄计算值　━━━规范值）

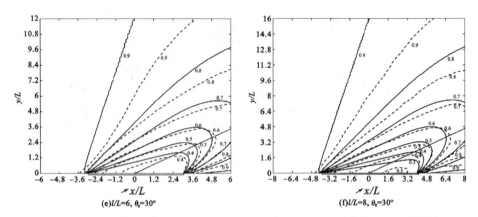

图 4.2.4 斜向 60°和 30°入射的岛式防波堤后绕射系数（┄┄┄计算值 ——规范值）

4.2.4 堤后水域稳况验算工程应用

该工程为青岛某游艇码头工程,设计初期提出两个平面布置方案,如图 4.2.5 所示,图中 A1,…,B1,…表示两方案的各个代表泊位,本节对两个方案的各个代表泊位的波浪要素进行计算,为方案优选提供依据。

(1)平面方案一:南侧布置长约317 m的弧形防波堤,堤顶高程为 5.35 m,胸墙顶高程为 6.1 m,西侧设人工礁石,与弧形防波堤形成 70 m 宽的口门。为保证港内泊稳条件,在东南侧设岛堤式弧形防波堤,长约 60 m,与南侧防波堤交错形成 30 m 宽的口门。港池内水域面积为 6.5 万平方米,水域内大、中、小游艇和帆船泊位共计 100 个。深水泊位较少,需要交通船连接浮码头和陆域。

(2)平面方案二:在西侧和南侧布置防波堤,堤顶高程为 4.25 m,胸墙顶高程为 5.1 m,两防波堤于西南角形成 70 m 宽的口门。同样,在东南侧设岛堤式弧形防波堤,长约 60 m,与南侧防波堤交错形成 25 m 宽的口门。港池内水域面积为 4.1 万平方米,水域内大、中、小游艇和帆船泊位共计 100 个。两侧防波堤与陆上连接,交通方便。

计算时,波浪谱采用 JONSWAP 频谱,其中 $\gamma=3.3$,方向分布函数为光易方向函数。θ 空间划分为 36 个,频率个数为 10。方案一的计算区域为 400 m× 460 m,网格剖分为 1.44 m×1.44 m;方案二的计算区域为 388 m×380 m,网格剖分为 2 m×2 m。通过对两种平面布置方案在不同水位、不同波向情况下的波浪场进行数值模拟,推算设计高水位时 2 年一遇、50 年一遇和极端高水位时 50 年一遇波况下港池内累积频率分别为 1%、4%和 13%的波高,各波况组合见

表4.2.1,为决策者的方案选择提供依据。将计算结果绘成波浪场图,见图 4.2.6
和图 4.2.7。

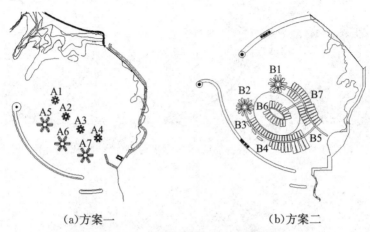

(a)方案一　　　　　　　　　　　(b)方案二

图 4.2.5　某游艇码头平面布置方案

表 4.2.1　波况组合

重现期及水位 (理论深度基准面)	方向	对应点波浪要素		
		H_s(m)	$\overline{T}$(s)	T_s(s)
50 年极端高水位 5.32 m	S	1.76	5.23	5.81
	SE	1.50	4.72	5.24
	SW	2.36	6.02	6.68
50 年设计高水位 4.1 m	S	1.61	5.00	5.55
	SE	1.15	4.10	4.55
	SW	2.35	5.99	6.65
2 年设计高水位 4.1 m	S	1.03	4.03	4.47
	SE	0.90	3.67	4.07
	SW	1.56	4.92	5.46

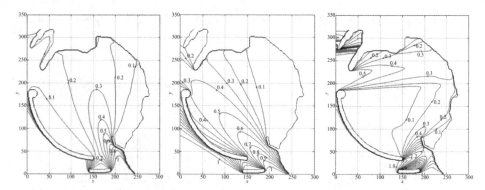

（a）设计高水位 2 年一遇波浪场：自左至右分别为 S 向、SE 向、SW 向

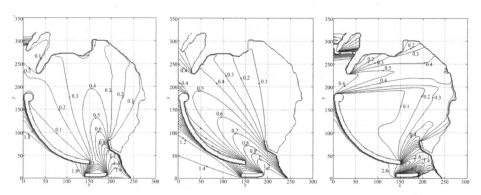

（b）设计高水位 50 年一遇波浪场：自左至右分别为 S 向、SE 向、SW 向

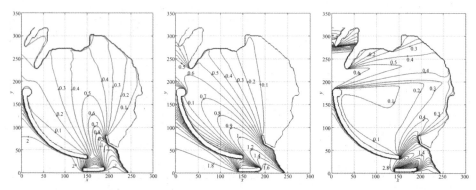

（c）极端高水位 50 年一遇波浪场：自左至右分别为 S 向、SE 向、SW 向

图 4.2.6　游艇码头方案一各波况组合下港池内的波浪场

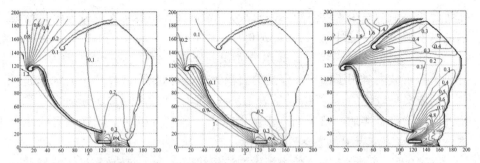

(a)设计高水位 2 年一遇波浪场:自左至右分别为 S 向、SE 向、SW 向

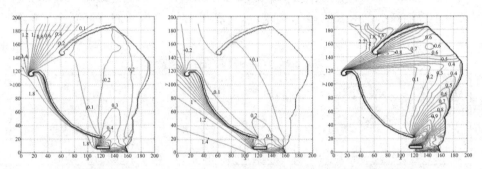

(b)设计高水位 50 年一遇波浪场:自左至右分别为 S 向、SE 向、SW 向

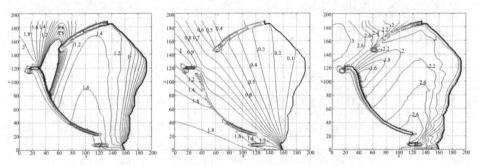

(c)极端高水位 50 年一遇波浪场:自左至右分别为 S 向、SE 向、SW 向

图 4.2.7 游艇码头方案二各波况组合下港池内的波浪场

关于游艇码头的水域泊稳条件现行规范并没有进行明确的规定,但一些参考文献和专家建议泊位处的波高需要在 0.1～0.3 m 之间,并且要保证回旋水域内的波高状况满足航行条件。对于浮式码头,由于其对波高变化的适应能力略高,这个限制可以放宽到 0.5 m。

采用两个参数评估两个方案的港池的泊稳状况。一个是代表泊位的波高,作为游艇靠泊的一个重要参数,计算结果见表 4.2.2 和表 4.2.3;另一个是港池内波高不超过某个统计值(如 0.1 m,0.2 m,0.3 m,0.4 m,0.5 m,0.6 m,0.7 m,0.8 m 和 1 m)的水域面积与计算水域面积的比率,简称波高不超过比率,用以分析堤后水域内可用于回旋和停泊的面积大小情况,拥有波高较小的水域面积较大的方案是较优的,计算结果见表 4.2.4。图 4.2.8 和图 4.2.9 分别通过图形统计的方式更直接地给出了两个参数的结果。通过分析两个候选方案的两个参数,为方案决策者提供方案选择依据。

由表 4.2.2 可知,方案一的水域内的泊稳状况在 SW 向较好,$H_{4\%}$ 波高基本均低于 0.5 m;SE 向最差,泊位 A6 和 A7 的波高 $H_{4\%}$ 和 $H_{13\%}$ 均高于 0.5 m,这是由于极端高水位时发生越浪导致,可见越浪对堤后水域的波高状况影响较大。

表 4.2.2　方案一代表泊位的波高

代表泊位和水深（m）	累积频率波高	波高（m）								
		2 年一遇设计水位			50 年一遇设计水位			50 年一遇极端水位		
		S	SE	SW	S	SE	SW	S	SE	SW
A1 6.35	$H_{13\%}$	0.149	0.292	0.089	0.210	0.346	0.099	0.255	0.443	0.111
	$H_{4\%}$	0.189	0.369	0.113	0.266	0.437	0.126	0.323	0.559	0.141
A2 6.71	$H_{13\%}$	0.176	0.324	0.046	0.251	0.383	0.055	0.305	0.490	0.070
	$H_{4\%}$	0.223	0.409	0.058	0.317	0.483	0.070	0.386	0.618	0.089
A3 6.58	$H_{13\%}$	0.251	0.308	0.058	0.351	0.365	0.084	0.420	0.467	0.098
	$H_{4\%}$	0.317	0.389	0.074	0.443	0.461	0.107	0.530	0.589	0.124
A4 5.93	$H_{13\%}$	0.305	0.150	0.151	0.404	0.186	0.236	0.469	0.238	0.240
	$H_{4\%}$	0.385	0.190	0.191	0.509	0.235	0.298	0.591	0.301	0.305
A5 7.08	$H_{13\%}$	0.088	0.376	0.060	0.127	0.447	0.066	0.157	0.584	0.09
	$H_{4\%}$	0.112	0.475	0.076	0.161	0.563	0.084	0.199	0.735	0.114
A6 7.05	$H_{13\%}$	0.103	0.434	0.070	0.155	0.518	0.082	0.192	0.677	0.109
	$H_{4\%}$	0.131	0.547	0.090	0.196	0.652	0.104	0.243	0.851	0.138
A7 6.67	$H_{13\%}$	0.250	0.511	0.128	0.378	0.607	0.199	0.460	0.789	0.219
	$H_{4\%}$	0.316	0.643	0.162	0.478	0.762	0.252	0.580	0.989	0.277

表 4.2.3 方案二代表泊位的波高

代表泊位和水深（m）	累积频率波高	波高（m）								
		2 年一遇设计水位			50 年一遇设计水位			50 年一遇极端水位		
		S	SE	SW	S	SE	SW	S	SE	SW
B1 4.2	$H_{13\%}$	0.081	0.092	0.020	0.107	0.096	0.035	1.261	0.396	1.774
	$H_{4\%}$	0.103	0.117	0.025	0.136	0.122	0.044	1.549	0.498	2.143
B2 6.7	$H_{13\%}$	0.025	0.102	0.016	0.031	0.098	0.025	1.067	0.734	1.631
	$H_{4\%}$	0.032	0.129	0.020	0.039	0.124	0.032	1.331	0.921	2.012
B3 6.77	$H_{13\%}$	0.018	0.091	0.017	0.023	0.087	0.026	1.173	0.812	1.760
	$H_{4\%}$	0.023	0.116	0.022	0.029	0.110	0.033	1.460	1.018	2.166
B4 6.65	$H_{13\%}$	0.016	0.086	0.018	0.022	0.082	0.029	1.269	0.856	1.87
	$H_{4\%}$	0.020	0.109	0.023	0.028	0.104	0.037	1.577	1.072	2.295
B5 4.0	$H_{13\%}$	0.147	0.118	0.110	0.200	0.124	0.193	1.274	0.411	2.126
	$H_{4\%}$	0.186	0.149	0.139	0.253	0.157	0.244	1.562	0.517	2.531
B6 3.55	$H_{13\%}$	0.127	0.069	0.065	0.170	0.073	0.109	1.176	0.243	1.976
	$H_{4\%}$	0.161	0.088	0.082	0.215	0.093	0.138	1.441	0.307	2.350
B7 5.6	$H_{13\%}$	0.069	0.122	0.021	0.093	0.123	0.038	1.302	0.549	1.884
	$H_{4\%}$	0.088	0.155	0.027	0.118	0.156	0.048	1.610	0.690	2.297

　　由图 4.2.6 和 4.2.7 以及表 4.2.2 和 4.2.3 可知,在设计水位时,堤后掩护水域内各个方向的泊稳条件均较好,低于 0.5 m;而在极端高水位时,由于发生越浪溢流,水位超过堤顶高程,导致堤后掩护水域的泊稳状况较差,绝大部分泊位波高超过 0.5 m,有的甚至达到 2 m,这将不利于游艇停泊。可见,发生越浪溢流时,堤后掩护水域的泊稳受影响较大。

　　由图 4.2.6 和图 4.2.7 可以看出,防波堤对 SW 向的波浪抵挡能力较其他方向稍差,但差别不大。从图 4.2.8 可以看出,在 2 年一遇设计高水位和 50 年一遇设计高水位的组合波况下,各代表泊位的波高值较小,均在 0.3 m 以下,泊稳条件良好;但在 50 年一遇极端高水位下,防波堤被淹没,港池内波高值较大,尤其以 S 向和 SW 向明显,波高均超过 1.0 m。

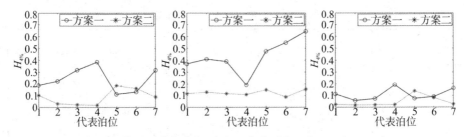

(a)2年一遇设计高水位:自左至右分别为 S 向、SE 向、SW 向

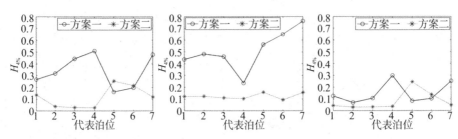

(b)50年一遇设计高水位:自左至右分别为 S 向、SE 向、SW 向

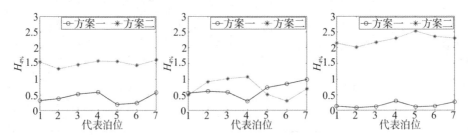

(c)50 年一遇极端高水位:自左至右分别为 S 向、SE 向、SW 向

图 4.2.8　两个平面方案在不同水位和波况下的代表泊位的 $H_{4\%}$ 波高

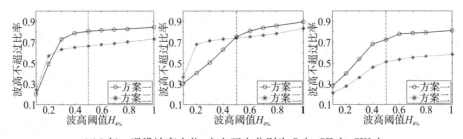

(a)2年一遇设计高水位:自左至右分别为 S 向、SE 向、SW 向

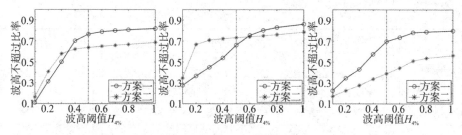

（b）50 年一遇设计高水位：自左至右分别为 S 向、SE 向、SW 向

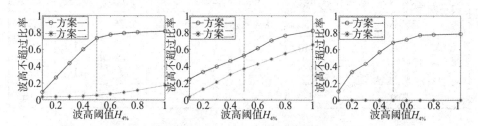

（c）50 年一遇极端高水位：自左至右分别为 S 向、SE 向、SW 向

图 4.2.9　不同条件下 $H_{4\%}$ 波高低于某阈值的港池水域利用面积系数

从表 4.2.4 和图 4.2.9 可以看出，方案二的港池水域可利用面积比方案一的要小，这主要是由于方案二的港池较小。但波高不超过 0.5 m 的面积比率在设计高水位下的 S 和 SE 向，方案二要高于方案一，其余情况下方案二均低于方案一。

表 4.2.4　两方案的有效水域面积（方案一可利用海域面积为 1.3×10^5 m²，方案二可利用海域面积为 1.4×10^5 m²）

重现期和水位	方向	波高小于 0.5 m 的水域面积（$\times 10^5$ m²）				波高小于 1 m 的水域面积（$\times 10^5$ m²）			
		$H_{13\%}$		$H_{4\%}$		$H_{13\%}$		$H_{4\%}$	
		方案一	方案二	方案一	方案二	方案一	方案二	方案一	方案二
2 年一遇设计水位	S	1.15	0.89	1.14	0.87	1.31	1.12	1.19	0.96
	SE	1.15	0.99	1.06	0.97	1.41	1.27	1.26	1.09
	SW	1.10	0.70	1.02	0.68	1.16	0.79	1.14	0.76

(续表)

重现期和水位	方向	波高小于 0.5 m 的水域面积 （×10⁵ m²）				波高小于 1 m 的水域面积 （×10⁵ m²）			
		$H_{13\%}$		$H_{4\%}$		$H_{13\%}$		$H_{4\%}$	
		方案一	方案二	方案一	方案二	方案一	方案二	方案一	方案二
50 年一遇设计水位	S	1.11	0.85	1.08	0.84	1.17	0.93	1.15	0.90
	SE	1.09	0.97	0.93	0.96	1.26	1.09	1.21	1.03
	SW	1.03	0.59	0.98	0.51	1.12	0.76	1.12	0.74
50 年一遇极端水位	S	1.10	0.10	1.03	0.07	1.17	0.35	1.15	0.23
	SE	0.91	0.58	0.75	0.49	1.21	0.97	1.16	0.86
	SW	1.02	0	0.96	0	1.12	0.0046	1.11	0.0018

综合以上分析,在设计水位下,两方案在各方向的泊稳条件基本满足要求,所设计防波堤能够保证掩护水域内的泊稳条件。而在极端高水位下,发生越浪,对堤后水域的影响较大。其中方案二发生越浪溢流,即水位漫过堤顶,导致堤后水域的泊稳状况很差。考虑到这点,方案一要优于方案二。

4.2.5 结语

本节对考虑绕射项的基于能量平衡方程的多向随机波浪传播模型进行了改进,提高了模型计算浅水变形的精度,防止了数值耗散的发生,丰富了模型的波谱和方向函数选择,能够更好地模拟波浪在近岸传播的折射、绕射、反射、能量耗散等现象,使模型的应用范围更加广泛。在此基础上,利用改进的模型对双突堤和岛式防波堤的绕射系数诺谟图进行了绘制,并与《港口与航道水文规范》(JTS145—2015)中的绕射系数诺谟图进行了对比。最后,将模型应用于青岛某游艇码头工程中,给出了两个平面布置方案的堤后水域的波况分布,对堤后水域的波高泊稳采用两个参数进行评价,为防波堤的平面布置和堤顶高程提供了参考。得到以下结论:

(1)正向入射双突堤的计算结果与规范值吻合良好;斜向入射时,参数 $n=2$ 的计算结果更接近规范值。

(2)岛式防波堤的计算值,普遍在堤外比规范值小,堤内较规范值大,大致上与规范值很接近,可以为工程所用。

（3）计算结果在口门处吻合情况较差，所有等高线均从堤沿处开始，这可能是由于波浪与建筑物的复杂作用有关。

（4）在游艇码头的工程应用计算中，在设计水位下，两方案在各方向的泊稳条件基本满足要求，而在极端高水位下，发生越浪和溢流，导致堤后水域的泊稳状况很差，需要进行详细评估。采用两个参数进行评价——代表泊位的波和波高不超过比率，分析了堤后水域内的泊位波高情况和可用于回旋与停泊的面积大小情况，得出方案一优于方案二的结论。

综上，本模型虽然在局部存在偏差，但仍可较好地计算波浪通过不同防波堤绕射下的港池泊稳状况。其偏差有待在今后的研究中作进一步改进。

4.3 越浪影响下的低高程防波堤堤后泊稳计算

近岸区域是海岸工程的集中区域，而波浪是海岸工程与近海工程设计所考虑的主要动力环境条件。为了研究港湾设施和港口建筑物的合理布局，必须了解波浪的传播和变形特性。在近岸，波浪受防波堤等海工建筑物的作用，会发生绕射与折射，从而对掩护水域波浪的分布产生明显的影响。在海港建设中，船只的平稳停泊及进行装卸作业，是实现海港功能的基础和海港建设中首要考虑的问题。这就要求波浪在防波堤或天然障碍物的掩护下，传至港内停靠区域时，波高必须小到一定的范围内，以保证足够的掩护面积和泊稳条件。因此，港内掩护水域的波浪研究，在港湾以及其他一些海岸工程中具有重要的意义，可为其规划和设计提供重要参考依据。

在港口设计中，考虑到成本节约和海岸景观，低高程的淹没式和可越浪式防波堤越来越受到青睐。对于这类防波堤堤后的掩护水域泊稳情况，需要对发生波浪传播和防波堤越浪现象时的堤后波况进行计算和评估。本节在4.2节中的考虑绕射项的基于能量平衡方程的多向随机波传播数学模型的基础上，添加考虑越浪对堤后水域泊稳状况影响的模块，以使其能够计算低堤顶高程的海堤在越浪影响下堤后掩护水域的泊稳状况，可间接对海堤的堤顶高程进行评估，为海堤设计者提供参考。最后，将改进的模型应用于青岛某游艇码头工程中，给出了两种防波堤选型方案的堤后水域的波况分布，对堤后水域的波高泊稳采用两个参数进行评价，为防波堤的选型提供了参考。

4.3.1 防波堤的波能传递

1. 波高传递率

防波堤,顾名思义,作用是防止波浪侵入堤坝内部保护区域。为此,需要把透过防波堤或因越浪进入堤内的波浪控制在最小限度内,但要完全阻止波浪侵入势必增加建造成本。另外,某些防止海岸侵蚀的岛堤,允许一定程度的波浪透过,其效果会更好。针对该问题的试验研究有很多,根据防波堤的各种结构型式,可以将传递波归为以下几类。

(1)混合式防波堤的传递波。这种情形是由越浪水体进入防波堤内侧保护区域而产生的波浪为主体,其控制参数为堤顶高和入射波高的比值。图 4.3.1 是日本学者合田良实归纳的规则波试验的结果。

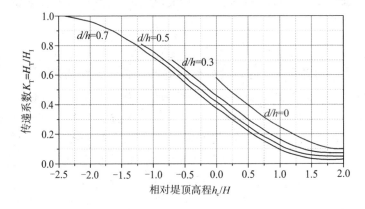

图 4.3.1　混合式防波堤的波高传递率

由越浪引起的传递波,因在越浪水体溅入时多产生周期为入射波周期 1/2 和 1/3 的谐波,所以周期有变短的倾向。图 4.3.2 是研究不规则波引起的越浪传递波周期变化的试验例子。

对于直立式防波堤,Kondo 和 Sato 给出了越浪传递系数的简单表达式:

$$K_T = 0.3\left(1.5 - \frac{h_c}{H_I}\right), 0 \leqslant \frac{h_c}{H_I} \leqslant 1.25 \tag{4.3.1}$$

式中,h_c 为防波堤在静水面以上的顶高。直立式防波堤前有消浪块体保护时,有如下经验公式:

$$K_T = 0.3\left(1.1 - \frac{h_c}{H_I}\right), 0 \leqslant \frac{h_c}{H_I} \leqslant 0.75 \tag{4.3.2}$$

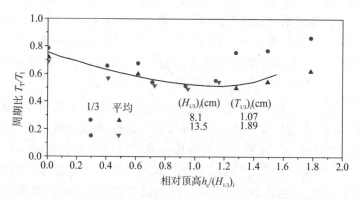

图 4.3.2 不规则波引起的混合式防波堤的越浪传递波的周期变化

式(4.3.2)对不规则波中每个波也可近似适用。这意味着越浪传递波的波高分布比瑞利分布的宽度还宽，由于波高大的单波其 h_c/H 值小，传递系数大。

（2）消波块体堆筑防波堤的传递波。许多位于水深较浅海域的防波堤的主体为混凝土消波块体，如四角锥块体等。此时，传递波主要为透过消波块体间空隙的入射波浪，一般地说波高传递系数与入射波的波陡成反比。图 4.3.3 为 Hattori 比较的模型试验与现场观测的结果。

（3）透过抛石防波堤的传递波。抛石堤内部的空隙要比消波块体堆筑堤的空隙小，因此，透过的波浪也小。根据现场观测，Thornton 和 Calhoun 发现浅水中其波高传递系

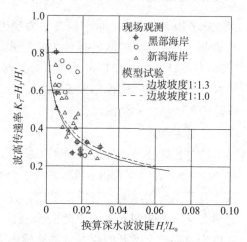

图 4.3.3 消波块体斜坡堤的传递系数

数是 $10\% \sim 30\%$。一般来说，周期长而波陡小的波浪可以产生较大的传递系数。不规则波作用下的抛石堤的透射波的试验研究似乎尚未进行，由于比尺效应，这类试验需要严格控制石头的尺寸。即便是抛石堤，如果堤顶较低，也会因越浪而产生传递波。特别是堤顶宽度很宽的潜堤，会伴有堤顶上的波浪破碎现象而使形态复杂化。

2. 传递波的传播

传递波在防波堤的内侧海域是如何扩散传播的，其原理目前还未研究透

彻。对于消波块体堆筑堤和抛石堤等以内部透过波浪为主体的情况,通常认为传递波以仅降低波高的形态继续传播。对于混合式防波堤因越浪而产生传递波的情况,因入射波是不规则波,波峰不连续,所以将沿防波堤而断断续续地产生越浪,传递波从各越浪水体进入地点以同心圆状向周围传播。此外,有时防波堤的布置形状会导致特定的地点容易引起越浪。但是,要确切地掌握这种情况是困难的,因此作为大致标准,需要假定前项的传递波是均匀传播的。如果越浪部分的长度有限制,宜引用绕射波从防波堤口门传播的方法。此外,模型试验报告指出,斜向入射引起的越浪传递波的波高传递率比直角入射时的波高传递率小 5% 左右。再者,斜向入射时的传递波方向比入射波的波向,有些偏向防波堤垂线方向。这是因为越浪引起的传递波周期会变短,故其波速比入射波的波速小,结果会产生和波浪折射相类似的现象。

4.3.2 考虑越浪影响的波浪传播模型的数值模型

本节以 4.2 节的能量平衡方程模型为基础,将越浪水体对堤后水域泊稳状况的影响方式看成波能的一种传递形式,将其分为波浪透过可渗防波堤(透射模块)和越过防波堤堤顶进入后方掩护水域(越浪模块)两种方式进行讨论。通过在原能量平衡方程模型中添加透射模块和越浪模块计算传递的能量,与外海直接传入的波能和防波堤绕射的波能线性迭加得到堤后掩护水域的波高。

1. 透射模块

透空式防波堤的设计和应用兴起于 20 世纪 70 年代,其具有保持堤内海水交换的能力,在海岸侵蚀区域、海水养殖区域或者深海钻井平台的外围防护区域具有重要而实际的工程应用价值,因此近年来该种防波堤结构的水动力特性的研究越来越受到海洋工程界的重视。但多数研究是在水槽试验的基础上或纯理论的基础上展开的对各种防波堤透射系数的研究,而极少针对解决港内带有潜堤及透浪式建筑物的总平面布置可行性研究的数值计算。本小节在前人研究的透射系数的基础上,将透射添加到波浪传播方程中,使得模型能够计算透空式防波堤堤后的波浪状况,给港口工程的平面布置及结构选型等提供参考。

波浪传至防波堤时,若防波堤为不透水结构,不考虑波能透射引起的能量传递,则防波堤后方的波能设置为零(该模块与绕射模块不同时计算)。若防波堤为透空式,考虑入射波能通过透空式防波堤的传递,防波堤后方透射波的波能根据防波堤前入射波的波能和透射系数的平方的乘积计算得到,该部分波能将作为防波堤后方的新的入射波能,继续沿波能传播方向向前传播。其波谱密

度为

$$S(x,y,f)=K_{tr}^2 S(x_{in},y_{in},f) \tag{4.3.3}$$

式中,K_{tr}为透射系数,(x_{in},y_{in})为透射波的起始网格单元的位置,即防波堤堤前的网格单元,其透射波能传递的方向与防波堤的轴线相垂直,如图 4.3.4 所示。模型计算时并不考虑防波堤宽度的影响,但是在传递系数 K_{tr} 的计算中已经考虑了该因素。

图 4.3.5 给出了入射波波谱和透射波波谱比较的示意图。其中实线代表入射波波谱,虚线代表透射波波谱。由于假定透射系数 K_{tr} 为与入射波条件、防波堤空隙率有关的常量,不随组成波的频率而改变,因此,透射波谱的形状与入射波谱的形状相似。实际上,波浪的透射系数与周期和波陡有关,波陡小、周期长的波其透射系数大。为工程应用简便起见,本模块假定透射系数不随周期改变,仅考虑波陡、水深、防波堤的形状和空隙率等因素。透射系数可以通过经验公式求得。

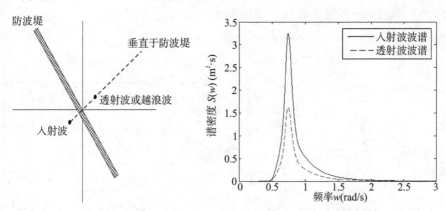

图 4.3.4　模型中透射波的传递方向示意图　　**图 4.3.5　入射波与透射波的波谱比较**

关于透射系数 K_{tr} 的计算,我国《防波堤与护岸设计规范》(JTS154—2018)根据模型试验的验证结果,也给出了单侧或双侧挡板桩基透空堤的透射系数的近似计算公式:

$$K_{tr}=\frac{H_t}{H_i}=\sqrt{\frac{(1-\xi)\sinh\dfrac{2\pi}{L}(d-t_0)\sinh\dfrac{2\pi}{L}(2d-t_0)}{\sinh\dfrac{2\pi}{L}\sinh\dfrac{4\pi d}{L}}} \tag{4.3.4}$$

$$\xi = \frac{H_i}{H_i + 0.5L} \exp\left[-\frac{t_0}{2(d-t_0)}\right] \tag{4.3.5}$$

式中,H_i 为入射波高,d 为堤前水深,t_0 为挡板的入水深度,L 为波长。

2. 越浪模块

当防波堤堤顶高程较低或发生极端高水位、极端风浪时,波浪将会越过防波堤进入堤后掩护区域,影响堤后水域的泊稳状况以及对后方护岸前的增水和结构稳定产生影响。

van der Meer 的研究表明,越浪将会使得入射波生成含有高频率组成波的传递波。原入射波谱中一部分低频区的波能通过防波堤发生越浪时传递到了传递波的高频区域,图 4.3.6 给出了一组试验测量得到的越浪波谱的形式。因此,模型中当发生越浪时,防波堤后方网格点的波谱密度设置如下:

$$S_{ot}(x,y,f) = K_{ot}^2\left[(1-K_r)S_{in}(x_{in},y_{in},f) + K_r S_{in}(x_{in},y_{in},f/2)\right] \tag{4.3.6}$$

式中,S_{ot} 为越浪波的频谱,S_{in} 为防波堤前的波浪频谱,K_{ot} 为越浪系数,K_r 是波能量由低频向两倍频分量转移的传递率。

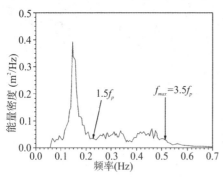

图 4.3.6　试验测量的越浪波谱

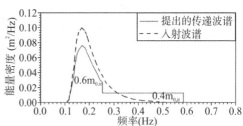

图 4.3.7　van der Meer(2000)提出的越浪波谱的表达方法

当波浪越过防波堤时,会发生波浪破碎和波谱各分量之间的非线性相互作用,这种非线性相互作用导致波能量由低次谐波向高次谐波转移。问题的关键是能量向更高次谐波的传递是从何处开始,在更高次谐波上有多少能量,以及能量是如何分布的。许多学者就 K_r 进行了研究,van der Meer 提出了一种越浪传递波的波谱密度分布形式,见图 4.3.7。图中,细线代表越浪传递波的总波能的 40% 被平均分布到了频率为 $1.5f_p$ 和 $3.5f_p$ 的组成波中(f_p 为入射波的峰频),频率大于 $3.5f_p$ 的组成波的能量设置为零。Carevic 等认为传递到高次谐波的能量依赖于入射波参数和结构几何形状,并对该分数值进行线性逼近,

以改进 van der Meer 等的模型。金
泽等认为传递波在主峰频处的波谱
形状与入射波谱的形状相似,在两倍
峰频处的组成波的波能要大于入射
波。图 4.3.8 给出了归一化的入射波
的波谱密度和模型中的越浪传递波
的波谱密度的示意图。图中,实线代
表越浪传递波的波谱,虚线代表入射
波的波谱。Carevic 等认为传递到高
次谐波的能量与入射波参数和结构
几何形状有关。他通过对该分数值

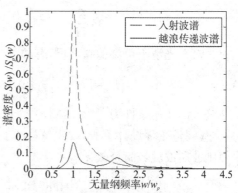

图 4.3.8　模型中越浪传递波的
波谱密度的示意图

进行线性逼近,改进了 van der Meer 等的模型,其公式如下:

$$K_r = E_{t1.5}/E_t - E_{i1.5}/E_i$$
$$= \max[0.071, (-2.71s_{op}+0.32)R_c/H_s + (-6.21s_{op}+0.71)] - E_{i1.5}/E_i$$

(4.3.7)

式中 $E_{t1.5}$ 表示透射波频谱中高频 $f > 1.5f_p$ 中的波能,E_t 表示透射波频谱的总
波能,$E_{i1.5}$ 表示入射波频谱中高频 $f > 1.5f_p$ 中的波能,E_i 表示入射波频谱的总
波能,s_{op} 表示波陡,R_c 表示防波堤的出水高度,H_s 表示入射波显著波高。

许多学者就越浪传递系数进行了实验研究,根据不同的计算条件可选用不
同形式的公式。

Goda 的越浪准则公式如下:

$$K_{ot} = 0.5\left[1 - \sin\frac{\pi}{2\alpha}\left(\frac{R_c}{H_i} + \beta\right)\right]$$

(4.3.8)

式中,$\alpha = 2.2, \beta = 0.25$。

对于传统的抛石防波堤,van der Meer 和 d'Angeremand 分别给出了经验
公式。

van der Meer 得到的越浪系数为

$$K_{ot} = a\frac{R_c}{D_{n50}} + b$$

(4.3.9)

式中,$a = 0.031 + \dfrac{H_i}{D_{n50}} - 0.024, b = -5.42s_{op} + 0.032\ 3\dfrac{H_i}{D_{n50}} - 0.017\left(\dfrac{B}{D_{n50}}\right)^{1.84} + 0.51$。

d'Angeremand 得到的越浪系数为

$$K_{ot} = -0.4\frac{R_c}{H_i} + 0.64\left(\frac{B}{H_i}\right)^{-0.31}(1 - e^{-0.5\xi}), B/H_i \leqslant 10$$

(4.3.10)

$$K_{ot} = -0.35\frac{R_c}{H_i} + 0.51\left(\frac{B}{H_i}\right)^{-0.65}(1-e^{-0.41\xi}), B/H_i > 10 \qquad (4.3.11)$$

对于光滑不可渗的斜坡堤,有如下公式:

$$K_{ot} = -0.3\frac{R_c}{H_i} + 0.75[1-\exp(-0.5\xi_{op})] \qquad (4.3.12)$$

该公式的适用条件为 $1<\xi_{op}<3;0°<\beta<70°;1<B/H_i<4$。

《海港工程设计手册》(2001)总结了几种斜面防波堤的经验公式,其中包含规则波防波堤经验公式:

$$\begin{cases} K_{t1}\big|_{R_c/H_s\leqslant 0} = \tanh\left[0.8\left(\left|\frac{R_c}{H_s}\right| + 0.038\frac{L}{H_s}K_B\right)\right]K_h \\ K_{t2}\big|_{R_c/H_s>0} = (K_{t1})_{\frac{R_c}{H_s}=0} - \tanh\left(0.5\frac{R_c}{H_s}\right) \end{cases} \qquad (4.3.13)$$

式中, $K_B = 1.5e^{-0.4B/H_s}(B/H_s=1\sim3)$, $K_h = 1.04-0.02h/H_s$, R_c 表示从静止水位到防波堤顶部的淹没深度, B 表示防波堤的顶部宽度, H_s 表示显著波高, L 表示波长。

《海港工程设计手册》对随机波的经验公式进行了改进:

$$\begin{cases} K_{t1}\big|_{R_c/H_s\leqslant 0} = 1-0.79\left[1+\tanh(0.61\frac{R_c}{H_s})\right]\tanh(0.41\frac{B}{H_s}) \\ K_{t2}\big|_{R_c/H_s>0} = (K_{tr1})_{\frac{R_c}{H_s}=0} - 0.33\frac{R_c}{H_s} \end{cases} \qquad (4.3.14)$$

对于多向不规则波,研究表明越浪传递波的方向散射系数要比入射波的大,但将这种变化概括归纳成公式比较困难,目前也没有相关的研究成果。因此,在本节的越浪模块中,假定越浪传递波的方向分布的特征与入射波的相同,不发生变化。

4.3.3 模型验证

为验证该模块的可行性,将添加透射模块和越浪模块的波浪模型分别应用于相应的物理模型试验中,将数值模型的计算结果与物理模型试验作比较。

1. 透射模块的验证

将添加透射模块的波浪模型应用于透射性建筑物的多向不规则波浪变形的试验地形,并将计算结果与实验值作比较。图 4.3.9 给出了试验的平面布置。图中试验水池水深 0.3 m,水池中央放置一长 5 m 的透水防波堤,其透过率为 0.5。坐标布置如图所示,原点位于防波堤前侧的中心, x 轴与防波堤轴线平行, y 轴垂直于防波堤。入射不规则波的有效波高为 5 cm,有效周期为 1.12 s,采用 Bretschneider-光易型方向谱形式，$S_{max}=25$，入射波的主波向垂直于防波堤。

数值计算中，取网格步长 $dx=dy=0.05$ m，计算区域为 $x \times y=15$ m $\times$ 5 m。图 4.3.10 给出了防波堤后方平行于 x 轴的三个断面($y/L=0.62$，$y/L=1.24$，$y/L=1.86$)的计算波高分布与实验观测值的比较。图中对波高进行了无量纲化处理，y 轴代表当地波高与入射波高之比 H/H_i，L 为入射波

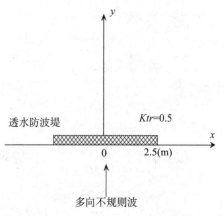

图 4.3.9　透水防波堤的透射实验布置

有效波周期对应的波长(1.61 m)。由(a)防波堤后方 $y/L=0.62$ 的断面可以看出，后方中央位置 $x=0$ 附近，计算得到的无因次波高与实验观测结果一致；在防波堤堤头位置，计算结果要比实验观测值略小。(b)断面 $y/L=1.24$ 和(c)断面 $y/L=1.86$ 距离防波堤较远的情况，计算结果和实验观测值的吻合程度要优于距离防波堤较近的断面，同样，在防波堤中央线位置处，(b)和(c)两个断面的计算结果和实验观测值更接近。

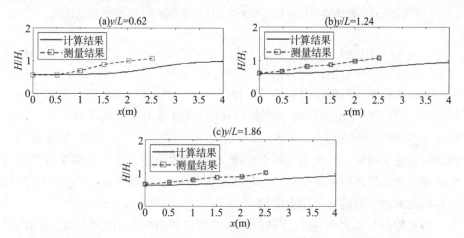

图 4.3.10　防波堤后三个断面的波高计算结果与实验值比较

图 4.3.11 比较了防波堤中心垂线上三个点($y/L=0.31$，$y/L=0.62$，$y/L=1.24$)的计算波谱和实验观测波谱，横轴为无量纲频率 f/f_p，纵轴为无量纲波谱密度 $S/S_i(f_p)$，实线为计算结果，虚线为实验观测值。

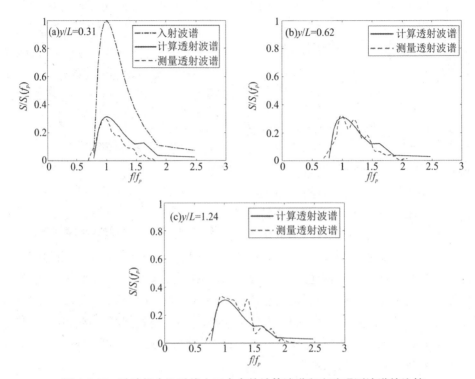

图 4.3.11　防波堤中心垂线上三个点的计算波谱和实验观测波谱的比较

图 4.3.11 中,(a)$y/L=0.31$ 位置处,图中给出了入射波的波谱形状,可以看出模型计算的波谱形状与入射谱的形状相似,这一点在上文已有提及;比较图中的计算得到的透射波谱和实验测量的透射波谱可以看出,两者形状大致相同,但实验测量的透射谱的峰频向左偏移,即透射后的波谱的峰频比入射波谱的峰频小,为$(0.8\sim0.9)f_p$。(b)$y/L=0.62$ 与(c)$y/L=1.24$ 位置处,实验测量的透射谱在主峰频之后出现了两个次峰,这说明波浪经过透射后频率有可能发生改变。计算的透射谱在频率低时与实验值较一致,在频率高($f/f_p>1.7$时),计算的透射谱的波谱密度比实验值高。

以上数值验算表明,添加了透射模块的数值模型计算的防波堤堤后的波高分布与实验观测结果较一致,在透射波的波谱形状上稍有差异,模型可以用于海岸工程的透射波的估计。

2. 越浪模块的验证

为了验证该越浪模块的可行性,应用该模型计算了不同防波堤出水高度时的越浪传递波的波高,根据以往的研究成果计算中取 $K_r=0.4$。图 4.3.12 给出了模型计算得到的越浪系数 K_{ot}（越浪传递波高与入射波高之比 H_{op}/H_i）随相对堤顶高程(h_c/H_i)的变化。从图中可以看出，当防波堤出水高度较小时，计算结果比合田的越浪系数略小，但总体上二者吻合得较好。

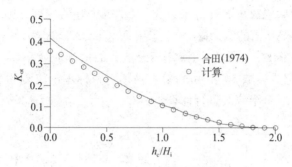

图 4.3.12　越浪引起的波浪传递系数比较

　　为验证改进越浪模块在模型中预测透射波谱的可行性，计算了 Carevic 等的一个波透射实验。图 4.3.13 为波浪水槽的实验布置及波浪参数，更多实验细节见 Carevic 等的文章。实验组次 2 的实测波浪参数为：①水深 $d=0.4$ m，防波堤出水高度 $R_c=-0.055$ m，淹没式防波堤顶部宽度 $B=0.2$ m，倾斜坡度 $m=1:2$；②目标频谱 JONSWAP 的 $g=3.3$，$s_1=0.07$，$s_2=0.09$；③入射波波高 $H_{m0-i}=0.058$ m，周期 $T_{0,2-i}=0.72$ s，$T_{p-i}=0.81$ s；④透射波波高 $H_{m0-t}=0.041$ m，周期 $T_{0,2-t}=0.65$ s，$T_{p-t}=0.80$ s。

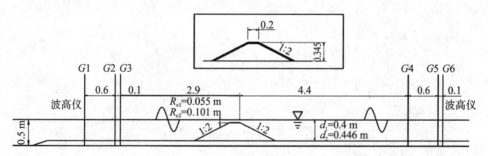

图 4.3.13　Carevic 等(2013)的波浪透射实验中波浪水槽的详细信息

　　在数值计算中，x 方向的计算域为 10 m，y 方向的计算域为 16 m。为避免边界效应，将侧边界和自由出流边界处设为开边界条件，使得计算域外网格单元的谱密度与计算域边缘网格单元的谱密度相等。由于波频谱被分解为一系列不同频率的组成波，因此有必要确保这些组成波能够准确地描述波频谱。频谱的离散有两种方法：一种是根据一个恒定的频率间隔确定每个频率单元内不同的能量，另一种是使用该模型中采用的方法，即使每个频率单元内的能量近似相等。Mase 采用的频率组成波数 $N=10$ 或 15。在进行详细的数值计算之前，对频谱的频率组成波数进行了研究，以获得更好的精度。图 4.3.14 中计算了目标 JONSWAP 谱的四个谱分区，采用 $N=10$、20、30、40，其中 N 表示组成波的个数。如图 4.3.14 所示，谱误差随分波数的增加而减小，尤其是在谱峰处更加明显。用组成波数 30 和 40 计算的波谱与目标理论波谱基本吻合。因此，将波谱分解为 40 个组成波进行计算。

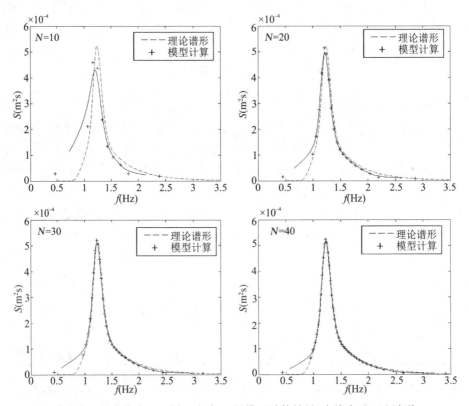

带有"+"的实线表示不同组成波 N 的模型计算结果，虚线表示理论波谱

图 4.3.14　目标 JONSWAP 谱的组成波个数研究

在使用改进的模型计算时，计算出的透射波高 0.40 m 略小于实测的 0.41 m，相对误差为 2.44%。这个小误差是由模型中透射系数 K_t 的精度造成的。因为计算模型中的 K_t 为 0.69，而实测数据为 0.71。为了证实这一点，我们还在模型中使用实测的 K_t 进行了计算。计算出的透射波高度与实测数据相同，为 0.41 m。

图 4.3.15 为计算和实测透射波谱的对比图。图(a)为改进模型计算出的透射波频谱,其中 K_t 由式(4.3.14)计算得到。可以看出,计算的谱峰处能量密度略低于实测的谱峰处能量密度。图(b)同样使用了改进模型,但是是根据测量的 K_t 计算透射波频谱。从图中可以看出,计算波和实测波的谱峰高度几乎相同,这也证实了我们的猜测,即误差主要来自透射系数的估计。尽管在谱峰上存在微小的差异,但在实际应用中这个误差量级是可以接受的。在图 4.3.15 中,还体现了 van der Meer 等模型中波浪透射引起的波谱变化的结果,并与本模型结果进行了比较。很明显,高频上的波能量并不遵循 van der Meer 等模型中的常数分布,而本模型较好地近似了透射能量的再分布。因此,本模型可以很好地再现透射波频谱的形状。

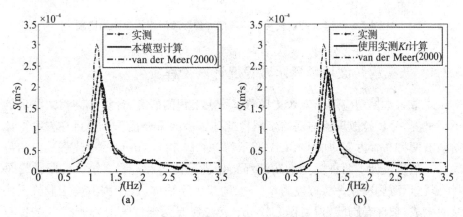

(a)由公式计算的透射系数;(b)测量所得的透射系数

实线表示测量数据,带有"+"符号的实线表示本模型的计算结果,虚线表示 van der Meer等的模型结果

图 4.3.15 计算和测量透射波谱

如图 4.3.16 所示,为了分析能量再分布引起的频谱变化,我们还计算了透射波频谱,但是没有考虑能量从低频到高频的传递。在本模型中,计算的能量转移率为 0.05。从图 4.3.16 可以看出,由于部分能量从低频传递到高频,但总能量保持不变,因此低频($f<1.5$ Hz)频谱密度值变小,高频($f>1.5$ Hz)频谱密度值增大。

通过对图 4.3.15 和图 4.3.16 分析可知,改进后的模型虽然在波谱形状方面有较小的差别,但在透射波浪和越过低堤顶防波堤波浪的波谱预测方面有比较好的效果,可用于工程初步设计。

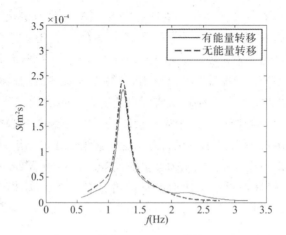

图 4.3.16　考虑能量转移和不考虑能量转移时透射波谱的比较

4.3.4　低高程防波堤堤后水域稳况计算工程应用

本节将本模型应用于青岛艾华游艇码头工程的研究,计算低高程防波堤的堤后波况,分析越浪现象在堤后水域稳况计算中的重要性。本项目在方案设计阶段有两种布置方案,如图 4.3.17 所示,其中 Ai 和 Bi($i=1\sim7$)代表港口泊位编号。项目设计了两种类型的防波堤结构进行比较和选择。第一种防波堤是抛石堤,近海侧覆盖一层坡度为 1∶1.5 的扭王字块体,近岸侧由耗能混凝土块垂直砌成,顶部有胸墙,顶高程 7.52 m。第二种是两侧坡度均为 1∶1.5 的抛石堤,堤顶高 4.92 m,顶宽 4.05 m。

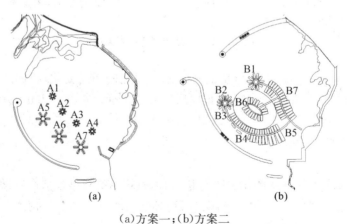

（a）方案一；（b）方案二

图 4.3.17　青岛艾华游艇码头布局

表 4.3.1 给出了项目所在海域 50 年重现期下各水位和入射波要素的边界条件。显然,第二种结构的防波堤在 5.32 m ($R_c = -0.4$ m)的极端水位下被淹没,从而发生波浪透射,在设计水位为 4.1 m($R_c = 0.82$ m)时,会发生越浪现象。

表 4.3.1　入射波要素

水位 (根据理论深度基准面)	方向	波要素		
		H_s(m)	T_0(s)	T_s(s)
极端高水位(EHWL) 5.32 m	S	1.76	5.23	5.81
	SE	1.50	4.72	5.24
	SW	2.36	6.02	6.68
设计高水位(DHWL) 4.1 m	S	1.61	5.00	5.55
	SE	1.15	4.10	4.55
	SW	2.35	5.99	6.65

在数值模拟中,将入射波频谱划分为 10 个频率区间,将入射波方向函数划分为 36 个方向区间。计算网格尺寸为 $\Delta x = \Delta y = 2.0$ m。由于这些防波堤结构的透射率没有更多的细节参数,因此参照实验记录,将透射系数设为 0.25。

我们对不同波浪和水位条件下的平面布置方案和防波堤类型进行了计算,为决策者提供港口布局和防波堤型式选择的建议。本节只针对方案二从波浪透射和越浪现象论证与比较两种防波堤结构型式的选择问题,计算了方案二在两种结构型式的防波堤掩护下的港口泊稳情况。模型应用分两个阶段进行,首先,激活波浪透射和越浪模块,运行模型得到港池内的波浪状况。由于本节的重点是测试波浪透射和越浪效果,因此第二阶段的模型计算关闭波浪透射和越浪模块,其他条件相同,从而可以详细地研究波浪透射和越浪的影响。

图 4.3.18 为在不同波浪和水位条件下,方案二中距南部短岛式防波堤背风面($y = 24$ m)3 m 处的显著波高 $H_{4\%}$ 分布情况。实线为第二种防波堤型式的计算结果,该防波堤型式开启了透射和越浪模块,虚线表示第一种类型的防波堤关闭波浪透射和越浪模块的计算结果。从图中可以看出,有无波浪透射和越浪现象的计算结果有显著差异。更确切地说,在防波堤两侧端部附近($x = 230$ m 和 $x = 265$ m)波浪的透射和越浪现象不明显,在岛式防波堤后的中间区域($x = 245$ m)波浪的透射和越浪现象显著。在波浪方向差异方面,由于岛式防波堤是东西走向,其对南向波的影响最大。在水位方面,图 4.3.18(d)~(f)所示的极端水位下的透射效应比图 4.3.18(a)~(c)所示的设计水位下的越浪效应更为明显,这与经验预测相符。

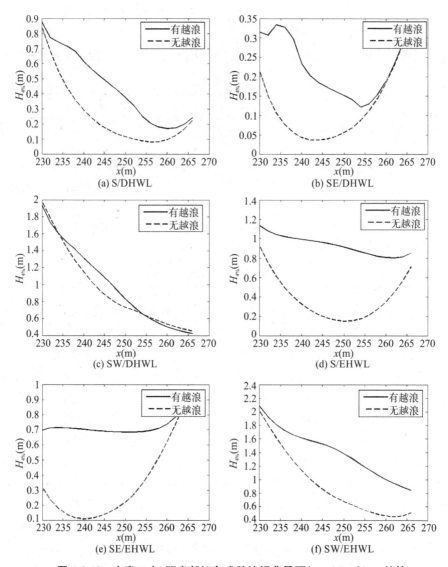

图 4.3.18 方案二中，距南部短岛式防波堤背风面($y＝24$ m)3 m 处的
显著波高 $H_{4\%}$ 的分布情况

此外，还对方案二中具有代表性的 B1～B7 泊位中波浪透射和越浪对港口泊稳情况的影响进行了数值研究，结果如图 4.3.19 所示。实线表示激活波浪透射和越浪模块时计算出的显著波高，虚线表示关闭透射和越浪模块时的结果。由图 4.3.19(a)～(c)可以看出，在设计高水位($R_c＝0.82$ m)下，波浪的透射和越

浪作用不明显,而在极高水位($R_c = -0.4$ m)下,波浪的透射和越浪作用非常明显,如图 4.3.19(d)~(f)所示。这可能是由于越浪波是沿传播方向衰减较快的高频波,而计算中的泊位距离防波堤背风侧有一定距离。另一个原因可能是出水高度 R_c 对波浪的透射和越浪有很大的影响,即随着出水高度 R_c 的增加,越浪率的减小速率也随之增加。在方向差异方面,西南方向的波浪对代表性泊位的港口泊稳状况影响最大,因为主防波堤的轴线方向为东南方向。

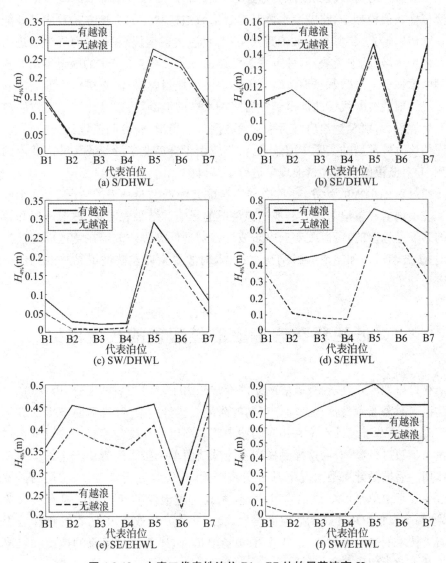

图 4.3.19 方案二代表性泊位 B1~B7 处的显著波高 $H_{4\%}$

综上所述,模型计算结果表明,波浪透射和越浪对港口泊稳状况的影响是显著的,尤其是在低堤顶防波堤附近。其次,波浪透射和越浪的影响与水位、入射波要素以及防波堤结构的几何形状密切相关。

4.3.5 结语

本节首先对防波堤的波能传递进行了总结,然后在考虑绕射的能量平衡的波浪传播数值模型中,将越浪水体对堤后水域泊稳状况的影响方式看成是波能的一种传递形式,将其分为波浪透过可渗海堤(透射模块)和越过海堤堤顶进入后方掩护水域(越浪模块)两种方式进行讨论。通过在 4.2 节中的能量平衡方程模型中添加透射系数和越浪系数计算传递波的能量,与外海直接传入的波能和防波堤绕射的波能线性迭加得到堤后掩护水域的波高,可以计算波浪经过防波堤发生绕射、透射及越浪后堤后水域的波高分布情况,验算防波堤的掩护功效。为评估该改进模型的实际应用效果,将其应用于青岛艾华游艇码头波浪状况的预测,并对波浪的传播和越浪现象进行了探讨。

通过对该工程的计算,在考虑和不考虑波浪透射与越浪的情况下,详细分析了波浪透射和越浪对堤后港池泊稳情况的影响。结果表明:①波浪透射和越浪的影响是显著的,可以改变近岸防波堤特别是低高程防波堤在背浪面的波浪状况;②波浪透射和越浪的影响与水位、入射波要素以及防波堤结构的几何形状密切相关。

4.4 低高程防波堤上的越浪流的数值模拟

在沿海地区,防波堤被破坏的原因经常是由于越浪和后坡失稳,因此,在设计防波堤时需要考虑这些方面。目前的防波堤设计标准,在计算防波堤的堤顶高程时,主要基于设计水位和相应的波浪爬高高度。允许越浪时一般取平均越浪量为参数进行考虑,而这样的做法不能反映由单个极大波越浪产生的应力及其作用。后坡设计多数情况下基于实践经验,从失效分析来看,防波堤的后坡失效主要是由单个波的越浪事件引起,尤其与越浪流的速度和层厚有很大关系,这两个参量可用于预测后坡的侵蚀、渗透和滑动失效。因此,在分析防波堤的岩土技术的稳定性时,除了需要平均越浪量外,还需要越浪流的速度和层厚作为其水动力边界条件。

目前采用的具有一定重现期的设计水位和相应的波浪爬高的方法存在很大的不确定性,因此,进行防波堤设计时需要考虑越浪的因素,并且用概率设计原理代替确定性设计原理。概率设计原理需要对防波堤失效的所有物理过程有深刻的认知(图 4.4.1),其中一个方面就是如何确定与后坡的侵蚀、渗透和滑动失效相关联的越浪参数。

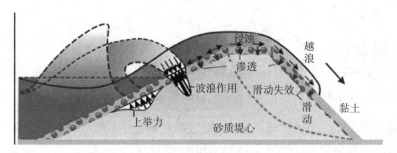

图 4.4.1　防波堤越浪的失效模式

本节将给出与越浪的物理过程相关的参量的计算方法,主要为波浪在堤顶和后坡上的越浪流。这些物理过程将为防波堤后坡的侵蚀、渗透和滑动失效等分析提供水动力边界条件。

4.4.1　数学模型

1. 控制方程

流体的运动满足质量守恒、动量守恒和能量守恒的规律。在 Newton 流体范围内,这些规律可用 Navier-Stokes 方程描述。本书研究以气体与水体为介质的二维、两相不可压缩的黏性流动问题,忽略温度变化引起的影响,用张量表示的流动的控制方程组如下。

连续方程:

$$\frac{\partial u_i}{\partial x_i}=0 \tag{4.4.1}$$

动量方程:

$$\frac{\partial u_i}{\partial t}+u_i\frac{\partial u_i}{\partial x_j}=-\frac{1}{\rho}\frac{\partial \sigma_{ij}}{\partial x_j}+f_i \tag{4.4.2}$$

式中,$x_i(i=1,2)$ 为笛卡尔坐标系统的坐标;$u_i(i=1,2)$ 为速度沿各坐标的分量;σ_{ij} 为黏性应力,$\sigma_{ij}=-p\delta_{ij}+2\mu(1-\delta_{ij}/3)S_{ij}$,$S_{ij}=\frac{1}{2}\left(\frac{\partial u_i}{\partial x_j}+\frac{\partial u_j}{\partial x_i}\right)$,对于不

可压缩流体 $\sigma_{ij}=\mu\left(\dfrac{\partial u_i}{\partial x_j}+\dfrac{\partial u_j}{\partial x_i}\right)$;$f_i$ 表示体积力,如重力等。

为了区别计算区域内的水体和气体,引入体积函数 φ_m $(m=1,2)$,满足下列方程:

$$\frac{\partial \varphi_m}{\partial t}+u_i\,\frac{\partial \varphi_m}{\partial x_i}=0 \qquad (4.4.3)$$

$$\varphi_m(x,y,t)=\begin{cases}1, & (x,y)\in\Omega_m \\ 0, & \text{其他}\end{cases} \qquad (4.4.4)$$

式中,m 表示水体或气体,Ω_m 表示被水体或空气占据的计算区域,φ_m 表示目标流体在控制元中所占的比值。式(4.4.3)的最左端实际是全微分 $\dfrac{\mathrm{d}\varphi}{\mathrm{d}t}$,其物理意义为若观察者跟随一个流体质点运动,则该质点的 φ_m 不随时间变化。该数值方法不会使水气交界面产生突变,即 φ_1 和 φ_2 连续缓慢变化。

这种方法通过不断改变流体的密度和黏性,将气体和水体作为一种流体模拟。因此,气体和水体交界面处的切应力动力条件无须再加定义,该方法自动满足这种动力条件。自由面作为一种内交界面通过运动界面追踪方法计算得到。

2. 边界条件

数值模拟中需要确定边界条件和初始条件才能进行计算。正确地定义一个物理问题的边界条件对于数值模拟起着很关键的作用,下面详细介绍本数值模型用到的边界条件。

(1)造波边界。采用最常见的推板式造波机,其原理是对位于推板边界的水质点施加强迫运动的水平速度,达到模拟相应波动的目的。根据线性造波理论,对于推板式造波机其水力传递函数 T 为

$$T(\omega,d)=\frac{4\sinh^2 kd}{2kd+\sinh 2kd} \qquad (4.4.5)$$

要生成余弦波面 $\eta(x,t)=A\cos(kx+\omega t)$,推板速度为

$$U(0,t)=\frac{\eta(0,t)\omega}{T} \qquad (4.4.6)$$

为了避免造波初始时的扰动,在计算开始时,对造波板的运动乘以调制函数 $f(t)$ 以进行平滑:

$$f(t)=\begin{cases}0.5[1-\cos(\pi t/T_m)], & t<T_m \\ 1, & t\geqslant T_m\end{cases} \qquad (4.4.7)$$

式中,T_m 为调制时间,通常取 $T_m=2T$(波浪周期)。

(2)开边界。为了节省计算时间,通常将计算区域限制在感兴趣的区域内,

这样将会使得计算域的两侧出现两个或一个开边界。开边界上的条件设置,通常是采用完全吸收边界条件(也称人工衰减层)或辐射边界条件,也可将两种边界条件组合起来使用。吸收边界条件常用于吸收短波,而长波一般采用辐射边界条件。对于长、短波均存在的情况,两者结合起来效果会更好。

(3)辐射边界条件。若边界为开放式外海,则采用辐射边界条件以减少波浪反射。该边界条件使得波浪传到边界后直接辐射出去,而不产生明显的反射,其数学表达式为

$$\frac{\partial \varphi}{\partial t}+C_0\frac{\partial \varphi}{\partial x}=0 \tag{4.4.8}$$

$$U_{open}=\frac{\partial \varphi}{\partial x}=-\frac{1}{C_0}\frac{\partial \varphi}{\partial t}=-\frac{\eta}{C_0} \tag{4.4.9}$$

式中,C_0 为波浪在开边界处的相速度,φ 表示波浪的属性变量,如传播速度或波面位移等。这种边界条件通过满足辐射边界条件的自由面的 Green 函数,可以处理无界区域的波浪。

(4)消波边界。一般地,在数值模拟中数值波浪水槽的尺寸是有限的,波浪可能到达计算区域的边界而产生反射。对于非线性海浪,仅使用辐射边界条件消波也是远远不够的。这时需要在波浪水槽的末端设置消波层,对末端边界附近的波浪进行人工衰减。本模型采用数值波浪水槽中最常用的消波技术——阻尼消波区。其原理是在消波区域内的自由面的运动边界条件和动力边界条件上加入人工黏性耗散项,以达到阻尼消波的目的,并同时加大消波区的网格步长,如图 4.4.2 所示。本书中的黏性系数采用如下形式:

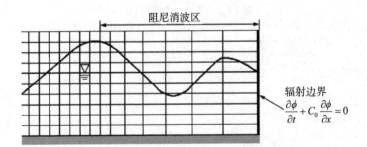

图 4.4.2 数值波浪水槽中开边界处理的概图

$$\nu(x_1,x_3)=\alpha\left(\frac{x_1-x_1^s}{x_1^s-x_1^e}\right)^m\left(1-\left|\frac{x_3-x_3^f}{x_3^t-x_3^b}\right|\right) \tag{4.4.10}$$

4.4.2　防波堤越浪流厚度及堤后次生波的数值模拟

本小节采用 4.4.1 的数值波浪模型对规则波在出水防波堤上的越浪流的厚度及堤后次生波进行数值计算,对堤顶上的越浪流厚度和堤后次生波的波面进行计算。通过与大连理工大学代英男的物理实验结果作比较,以验证数值模型在模拟出水堤的越浪流方面的准确性。

1. 物理模型实验

该实验针对光滑斜坡堤上的越浪流厚度和堤后次生波进行研究,实验断面布置见图 4.4.3。实验水深为 0.4 m,堤顶宽度 B＝0.3 m,前坡坡度为 1:2,后坡坡度为 1:1.5。实验中共设置 6 个浪高仪,其中 1、2、3 号浪高仪测量堤上水流厚度,布置位置距堤顶前端距离分别为 0 m、0.15 m 和 0.30 m(即堤顶前端,堤顶中端,堤顶后端);4、5、6 号浪高仪测量堤后次生波的波面变化,布置位置距离堤顶最后端分别为 2.3 m、4.3 m 和 6.3 m,见图 4.4.4。本实验对多种波况进行了试验,并对堤顶超高 R_c 的取值进行了变化。本节仅对其中的一组实验参数进行模拟,采用规则波造波,波高 0.10 m,周期 1.4 s,堤顶超高 0.12 m。

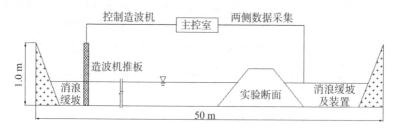

图 4.4.3　实验水槽的布置

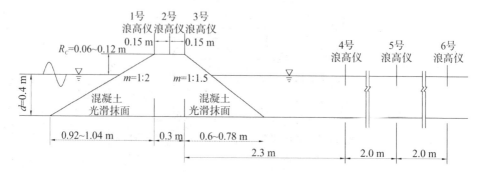

图 4.4.4　实验的防波堤断面尺寸及测点布置

实验给出了测点 1～3 处(堤顶前端、中间、后端)的越浪流厚度变化时程曲线和测点 4～6 处堤后三个位置的次生波的波面位移时程曲线,见图 4.4.5。

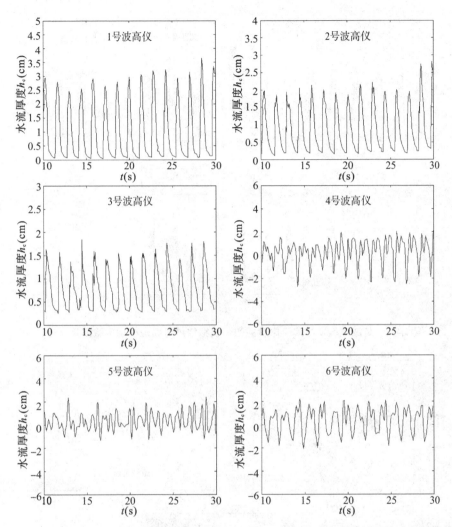

图 4.4.5 测点 1～3 处的越浪流厚度变化和测点 4～6 处的次生波的波面位移时程曲线

2. 数值模拟

数值模型中,计算网格采用不规则矩形网格,在自由面和测点区域附近加密网格,x 方向网格步长为 1.5 cm,y 向网格步长为 0.5 cm,时间步长为 7.5×10^{-4} s。造波时采用线性规则波,将数值计算的结果与物理模型实验结果进行比较,其中堤顶越浪流厚度的比较见图 4.4.6,堤后次生波的波面位移的比较见图 4.4.7。

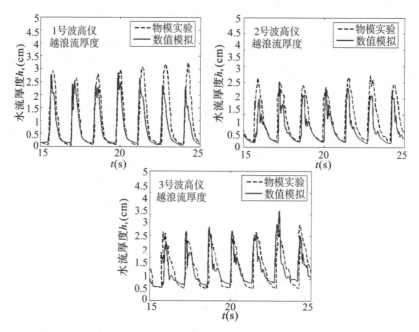

图 4.4.6　防波堤堤顶越浪流厚度的数值模拟结果与物理模型实验结果比较

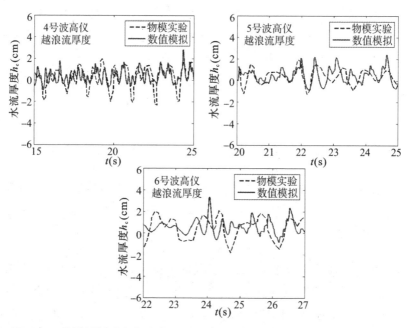

图 4.4.7　防波堤堤后次生波波面位移的数值模拟结果与物理模型实验结果比较

由图 4.4.6 可以看出,在计算防波堤堤顶越浪流厚度时,数值模拟的结果要略小于物理模型实验的结果,周期一致。由图 4.4.7 可以看出,在计算堤后次生波的波面位移时,数值模拟的波峰高度与物理模型实验的结果基本相同,波谷要略小于物理模型实验的结果,尤其是 4 号波高仪的数值模拟结果的波谷要远小于物理模型实验结果,堤后次生波的周期性不明显,但基本规律一致。

综上所述,本节建立的数值波浪水槽在模拟波浪在防波堤上的越浪流问题上,其结果较准确,可以用于防波堤上的越浪流问题的分析。

4.4.3　规则波在潜堤上的传播

波浪在潜堤上的传播包括水深变浅阶段非线性增强导致的高阶谐波的产生、传播及水深增加阶段的释放。许多学者对该过程应用物理模型实验和数值模拟进行了研究。本节应用已建立的数值水槽对规则波在潜堤上的传播变形进行模拟,根据 Nadaoka 等的实验进行建模,实验布置如图 4.4.8 所示,并将计算结果与实验结果进行比较,以验证模型的有效性。

水槽长 30 m,静水深 0.3 m,水槽中间设置一斜坡式潜堤,高 0.2 m,前坡坡度为 1∶20,堤顶宽 2 m,后坡坡度为 1∶10。实验在左侧边界处施加一个正弦波,波高为 2 cm,周期为 1.5 s。右侧边界设置一 5 m 长的消波区域。在如图所示的 7 个位置(1～7)处测量自由面位移,并在位置 7 处水深为 $z=-0.02$、-0.15、-0.28 m 处测量速度场,以检验波浪的变形。

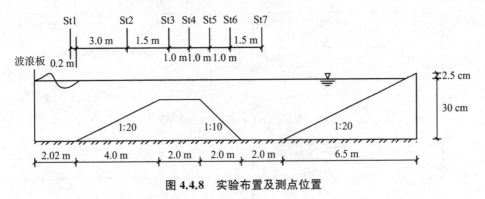

图 4.4.8　实验布置及测点位置

数值计算中采用非均匀网格,其中在测点处 x 向网格间距为 1.5 cm,y 向网格间距为 0.1 cm,时间步长为 0.005 s。

在测点 1、3、5、7 处的数值计算和实验测量的自由面位移绘于图 4.4.9 中,测点 7 各水深处的速度比较见图 4.4.10。

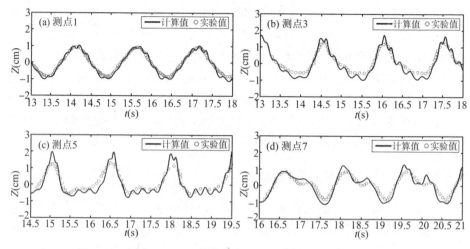

图 4.4.9　测点 1、3、5、7 处的自由面位移计算值与实验值的比较

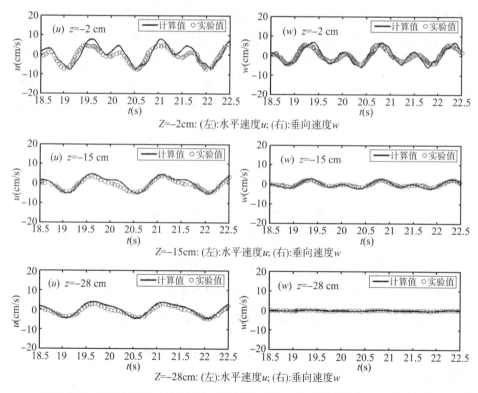

图 4.4.10　测点 7 三个水深处的水平速度和垂向速度的计算值与实验值的比较

　　从图 4.4.9 可以看出,数值模型与实验结果大致吻合,能够较好地模拟出波浪在潜堤上传播的变形及高阶谐波的产生。在波峰处数值计算的结果较实验值偏高,其原因可能是模型采用线性入射条件,可能与原实验造波条件存在一定差别,但不影响计算结果的趋势。

　　由图 4.4.10 可以看出采用数值水槽计算得到的各水深处的速度与实验值吻合较好,只在 $z=-2$ cm 水深处水平速度 u 的峰值稍偏大。

　　本节模拟了规则波在数值水槽中通过潜堤的传播变形,将计算结果与文献中的实验结果进行了比较。通过对潜堤前、潜堤上、潜堤后三个测点波面位移的比较,可看出,数值模型能够较好地模拟出规则波通过潜堤的传播变形过程;通过对潜堤后某一断面上三个测点的水平和垂向速度比较,可以说明模型能够较准确地计算出规则波通过潜堤后的速度场。因此,对于规则波越过障碍物的这一类问题,本模型可给出合理的模拟结果。

4.4.4　孤立波在潜堤上的传播

　　在近岸工程研究中,孤立波被广泛地用于研究弱非线性波。波浪与结构物的相互作用是近岸工程中的一个经典课题,它与近岸工程中的许多问题相关,如波浪作用下结构物的稳定性、结构物前的冲刷侵蚀以及波能的衰减等。本节应用已建立的数值水槽模拟孤立波在潜堤上的传播变形,根据 Zhuang 和 Lee 的实验进行建模,实验布置如图 4.4.11 所示,并将计算结果与实验结果进行比较,以验证模型的有效性。

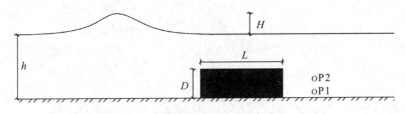

图 4.4.11　孤立波越过潜堤的实验示意图

　　图 4.4.11 中,静水深 $h=0.228$ m,孤立波波高 $H=0.069$ m。直立式潜堤的堤宽 $L=0.381$ m,堤高 $D=h/2=0.114$ m。实验对图中 P1 和 P2 两点的水平和垂向速度进行了测量,P1 和 P2 在同一垂直面上,距离潜堤堤后侧 0.034 m,P1 距离水底 0.04 m,P2 在 P1 垂上方 0.017 m。数值水槽与 4.4.1 节中相同,长度为 40 m,左侧为造波边界,右侧设置长度为 6 m 的消波区域,水深 $h=$

0.228 m。采用不均匀交错网格，并在潜堤附近加密网格，x 向网格最小间距为 0.5 cm，y 向网格最小间距为 0.05 cm，时间步长为 0.001 s。

图 4.4.12 和图 4.4.13 给出了 P1 和 P2 点速度的数值计算结果和实验数据的对比，x 轴和 y 轴分别为无量纲时间 $t\sqrt{g/h}$ 和速度 $u/\sqrt{gh}$（$w/\sqrt{gh}$），实线代表数值结果，带"□"的点划线代表实验数据。可以看出，数值计算结果与实验结果大致吻合，能够反映出速度变化的趋势。其中 P1 点的吻合程度要优于 P2 点。水平速度 u 的数值计算结果在 $t\sqrt{g/h}$ 为 20 左右较小，与实验测量结果有较大出入。垂向速度 w 在 $t\sqrt{g/h}$ 为 25 左右，实验观测值存在一定的波动，而数值计算结果较平滑，数值计算结果要略大于实验观测值。测点 P2 的垂向速度在 $t\sqrt{g/h}$ 为 15～20 的峰值处，数值计算结果要稍小于实验观测值。

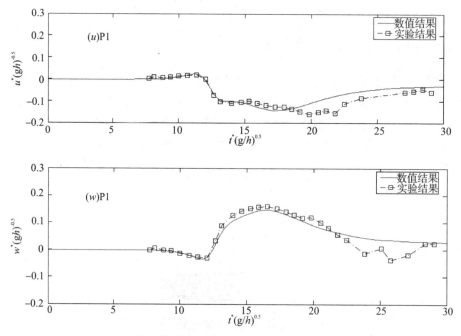

图 4.4.12　数值模型在测点 1、2 处的水平速度与实验值的比较

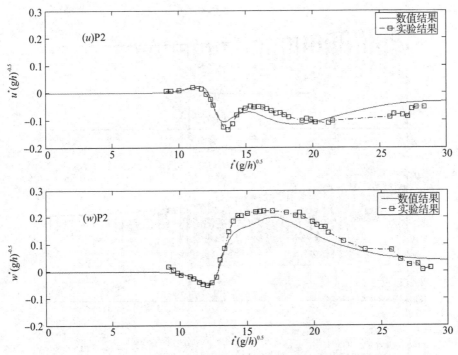

图 4.4.13　数值模型在测点 1、2 处的垂向速度与实验值的比较

图 4.4.14 给出了孤立波越浪过程中几个关键时刻的速度场和自由面的瞬时图,图中起始时间 $t = 3.8$ s,时间间隔 0.3 s,从图中可以看到流动分离以及涡的生成和发展过程。当孤立波接近潜堤时,在潜堤的迎浪向一端可以观察到流动分离和涡的生成现象。随着孤立波越过潜堤,位于迎浪向一端的涡逐渐向下风向移动,同时在紧邻潜堤的背流面一端出现了流动分离和涡。当孤立波越过潜堤后,涡动区域继续变大,向下游移动,且持续较长的时间不消失。在其他研究者的论文中也同样观察到了这种流动分离和涡生成现象,这说明本节的数值模型具有模拟潜堤周围的涡形成的能力。

本节研究了非线性波——孤立波在数值水槽中通过潜堤的传播变形,将计算结果与文献中的实验结果进行了比较。通过对潜堤后某一断面上两个测点的水平和垂向速度比较,可以看出,虽然在某些时刻数值计算结果与实验结果存在一定的差别,但误差较小,能够反映出速度变化的大致趋势。由此可言,该数值模型可以用于模拟非线性波越过低高程海堤一类问题。

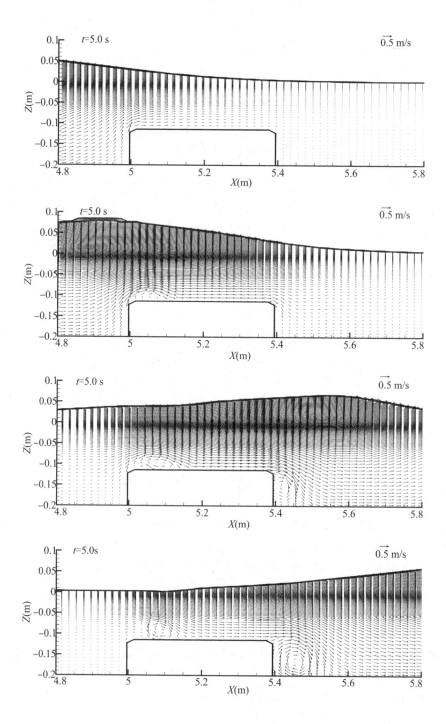

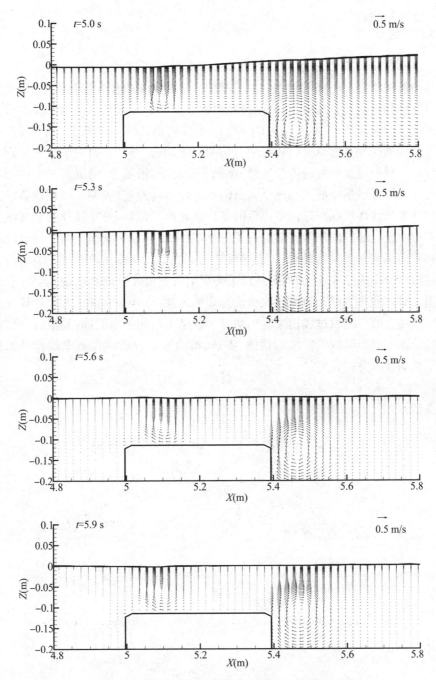

图 4.4.14 孤立波越浪过程中速度场和自由面的瞬时图

4.4.5　结语

　　本章基于黏流理论的 Navier-Stokes 方程建立了数值水槽,通过对三个低高程防波堤的典型越浪问题进行数值模拟并与实验结果作比较,验证数值模型的可行性和有效性。首先,对规则波在出水海堤上的越浪流的厚度及堤后次生波进行了数值计算,与实验结果的水流厚度和波面的测量结果进行了比较,表明数值模型的计算结果可以较好地与实验结果吻合。其次,研究了线性规则波在数值水槽中通过潜堤的传播变形,比较了潜堤前、潜堤上、潜堤后三个点的波面位移及潜堤后某一断面上三个测点的水平和垂向速度,表明了模型能够较准确地计算出线性规则波通过潜堤后的变形和速度。最后,对非线性孤立波在数值水槽中通过潜堤的传播变形进行了研究,对潜堤后某一断面上两个测点的水平和垂向速度与实验结果比较,说明模型能够对非线性孤立波通过潜堤的传播问题给出合理的结果,模型同时给出了潜堤附近的流动分离和涡的发展过程的模拟。对这些典型试验问题的成功模拟表明运用 Navier-Stokes 方程计算低高程防波堤上的与越浪过程相关的水动力参数是可行和可靠的,对越浪流物理过程的计算可以为防波堤后坡的侵蚀、渗透、滑动失效分析以及概率设计等工程应用提供技术支持。

5 斜坡堤结构设计案例

防波堤高程设计与稳定性验算是在不同的设计水位条件下进行的。设计水位根据实际工程地区的多年实测水位统计分析确定,包括设计高水位、设计低水位、极端高水位和极端低水位。本章介绍斜坡堤的设计案例。

5.1 设计条件

5.1.1 设计水位

设计高水位:1.83 m。

设计低水位:0.03 m。

极端高水位:3.02 m。

极端低水位:-1.45 m。

5.1.2 设计波浪

不同重现期 T,堤前水深11.5 m,强波向为 NNW,各水位对应的波浪要素如表5.1.1所示。

表 5.1.1 波浪要素一览表

波浪要素 \\ 水位	$H_{1\%}(m)$	$H_{13\%}(m)$	$L(m)$	$\bar{T}(s)$
设计高水位 $T=50$ a	5.44	3.88	77.45	7.91
设计低水位 $T=50$ a	—	3.50	73.65	7.91
极端高水位 $T=50$ a	5.58	3.97	79.65	7.91
设计高水位 $T=2$ a	3.16	—	44.96	6.00

5.1.3 地质

工程区勘探深度较浅,但所揭露的地层较复杂。

①第一层为淤泥—淤泥质土,灰黑色,应清除。

②第二层为淤泥混砂,灰黄色,中密,夹粉砂,普遍分布,层位稳定,工程地质条件一般。

③第三层为粉质黏土,灰色,软—可塑,层厚较小,工程地质性质一般。

④第四层为碎石,工程地质性质较好。

综上所述,可选用②层粉土作为浅基础的持力层,但需对浅部淤泥进行处理,可采用换填砂垫层和插塑料排水板的方法进行处理。

各土层基本的土壤力学性质参数如表 5.1.2 所示。

表 5.1.2 各土层基本力学性质参数

土层	天然重度 $\gamma(kN/m^3)$	浮容重 $\gamma'(kN/m^3)$	饱和重度 $\gamma_{sat}(kN/m^3)$	剪切试验		压缩试验	
				$\varphi(°)$	$c(kPa)$	$a_{1-2}(M/Pa)$	$E_s(kPa)$
①换填粗砂	18.0	9.5	19.75	35	0	0.04	30
②淤泥混砂	19.3	10.21	20.46	27.1	19	0.13	12.91
③粉质黏土	18.3	9.50	19.75	31.72	18	0.31	6.07
④碎石	17.0	11	21.25	40	0	0.01	44.15

注:粗砂和碎石由于缺乏现场勘查资料,其取值为《防波堤与护岸设计规范》(JTS154—2018)中标准值。

5.1.4 地震

根据该港区近年来的有关资料,该地区抗震设防烈度为 7 度。设计基本地震加速度为 $0.1g$。

5.1.5 结构安全等级

结构安全等级按照《防波堤与护岸设计规范》(JTS154—2018)中表 3.1.7 确定,该防波堤结构采用二级,破坏后果为严重。

5.2 断面尺寸的确定

5.2.1 堤顶高程

根据《防波堤与护岸设计规范》(JTS154—2018)，当堤顶作通道、铺设管线或堤内侧兼作码头时，宜在堤顶设置胸墙。故防波堤的堤顶高程即胸墙顶高程。

1.《防波堤与护岸设计规范》(JTS154—2018)规定

根据《防波堤与护岸设计规范》(JTS154—2018)有关规定：

$$胸墙顶高程 = 设计高水位 + H_{13\%} = 1.83 + 3.88 = 5.71 \text{ m}$$

2. 波浪爬高确定

根据《港口与航道水文规范》(JTS145—2015)有关规定，按波浪爬高确定胸墙顶高程，正向规则波的爬高按式(2.2.1)～式(2.2.5)计算。

(1)设计高水位 1.83 m 时：

$$H = 3.88 \text{ m}$$
$$L = 77.45 \text{ m}$$
$$d = 1.83 + 11.5 = 13.33 \text{ m}$$
$$M = \frac{1}{1.5}\left(\frac{77.45}{3.88}\right)^{1/2}\left(\tanh\frac{2\pi\times13.33}{77.45}\right)^{-1/2} = 3.343$$
$$(R_1)_m = \frac{4.98}{2}\tanh\frac{2\pi\times13.33}{77.45}\left[1+\frac{4\pi\times13.33/77.45}{\sinh\dfrac{4\pi\times13.33}{77.45}}\right] = 2.973 \text{ m}$$
$$R(M) = 1.09\times3.343^{3.32}\exp(-1.25\times3.343) = 0.918$$
$$R_1 = 1.24\tanh(0.432\times3.343) + [2.973-1.029]\times0.918 = 2.894 \text{ m}$$
$$R = K_\Delta R_1 H = 0.38\times2.894\times3.88 = 4.27 \text{ m}$$

故按波浪爬高确定的胸墙顶高程为

$$1.83 + 4.27 = 6.10 \text{ m}$$

(2)极端高水位 3.02 m 时：

$$H = 3.97 \text{ m}$$
$$L = 79.65 \text{ m}$$
$$d = 3.02 + 11.5 = 14.52 \text{ m}$$
$$M = \frac{1}{1.5}\left(\frac{79.65}{3.97}\right)^{1/2}\left(\tanh\frac{2\pi\times14.52}{79.65}\right)^{-1/2} = 3.305$$

$$(R_1)_m = \frac{4.98}{2}\tanh\frac{2\pi\times14.52}{79.65}\left[1+\frac{4\pi\times14.52/79.65}{\sinh\dfrac{4\pi\times14.52}{79.65}}\right]=2.984 \text{ m}$$

$$R(M)=1.09\times3.305^{3.32}\exp(-1.25\times3.305)=0.927$$

$$R_1=1.24\tanh(0.432\times3.305)+[2.984-1.029]\times0.927=2.917 \text{ m}$$

$$R=K_\Delta R_1 H=0.38\times2.917\times3.97=4.40 \text{ m}$$

故按波浪爬高确定的胸墙顶高程为

$$3.02+4.40=7.42 \text{ m}$$

经综合分析比较后,确定该斜坡堤的胸墙顶高程为 7.50 m。

5.2.2 堤顶宽度

根据构造和工艺及使用要求综合确定。

1. 按构造要求

设计高水位时:

$$B=1.10H_{13\%}=1.10\times3.88=4.27 \text{ m}$$

极端高水位时:

$$B=1.10H_{13\%}=1.10\times3.97=4.37 \text{ m}$$

2. 按工艺和使用要求

由于本斜坡堤在堤顶设置有胸墙,考虑到胸墙所受自重力和墙后土压力对墙后趾所产生的力矩与波浪力、浮托力对墙后趾产生的力矩平衡,适当增大堤身厚度有利于增大墙后土压力,从而有利于增加胸墙稳定性。同时,考虑到防波堤的日后维护,在堤顶可能需要一条 8 m 宽的道路。再者,考虑到防波堤修筑时的工艺要求,堤顶宽度也不宜过窄,否则不利于施工。综合考虑,最终确定堤顶的有效宽度为

$$B'=堤顶道路宽度+胸墙宽度=8+1.5=9.5 \text{ m}。$$

取堤顶宽度为 9.5 m(有效宽度)。

5.2.3 边坡坡度

根据《防波堤与护岸设计规范》(JTS154—2018)之 4.2.9 的规定,采用人工块体构成护面的斜坡堤,边坡坡度应为 1∶(1.25～2.0),如抛填或安放块石,坡度范围为 1∶(1.5～3.0)。因此,本防波堤的外海侧边坡取值 1∶1.5,块石护面的港侧边坡取值 1∶2。

5.3 断面构造的确定

5.3.1 护面块体稳定重量和护面层厚度

1. 外坡护面块体稳定重量与厚度

(1)外坡护面块体稳定重量。在斜坡堤设计中,护面块体的稳定重量通常按照《防波堤与护岸设计规范》(JTS154—2018)之 4.3.7 的规定来确定,即在波浪正向作用下,且堤前波浪不破碎,斜坡堤堤身在计算水位上、下一倍设计波高之间的护面块体,单个块体的稳定重量可按式(2.2.7)和式(2.2.8)计算。

在护面型式的选择中,由表 5.3.1 可知,当选用扭王字块体只安放一层时,其容许失稳率 n 为零,即当风暴潮来临时,如果扭王字块体发生失稳、破坏,很难保证堤身的安全;而若选用扭工字块体安放两层,当大的风暴潮来临时,如果第一层扭工字块体发生倾覆,则还有底层扭工字块体的掩护,相比扭王字块体只安放一层安全性要更高。再根据技术、经济综合分析比较,确定堤头、堤身采用扭工字块体且安放两层。

表 5.3.1 护面型式与 n 值、K_D 值表

护面型式		$n(\%)$	K_D
护面块体	构造型式		
块石	抛填 2 层	1~2	4.0
	安放 1 层	0~1	5.5
方块	随机安放	1~2	5.0
四脚锥体	随机安放 2 层	0~1	8.5
四脚空心方块	规则安放 1 层	0	14
扭工字块体	安放 2 层	0	15~18
扭王字块体	安放 1 层	0	15~18

注:n 为护面块体容许失稳率,即静水位上、下各 1 倍设计波高范围内护面块体的可允许的失稳个数与这一范围内安放的护面块体总数的最大比值。

外坡护面块体稳定重量为

$$W=0.1\ \frac{23\times3.97^3}{18\times\left(\frac{23}{10.25}-1\right)^3\times1.5}=2.769\ \text{t}$$

根据技术、经济和安全综合分析比较,确定堤头、堤身采用 3 t 的扭工字块体(安放两层)。

(2)外坡护面层厚度。根据《防波堤与护岸设计规范》(JTS154—2018),外坡护面层厚度按式(2.2.9)计算。式中,护面块体层数由 5.3.1 节可知 $n'=2$;块体形状系数查表 5.3.2 可得 $c=1.2$。

表 5.3.2　块体形状系数 c 和护面块体空隙率 P'

护面块体	构造型式	c	$P'(\%)$	说明
块石	抛填 2 层	1.0	40	—
	立放 1 层	1.3～1.4	—	—
四脚锥体	安放 2 层	1.0	50	—
扭工字块体	安放 2 层	1.2	60	随机安放
		1.0	60	规则安放
扭王字块体	安放 1 层	1.3	50	随机安放
		1.3	40	规则安放

外坡护面层厚度为

$$h=2\times1.2\times\left(\frac{3}{0.1\times23}\right)^{1/3}=2.62\ \text{m}$$

2. 内坡护面块体稳定重量与厚度

(1)内坡护面块体稳定重量。由于港侧防波堤所受的波浪力较小,为了节省材料,降低工程造价,内坡直接采用天然块石充当护面块体,安全起见,一般取单块 150～200 kg 的块石。

(2)内坡护面块体厚度。根据工艺要求和施工方便考虑,可取内坡护面块石的厚度为 0.9 m。

5.3.2　垫层块石的重量和厚度

1. 垫层块石重量计算

外坡垫层块石重量取护面块体重量的 $1/20\sim1/10$。

即 $3\times(1/20\sim1/10)=0.15\sim0.3$ t,即 150～300 kg 块石。

由于堤头部分受力较复杂,垫层块石可以采用 200～300 kg 块石。

2. 垫层块石厚度

按照《防波堤与护岸设计规范》(JTS154—2018),斜坡堤护面的块石垫层厚度不应小于按式(2.2.9)计算出来的两层块石的厚度。式中,垫层块体层数 $n'=2$;垫层块石形状系数查表 5.3.2 可得 $c=1.0$;垫层块石重度 $\gamma_b=26.5$ kN/m³。

计算得出两层块石的厚度:

$$h=2\times1.0\times\left(\frac{0.15\sim0.3}{0.1\times26.5}\right)^{1/3}=0.77\sim0.97 \text{ m}$$

取 $h=0.90$ m。

5.3.3 堤前护底块石的稳定重量和厚度

1. 堤前最大波浪底流速

根据《防波堤与护岸设计规范》(JTS154—2018),堤前最大波浪底流速 V_{max} 按式(2.2.10)计算。

按照经验,在设计低水位时,堤前波浪底流速最大,故取设计低水位时计算:

$$H_{13\%}=3.50 \text{ m} \qquad L=73.65 \text{ m}$$

$$d=11.5+0.03=11.53 \text{ m}$$

$$V_{max}=\frac{\pi\times3.50}{\sqrt{\dfrac{\pi\times73.65}{9.8}\sinh\dfrac{4\pi\times11.53}{73.65}}}=1.21 \text{ m/s}$$

2. 护底块石的稳定重量

根据计算所得堤前最大波浪底流速,查看《防波堤与护岸设计规范》(JTS154—2018)之表 4.3.24,选用 60～100 kg 块石作为斜坡堤的护底。护底块石采用两层,与上述方法相同,经计算护底块石的厚度取 0.80 m。

综上,防波堤部分块石稳定重量及其厚度列于表 5.3.3。

表 5.3.3 块石稳定重量及其厚度一览表

名称	稳定重量(kg)	选取重量(kg)	厚度(m)
外坡扭工字护面块体	2 077	3 000	2.62
外坡垫层块石	150～300	200～300	0.90
内坡护面块石	150～200	150～200	0.90

(续表)

名称	稳定重量(kg)	选取重量(kg)	厚度(m)
外坡护底块石	60～100	60～100	0.80
内坡护底块石	60～100	60～100	0.80

注:对于堤头部分,由于受力较复杂,可适当加大块石的重量及稳定厚度。

此外,根据《防波堤与护岸设计规范》(JTS154—2018)之 4.3.23,护底的防护宽度不应小于 0.25 倍波长,即设计水位与坡面交线至坡脚前护底边缘的距离不小于 19.91 m;坡脚前的护底宽度,堤身段不应小于 5 m,堤头段不应小于 10 m。

5.3.4　其他构造

1. 堤心

根据《防波堤与护岸设计规范》(JTS154—2018)之 4.4.1,并结合当地情况,斜坡堤的堤心材料采用 10～100 kg 块石。

2. 肩台

根据《防波堤与护岸设计规范》(JTS154—2018)之 4.3.14,当肩台顶面高程低于设计低水位以下 1.5 倍设计波高值时,肩台以下护面的块体重量可采用不小于肩台以上护面块体重量的 0.5 倍。通常,肩台的宽度应至少满足随机安放 3 块人工块体。本斜坡堤的肩台设置在护面块体底部,顶高程－7.18 m,肩台宽度 6.0 m。为施工方便,肩台上下的护面块体重量应一致。

3. 胸墙

根据《防波堤与护岸设计规范》(JTS154—2018)之 4.4.8,胸墙应设变形缝。变形缝的间距取 15 m,变形缝的宽度取 30 mm,用弹性材料填充。

4. 堤头段构造

根据《防波堤与护岸设计规范》(JTS154—2018)之 4.4.9,堤头段的长度可采用 15～30 m;堤头段护面块体的重量应大于堤身外坡护面块体重量,也可将堤头段两侧的坡度适当放缓;堤头段的护底结构应较堤身适当加强。

5.3.5　确定防波堤断面图

经过上述构造,绘制该防波堤堤身和堤头断面图如下:

(1)防波堤堤身的结构如图 5.3.1 所示。

(2)防波堤堤头的结构如图 5.3.2 所示。

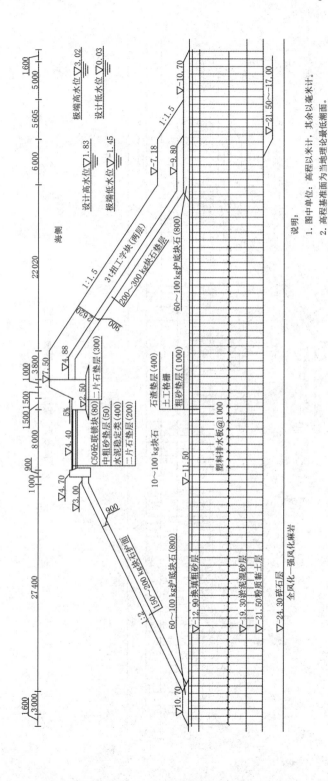

图5.3.1　防波堤堤身断面尺寸

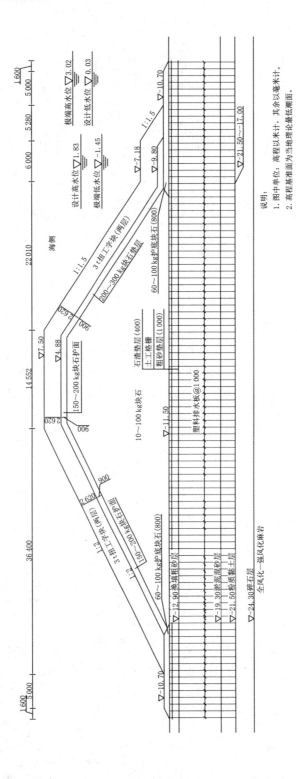

图5.3.2 防波堤堤头断面尺寸图

5.4 胸墙的稳定性计算

开展胸墙的稳定性验算时,为了简化,沿堤身纵轴,取每延米长度的胸墙进行。

5.4.1 胸墙的作用标准值计算及相应组合

1. 持久组合

(1)设计高水位 1.83 m 时:

1)胸墙的作用标准值计算。

各力分布如图 5.4.1 所示。

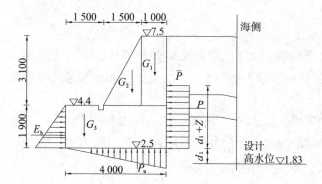

高程单位:m;尺寸单位:mm

图 5.4.1 设计高水位情况下胸墙受力示意图(持久组合)

①单位长度胸墙上自重力标准值 G 的计算:
$$G_1 = 1.0 \times 3.1 \times 23 = 71.30 \text{ kN/m}$$
$$G_2 = 0.5 \times 1.5 \times 3.1 \times 23 = 53.48 \text{ kN/m}$$
$$G_3 = 4.0 \times 1.9 \times 23 = 174.80 \text{ kN/m}$$
$$G = G_1 + G_2 + G_3 = 299.58 \text{ kN/m}$$

②无因次参数 ξ、ξ_b 根据《港口与航道水文规范》(JTS145—2015)按式(2.2.12)和式(2.2.13)计算:
$$d_1 = 1.83 - 2.5 = -0.67 \text{ m}$$
$$d = 1.83 - (-11.50) = 13.33 \text{ m}$$
$$H_{1\%} = 5.44 \text{ m} \qquad L = 77.45 \text{ m}$$

$$\xi = \left(\frac{-0.67}{13.33}\right)\left(\frac{13.33}{5.44}\right)^{2\pi \times 5.44/77.45} = -0.075$$

$$\xi_b = 3.29\left(\frac{5.44}{77.45} + 0.043\right) = 0.373$$

③由于 $\xi < \xi_b$，根据《港口与航道水文规范》(JTS145—2015)，波峰作用时胸墙上平均压力强度 $\bar{p}$ 按式(2.2.11)计算。由 $L/H = 77.45/5.44 = 14.24$，$\xi = -0.075$，查《港口与航道水文规范》(JTS145—2015)之图 10.2.11-2 得，平均压强系数 $K_p = 3.35$。

$$\bar{p} = 0.24 \times 10.25 \times 5.44 \times 3.35 = 44.83 \text{ kPa}$$

④胸墙上波压力分布高度 $d_1 + z$，根据《港口与航道水文规范》(JTS145—2015)，按式(2.2.14)计算。由无因次参数 ξ 和波坦 L/H，查《港口与航道水文规范》(JTS145—2015)之图 10.2.11-2 得，波压力作用高度系数 $K_z = 0.65$。

$$d_1 + z = 5.44 \times \tanh\left(\frac{2\pi \times 13.33}{77.45}\right) \times 0.65 = 2.81 \text{ m}$$

⑤单位长度胸墙上水平波浪力标准值 P 的计算：因胸墙前安放两排两层扭工字块体，故作用在胸墙上的水平波浪力标准值和波浪浮托力标准值应乘以0.6的折减系数。

$$P = 0.6\bar{p}(d_1 + z) = 0.6 \times 44.83 \times 2.81 = 75.49 \text{ kN/m}$$

⑥单位长度胸墙底面上的波浪浮托力标准值 P_u 按式(2.2.16)计算，波浪浮托力折减系数 μ 采用0.7，胸墙底宽 $B = 4.0$ m。

$$P_u = 0.6 \times 0.7 \times \frac{4.0 \times 44.83}{2} = 37.66 \text{ kN/m}$$

⑦单位长度胸墙内侧土压力标准值 E_b 计算：当胸墙底面埋深 $\geqslant 1.0$ m 时，内侧地基土或填石的被动土压力可按有关公式计算并乘以 0.3 折减系数作为土压力标准值。墙后填石：

$$\varphi = 45°, \gamma = 18 \text{ kN/m}^3$$

$$K_P = \tan^2\left(45° + \frac{\varphi}{2}\right) = \tan^2\left(45° + \frac{45°}{2}\right) = 5.828$$

$$e_P = \gamma h K_P = 18 \times 1.9 \times 5.828 = 199.33 \text{ kPa}$$

$$E_b = \frac{1}{2}e_P h \times 0.3 = \frac{1}{2} \times 199.33 \times 1.9 \times 0.3 = 56.81 \text{ kN/m}$$

2)胸墙作用标准值产生的力矩计算。

①单位长度胸墙自重力标准值对胸墙后趾的稳定力矩 M_G 的计算：

$$M_G = 71.30 \times \left(1.5 + 1.5 + \frac{1.0}{2}\right) + 53.48 \times \left(1.5 + \frac{2 \times 1.5}{3}\right)$$

$$+ 174.80 \times \frac{4.0}{2} = 732.84 \ (\mathrm{kN \cdot m})/\mathrm{m}$$

②单位长度胸墙上水平波浪力标准值对胸墙后趾的倾覆力矩 M_P 的计算：

$$M_P = P \times \frac{d_1 + z}{2} = 75.49 \times 2.81 = 105.94 \ (\mathrm{kN \cdot m})/\mathrm{m}$$

③单位长度胸墙上波浪浮托力标准值对胸墙后趾的倾覆力 M_u 的计算：

$$M_u = \frac{2}{3} P_u \cdot B = \frac{2}{3} \times 37.66 \times 4.0 = 100.42 \ (\mathrm{kN \cdot m})/\mathrm{m}$$

④单位长度土压力标准值对胸墙后趾的稳定力矩 M_E 的计算：

$$M_E = E_b \times \frac{h}{3} = 56.81 \times \frac{1.9}{3} = 35.98 \ (\mathrm{kN \cdot m})/\mathrm{m}$$

（2）极端高水位 3.02 m 时：

1）胸墙的作用标准值计算。

各力分布如图 5.4.2 所示。

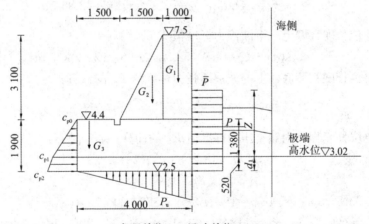

高程单位：m；尺寸单位：mm

图 5.4.2 极端高水位情况下胸墙受力示意图（持久组合）

①单位长度胸墙上自重力标准值 G 的计算：

$$G_1 = 1.0 \times 3.1 \times 23 = 71.30 \ \mathrm{kN/m}$$

$$G_2 = 0.5 \times 1.5 \times 3.1 \times 23 = 53.48 \ \mathrm{kN/m}$$

$$G_3 = 4.0 \times 1.38 \times 23 + 4.0 \times 0.52 \times 13 = 154.00 \ \mathrm{kN/m}$$

$$G = G_1 + G_2 + G_3 = 278.78 \ \mathrm{kN/m}$$

②无因次参数 ξ、ξ_b 的计算：

$$d_1 = 3.02 - 2.5 = 0.52 \text{ m}$$

$$d = 11.5 + 3.02 = 14.52 \text{ m}$$

$$H_{1\%} = 5.58 \text{ m} \qquad L = 79.65 \text{ m}$$

$$\xi = \left(\frac{0.52}{14.52}\right)\left(\frac{14.52}{5.58}\right)^{2\pi \times 5.58/79.65} = 0.055$$

$$\xi_b = 3.29\left(\frac{5.58}{79.65} + 0.043\right) = 0.37$$

③波峰作用时胸墙上平均压力强度 $\bar{p}$ 的计算：由 $L/H = 79.65/5.58 = 14.27$，$\xi = 0.055$，查《港口与航道水文规范》(JTS145—2015)之图 10.2.11-2 得，平均压强系数 $K_p = 3.9$。

$$\bar{p} = 0.24 \times 10.25 \times 5.58 \times 3.9 = 53.53 \text{ kPa}$$

④胸墙上波压力分布高度 $d_1 + z$ 的计算：由无因次参数 ξ 和波坦 L/H，查《港口与航道水文规范》(JTS145—2015)之图 10.2.11-2 得，波压力作用高度系数 $K_z = 0.65$。

$$d_1 + z = 5.58 \times \tanh\left(\frac{2\pi \times 14.52}{79.65}\right) \times 0.65 = 2.96 \text{ m}$$

⑤单位长度胸墙上水平波浪力标准值 P 的计算：

$$P = 0.6\bar{p}(d_1 + z) = 0.6 \times 53.53 \times 2.96 = 95.09 \text{ kN/m}$$

⑥单位长度胸墙底面上的波浪浮托力标准值 P_u 的计算：

$$P_u = 0.6 \times 0.7 \times \frac{4.0 \times 53.53}{2} = 44.97 \text{ kN/m}$$

⑦单位长度胸墙内侧土压力标准值 E_b 的计算。墙后填石：

$$\varphi = 45°, \gamma = 18 \text{ kN/m}^3, K_P = 5.828$$

$$e_{p0} = 0$$

$$e_{p1} = \gamma h K_P = 18 \times 1.38 \times 5.828 = 144.78 \text{ kPa}$$

$$e_{p2} = (\gamma h + \gamma' h') K_P = (18 \times 1.38 + 10 \times 0.52) \times 5.828 = 175.09 \text{ kPa}$$

$$E_b = \frac{1}{2}[e_{p1} h_1 + (e_{p1} + e_{p2}) h_2] \times 0.3 = 54.92 \text{ kN/m}$$

2)胸墙作用标准值产生的力矩计算。

①单位长度胸墙自重力标准值对胸墙后趾的稳定力矩 M_G 的计算：

$$M_G = 71.30 \times \left(1.5 + 1.5 + \frac{1.0}{2}\right) + 53.48 \times \left(1.5 + \frac{2 \times 1.5}{3}\right) + 154.00 \times \frac{4.0}{2}$$

$$= 691.24 \ (\text{kN} \cdot \text{m})/\text{m}$$

②单位长度胸墙上水平波浪力标准值对胸墙后趾的倾覆力矩 M_P 的计算：

$$M_P = P \times \frac{d_1 + z}{2} = 95.09 \times \frac{2.96}{2} = 140.76 \ (\text{kN} \cdot \text{m})/\text{m}$$

③单位长度胸墙上波浪浮托力标准值对胸墙后趾的倾覆力距 M_u 的计算：

$$M_u = P_u \times \frac{2}{3} B = 44.97 \times \frac{2 \times 4.0}{3} = 119.92 \ (\text{kN} \cdot \text{m})/\text{m}$$

④单位长度土压力标准值对胸墙后趾的稳定力矩 M_E 的计算：

$$M_E = 29.97 \times \left(\frac{1.38}{3} + 0.52 \right) + 24.95 \times 0.252 = 35.65 \ (\text{kN} \cdot \text{m})/\text{m}$$

2. 短暂组合（施工期）

此时仅考虑设计高水位 1.83 m 时的情况。

(1)胸墙的作用标准值计算：

各力分布如图 5.4.3 所示。

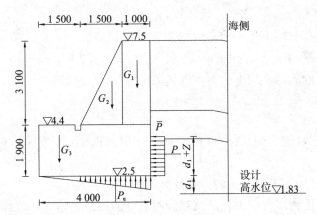

高程单位:m;尺寸单位:mm

图 5.4.3　设计高水位时胸墙受力示意图(短暂组合)

①单位长度胸墙上自重力标准值 G 的计算：

$$G_1 = 1.0 \times 3.1 \times 23 = 71.30 \ \text{kN/m}$$
$$G_2 = 0.5 \times 1.5 \times 3.1 \times 23 = 53.48 \ \text{kN/m}$$
$$G_3 = 4.0 \times 1.9 \times 23 = 174.80 \ \text{kN/m}$$
$$G = G_1 + G_2 + G_3 = 299.58 \ \text{kN/m}$$

②无因次参数 ξ、ξ_b 的计算：

$$d_1 = 1.83 - 2.5 = -0.67 \ \text{m}$$
$$d = 11.5 + 1.83 = 13.33 \ \text{m}$$

$$H_{1\%}=3.16 \text{ m} \qquad L=44.96 \text{ m}$$

$$\xi=\left(\frac{-0.67}{13.33}\right)\left(\frac{13.33}{3.16}\right)^{2\pi\times3.16/44.96}=-0.095$$

$$\xi_b=3.29\left(\frac{3.16}{44.96}+0.043\right)=0.373$$

③波峰作用时胸墙上平均压力强度 $\overline{p}$ 的计算：由 $L/H=44.96/3.16=14.23$，$\xi=-0.095$，查《港口与航道水文规范》(JTS145—2015)之图 10.2.11-2 得，平均压强系数 $K_p=3.25$。

$$\overline{p}=0.24\times10.25\times3.16\times3.25=25.26 \text{ kPa}$$

④胸墙上波压力分布高度 d_1+z 的计算：由无因次参数 ξ 和波坦 L/H，查《港口与航道水文规范》(JTS145—2015)之图 10.2.11-2 得，波压力作用高度系数 $K_z=0.48$。

$$d_1+z=3.16\times\tanh\left(\frac{2\pi\times7.0}{44.96}\right)\times0.48=1.45 \text{ m}$$

⑤单位长度胸墙上水平波浪力标准值 P 的计算：

$$P=\overline{p}(d_1+z)=25.26\times1.45=36.52 \text{ kN/m}$$

⑥单位长度胸墙底面上的波浪浮托力标准值 P_u 的计算：

$$P_u=0.7\times\frac{4.0\times25.26}{2}=35.37 \text{ kN/m}$$

在短暂组合(施工期)时胸墙内侧填土作用力很小，可以不予考虑，在此不再进行计算。

(2)胸墙作用标准值产生的力矩计算。

①单位长度胸墙自重力标准值对胸墙后趾的稳定力矩 M_G 的计算：

$$M_G=71.30\times\left(1.5+1.5+\frac{1.0}{2}\right)+53.48\times\left(1.5+\frac{2\times1.5}{3}\right)$$

$$+174.80\times\frac{4.0}{2}=732.84 \text{ (kN·m)/m}$$

②单位长度胸墙上水平波浪力标准值对胸墙后趾的倾覆力矩 M_P 的计算：

$$M_P=P\times\frac{d_1+z}{2}=36.52\times\frac{1.45}{2}=26.39 \text{ (kN·m)/m}$$

③单位长度胸墙上波浪浮托力标准值对胸墙后趾的倾覆力 M_u 的计算：

$$M_u=P_u\times\frac{2}{3}B=35.37\times\frac{2\times4.0}{3}=94.32 \text{ (kN·m)/m}$$

综上，不同组合及水位情况下，胸墙所受作用力计算结果汇总于表5.4.1,胸墙所受作用相对胸墙后趾力矩计算结果汇总于表5.4.2。

表 5.4.1 胸墙作用力计算结果表（每延米）　　　　单位:kN/m

组合情况	持久组合		短暂组合（施工期）
设计水位	设计高水位	极端高水位	设计高水位
胸墙自重	299.58	278.78	299.58
水平波浪力作用	75.49	95.09	36.52
波浪浮托力作用	37.66	44.97	35.37
胸墙内侧土压力作用	56.81	54.92	—

表 5.4.2 胸墙相对后趾力矩计算结果表（每延米）　　单位:(kN·m)/m

组合情况	持久组合		短暂组合（施工期）
设计水位	设计高水位	极端高水位	设计高水位
胸墙自重	732.84	691.24	732.84
水平波浪力作用	105.94	140.76	26.39
波浪浮托力作用	100.42	119.92	94.32
胸腔墙侧土压力作用	35.98	35.65	—

5.4.2 胸墙抗滑稳定性的验算

沿墙底抗滑稳定性的承载能力极限状态设计可按下式计算:

$$\gamma_0 \gamma_P P \leqslant (\gamma_G G - \gamma_u P_u) f + \gamma_E E_b \qquad (5.4.1)$$

式中,γ_0 为结构重要性系数,查《防波堤与护岸设计规范》取值 1.0;γ_P 为水平波浪力分项系数,持久组合:设计高水位取 1.3,极端高水位取1.2,短暂组合取 1.2;P 为作用在胸墙海侧面上的水平波浪力标准值(kN);γ_G 为自重力分项系数,取 1.0;G 为胸墙自重力标准值(kN);γ_u 为波浪浮托力分项系数,持久组合:设计高水位取 1.1,极端高水位取1.0,短暂组合取 1.0;P_u 为作用在胸墙底面上的波浪浮托力标准值(kN);γ_E 为被动土压力分项系数,取 1.0;E_b 为内侧面地基土或填石的被动土压力标准值(kN);f 为胸墙底面摩擦系数设计值,取 $f=0.6$。

1. 持久组合

(1)设计高水位 1.83 m 时,式(5.4.1)的计算结果如下:

左式=1.0×1.3×75.49=98.14 kN

右式＝(1.0×299.58－1.1×37.66)×0.6＋1.0×56.81＝211.70 kN

左式＜右式,满足要求。

(2)极端高水位 3.02 m 时,式(5.4.1)的计算结果如下:

左式＝1.0×1.2×95.09＝114.11 kN

右式＝(1.0×278.78－1.0×44.97)×0.6＋1.0×54.92＝195.20 kN

左式＜右式,满足要求。

2. 短暂组合(施工期)

设计高水位 1.83 m 时,式(5.4.1)的计算结果如下:

左式＝1.0×1.2×36.52＝43.82 kN

右式＝(1.0×299.58－1.0×35.37)×0.6＋0＝158.52 kN

左式＜右式,满足要求。

5.4.3 胸墙抗倾稳定性验算

沿墙底抗倾稳定性的承载能力极限状态设计可按下式计算:

$$\gamma_0(\gamma_P M_P + \gamma_u M_u) \leqslant \frac{1}{\gamma_d}(\gamma_G M_G + \gamma_E M_E) \tag{5.4.2}$$

式中,γ_d 为结构系数,取 1.25;M_P 为水平波浪力的标准值对胸墙后趾的倾覆力矩(kN·m);M_u 为波浪浮托力的标准值对胸墙后趾的倾覆力矩(kN·m);M_G 为胸墙自重力的标准值对胸墙后趾的稳定力矩(kN·m);M_E 为土压力的标准值对胸墙后趾的稳定力矩(kN·m);其他各项系数意义同前。

1. 持久组合

(1)设计高水位 1.83 m 时,式(5.4.2)的计算结果如下:

左式＝1.0×(1.3×105.94＋1.1×100.42)＝248.19 kN·m

右式＝1/1.25×(1.0×732.84＋1.0×35.98)＝615.05 kN·m

左式＜右式,满足要求。

(2)极端高水位 3.02 m 时,式(5.4.2)的计算结果如下:

左式＝1.0×(1.2×140.76＋1.0×119.92)＝288.83 kN·m

右式＝1/1.25×(1.0×691.24＋1.0×35.65)＝581.51 kN·m

左式＜右式,满足要求。

2. 短暂组合(施工期)

设计高水位 1.83 m 时,式(5.4.2)的计算结果如下:

左式＝1.0×(1.2×26.39＋1.0×94.32)＝125.99 kN·m

右式＝1/1.25×(1.0×732.84＋0)＝586.27 kN·m

左式<右式,满足要求。

综上,不同组合及水位情况下胸墙稳定性验算汇总于表5.4.3。

表 5.4.3　胸墙稳定性验算表(每延米)

组合情况	设计水位	抗滑稳定性验算		抗倾稳定性验算	
		抗滑作用力 (kN)	滑动作用力 (kN)	稳定力矩 (kN·m)	倾覆力矩 (kN·m)
持久组合	设计高水位	211.70	98.14	615.05	248.19
	极端高水位	195.20	114.11	581.51	288.83
短暂组合	设计高水位	158.52	43.82	586.27	125.99

对于持久组合以及短暂组合情况下的设计低水位,波浪作用在胸墙上的作用力,包括波浪浮托力和波浪水平作用力都会减小,对胸墙的抗滑、抗倾稳定是有利的,在设计高水位以及极端高水位满足稳定性要求的情况下,可不验算低水位时的稳定性。

5.5　整体稳定性验算

根据《防波堤与护岸设计规范》(JTS154—2018),斜坡堤的整体稳定性应按《水运工程地基设计规范》(JTS147—2017)的有关规定执行,计算时可不计波浪的作用。验算时,沿堤身纵轴取每延米长度进行计算。

土坡和地基的稳定性验算,其危险滑弧应满足极限状态设计表达式(2.2.19);采用简单条分法,其滑动力矩设计值和抗滑力矩标准值分别按式(2.2.20)和式(2.2.21)计算。

本计算结果由"丰海港口工程计算系统"计算得出,所考虑的情况为持久状况。

5.5.1　港侧地基稳定性验算

1. 计算条件

(1)土层。土层线总数:6。各层坐标如表5.5.1至表5.5.6所示。

①土层线序号:1。节点数:18。类型:土层线。

表 5.5.1　1 号土层线外形轮廓线表

节点号	X 坐标(m)	Y 坐标(m)	节点号	X 坐标(m)	Y 坐标(m)
1	−200	−0.954	10	12.149	14.945
2	−43.118	−0.954	11	12.149	15.245
3	−41.818	−0.304	12	13.049	15.245
4	−36.818	−0.304	13	13.049	13.545
5	−30.188	4.115	14	14.049	13.545
6	−24.188	4.115	15	38.812	1.164
7	−3.293	18.045	16	41.812	1.164
8	1.499	18.045	17	46.049	−0.954
9	2.999	14.945	18	200	−0.954

②土层线序号:2。节点数:2。类型:土层线。

表 5.5.2　2 号土层线外形轮廓线表

节点号	X 坐标(m)	Y 坐标(m)
1	−43.118	−0.954
2	46.049	−0.954

③土层线序号:3。节点数:2。类型:土层线。

表 5.5.3　3 号土层线外形轮廓线表

节点号	X 坐标(m)	Y 坐标(m)
1	−200	−2.354
2	200	−2.354

④土层线序号:4。节点数:2。类型:土层线。

表 5.5.4　4 号土层线外形轮廓线表

节点号	X 坐标(m)	Y 坐标(m)
1	−200	−8.754
2	200	8.754

⑤土层线序号:5。节点数:2。类型:土层线。

表 5.5.5　5 号土层线外形轮廓线表

节点号	X 坐标(m)	Y 坐标(m)
1	−200	−10.954
2	200	−10.954

⑥土层线序号:6。节点数:2。类型:土层线。

表 5.5.6　6 号土层线外形轮廓线表

节点号	X 坐标(m)	Y 坐标(m)
1	−200	−13.754
2	200	−13.754

(2)土层物理力学指标如表 5.5.7 所示。

表 5.5.7　各土层土壤物理性质参数表

土层	黏聚力 (kPa)	内摩擦角 (°)	天然重度 (kN/m³)	浮重度 (kN/m³)	饱和重度 (kN/m³)
1	0	40	17	10	19.75
2	0	35	18	9.5	19.75
3	19	27.1	19.3	10.21	20.46
4	18	31.72	18.3	9.5	19.75
5	0	45	17	11	21.25

(3)荷载。由于该防波堤为离岸堤,与陆地隔海相望,正常使用期间不存在通车、堆货等荷载。所以,该防波堤所考虑的荷载除地震荷载以外没有其他荷载,而且地震荷载作为一种特殊荷载,在考虑地震烈度时已经参与计算,此处不再重复计算。

(4)滑弧控制条件。计算滑弧底高程个数为 9,滑弧底高程分别为−13 m、−12 m、−11 m、−10 m、−8 m、−7 m、−6 m、−5 m、−4 m。

(5)其他条件:

①地震烈度 7。

②水平向地震系数 $K_h=0.10$。

③综合影响系数 $C=0.25$。

④分布系数 $\xi=1$。

2. 计算结果

(1)滑弧计算结果如表 5.5.8 所示。

表 5.5.8　滑弧计算结果表

圆心坐标 （m）	滑弧半径 （m）	抗滑力 （kN）	滑动力 （kN）	抗力分项系数	圆弧底高程 （m）
(33.40,25.95)	38.945	7 484.705	3 072.560	2.436	−13
(32.50,26.04)	38.045	6 748.861	2 959.923	2.280	−12
(31.10,25.04)	36.045	5 630.321	2 799.592	2.011	−11
(31.40,26.65)	36.645	5 126.090	2 698.136	1.900	−10
(30.10,27.25)	35.245	4 285.458	2 436.351	1.759	−8
(29.50,26.04)	33.045	3 851.115	2 199.167	1.751	−7
(30.50,29.04)	35.045	3 680.986	2 111.855	1.743	−6
(33.80,21.65)	26.645	2 273.028	1 304.568	1.742	−5
(33.70,21.95)	25.945	1 990.315	1 163.718	1.710	−4

(2)抗力分项系数最小时滑弧计算结果如表 5.5.9 所示。

表 5.5.9　抗力分项系数最小时的滑弧计算结果

圆心坐标(m)	滑弧半径(m)	抗力分项系数
(33.70,21.95)	25.945	1.710

即港侧的圆弧滑动最危险位置处：

滑动力矩设计值：$M_{sd}=1\ 163.718\ (kN\cdot m)/m$

抗滑力矩标准值：$M_{Rk}=1\ 990.315\ (kN\cdot m)/m$

根据《水运工程地基设计规范》(JTS147—2017)中对抗力分项系数的相关规定,可取 $\gamma_R=1.3$,则 $M_{Rk}/M_{sd}=1.710>1.3$,满足设计要求。

3. 计算结果图

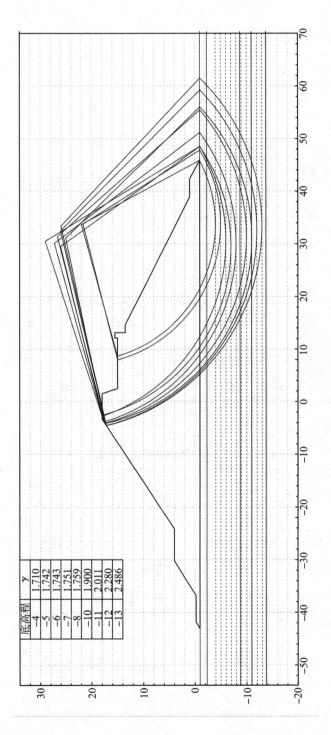

底高程	γ
−4	1.710
−5	1.742
−6	1.743
−7	1.751
−8	1.759
−10	1.900
−11	2.011
−12	2.280
−13	2.486

图5.5.1 港侧地基稳定软件计算结果图

5.5.2　海侧地基稳定验算

1. 计算条件

(1)土层。土层线总数:6。各层坐标如表 5.5.10 至表 5.5.15 所示。

①土层线序号:1。节点数:18。类型:土层线。

表 5.5.10　1 号土层线外形轮廓线表

节点号	X 坐标(m)	Y 坐标(m)	节点号	X 坐标(m)	Y 坐标(m)
1	−200	−0.954	10	−2.999	14.945
2	−46.049	−0.954	11	−1.499	18.045
3	−41.812	1.164	12	3.293	18.045
4	−38.812	1.164	13	24.188	4.115
5	−14.049	13.545	14	30.188	4.115
6	−13.049	13.545	15	36.818	−0.304
7	−13.049	15.245	16	41.818	−0.304
8	−12.149	15.245	17	43.118	−0.954
9	−12.149	14.945	18	200	−0.954

②土层线序号:2。节点数:2。类型:土层线。

表 5.5.11　2 号土层线外形轮廓线表

节点号	X 坐标(m)	Y 坐标(m)
1	−46.049	−0.954
2	43.118	−0.954

③土层线序号:3。节点数:2。类型:土层线。

表 5.5.12　3 号土层线外形轮廓线表

节点号	X 坐标(m)	Y 坐标(m)
1	−200	−2.354
2	200	−2.354

④土层线序号:4。节点数:2。类型:土层线。

表 5.5.13 4 号土层线外形轮廓线表

节点号	X 坐标(m)	Y 坐标(m)
1	−200	−8.754
2	200	−8.754

⑤土层线序号:5。节点数:2。类型:土层线。

表 5.5.14 5 号土层线外形轮廓线表

节点号	X 坐标(m)	Y 坐标(m)
1	−200	−10.954
2	200	−10.954

⑥土层线序号:6。节点数:2。类型:土层线。

表 5.5.15 6 号土层线外形轮廓线表

节点号	X 坐标(m)	Y 坐标(m)
1	−200	−13.754
2	200	−13.754

(2)土层物理力学指标如表 5.5.16 所示。

表 5.5.16 各土层土壤物理性质参数表

土层	黏聚力 (kPa)	内摩擦角 (°)	天然重度 (kN/m³)	浮重度 (kN/m³)	饱和重度 (kN/m³)
1	0	40	17	10	19.75
2	0	35	18	9.5	19.75
3	19	27.1	19.3	10.21	20.46
4	18	31.72	18.3	9.5	19.75
5	0	45	17	11	21.25

(3)荷载。由于该防波堤为离岸堤,与陆地隔海相望,正常使用期间不存在通车、堆货等荷载。所以,该防波堤所考虑的荷载除地震荷载以外没有其他荷载,而且地震荷载作为一种特殊荷载,在考虑地震烈度时已经参与计算,此处不再重复计算。

(4)滑弧控制条件。计算滑弧底高程个数为 9,滑弧底高程分别为−13 m、−12 m、−11 m、−10 m、−8 m、−7 m、−6 m、−5 m、−4 m。

（5）其他条件：

①地震烈度 7。

②水平向地震系数 K_h＝0.10。

③综合影响系数 C＝0.25。

④分布系数 ξ＝1。

2. 计算结果

（1）滑弧计算结果如表 5.5.17 所示。

表 5.5.17　滑弧计算结果表

圆心坐标 （m）	滑弧半径 （m）	抗滑力 （kN）	滑动力 （kN）	抗力分项系数	滑弧底高程 （m）
(30.19,19.65)	32.645	6 230.989	2 663.154	2.340	−13
(30.19,20.95)	32.945	5 640.314	2 596.907	2.172	−12
(26.89,18.05)	29.045	4 637.142	2 435.279	1.904	−11
(26.49,18.35)	28.345	4 142.214	2 321.110	1.785	−10
(26.79,20.85)	28.845	3 485.485	2 153.391	1.619	−8
(25.59,20.05)	27.045	3 177.784	1 994.257	1.593	−7
(24.89,20.65)	26.645	2 999.651	1 914.213	1.567	−6
(25.19,21.25)	26.245	2 692.733	1 749.749	1.539	−5
(26.19,23.25)	27.245	2 451.048	1 619.675	1.513	−4

（2）抗力分项系数最小时滑弧计算结果如表 5.5.18 所示。

表 5.5.18　抗力分项系数最小时的滑弧计算结果

圆心坐标(m)	滑弧半径(m)	抗力分项系数
(26.19,23.25)	27.245	1.513

即海侧的圆弧滑动最危险位置处（每延米）：

滑动力矩设计值：M_{sd}＝1 619.675 (kN・m)/m

抗滑力矩标准值：M_{Rk}＝2 451.048 (kN・m)/m

根据《水运工程地基设计规范》(JTS147—2017)中对抗力分项系数的相关规定，可取 γ_R＝1.3，则 M_{Rk}/M_{sd}＝1.513＞1.3，满足设计要求。

3. 计算结果图

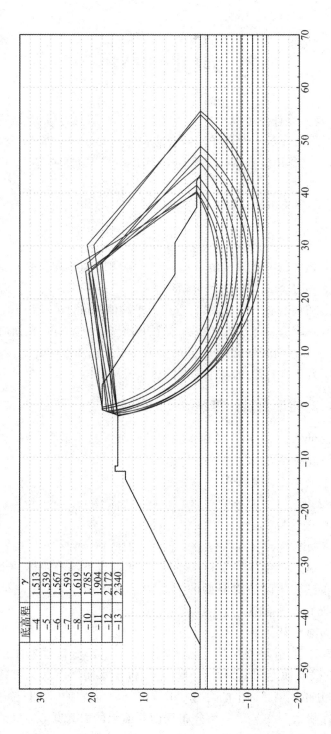

底高程	γ
−4	1.513
−5	1.539
−6	1.567
−7	1.593
−8	1.619
−10	1.785
−11	1.904
−12	2.172
−13	2.340

图5.5.2 海侧地基稳定软件计算结果图

5.6 地基沉降计算

《水运工程地基设计规范》(JTS147—2017)之 7.1.3 规定:地基沉降应计算持久状况下的最终沉降量。设计作用组合应采用持久状况正常使用极限状态的准永久组合,永久作用应采用标准值,可变作用应采用准永久值,计算水位宜采用设计低水位。

地基最终沉降量按下式计算:

$$S_{d\infty} = m_s \sum \frac{e_{1i} - e_{2i}}{1 + e_{1i}} h_i = \sum \frac{\Delta p_i}{E_{si}} \times h_i \qquad (5.6.1)$$

式中,$S_{d\infty}$ 为地基最终沉降量设计值(cm);e_{1i}、e_{2i} 分别为第 i 层土受到平均自重应力设计值(σ_{cdi})和平均最终应力设计值($\sigma_{cdi} + \sigma_{zdi}$)压缩稳定时的孔隙比设计值;$\sigma_{cdi}$ 为第 i 层土顶面与底面的地基自重应力平均值的设计值(kPa);σ_{zdi} 为第 i 层土顶面与底面的地基垂直附加应力平均值的设计值(kPa);m_s 为沉降计算经验系数,按经验选取或由现场试验确定;h_i 为第 i 层土的厚度(cm);Δp_i 为各个土层平均附加应力(kPa);E_{si} 为各个土层的压缩模量(kPa)。

5.6.1 每延米防波堤自重计算

由于在设计低水位时,相比其他水位时的防波堤自重最大,所以仅计算设计低水位时的防波堤自重。

1. 扭工字护面块体自重计算

根据《港口工程施工手册》,对于 3 t 扭工字块体,每 100 m² 块体的个数为 110 个(实际允许偏差为 5%)。

经过计算,在设计低水位时,位于水面以上的块体个数约为 13 块,平均分布到整个防波堤断面的力为 0.44 kN/m²,位于水面以下部分块体的个数约为 33 块,平均分布到整个防波堤断面的力为 1.11 kN/m²(扭工字块体密度为 2.3 t/m³,横断面宽度为 89.17 m)。

2. 垫层块石自重计算

在设计低水位时,外坡垫层块石位于水面以上的部分每延米体积为 9.80 m³,平均分布到横断面上的力为 0.23 kN/m²;位于水面以下部分每延米体积 28.36 m³,平均分布到横断面上的力为 0.67 kN/m²。内坡护面块石位于水面以上部分每延米体积为 5.99 m³,平均分布到横断面上的力为 0.14 kN/m²;位于水面以下部分每延米体积为 19.33 m³,平均分布到横断面上的力为 0.46 kN/m²(块石堆积密度为 2.1 t/m³)。

3. 堤心块石的自重计算

在设计低水位时,堤心块石位于水面以上部分每延米体积为 90.38 m³,位于水面以下部分每延米体积为 526.62 m³,平均分布到断面上的力为 9.69 kN/m²。

4. 护底块石自重计算(均位于设计低水位以下)

内坡、外坡两侧护底块石每延米体积之和为 27.34 m³,平均分布到横断面上的力为 0.71 kN/m²(护底块石堆积密度为 2.3 t/m³)。

综上,设计低水位时每延米防波堤自重计算结果汇总于表 5.6.1。

表 5.6.1　设计低水位时每延米防波堤自重计算表

名称	沿堤身每延米体积或块数		所取堆积密度 (t/m³)	产生的力 (kN/m²)
	设计低水位以上	设计低水位以下		
扭工字护面块体	13 块	33 块	—	0.44+1.11
垫层块石	9.80 m³	28.36 m³	2.1	0.23+0.67
内坡护面块石	5.99 m³	19.33 m³	2.1	0.14+0.46
堤心块石	90.38 m³	526.62 m³	1.4	9.69
护底块石	0	27.34 m³	2.3	0.71

5.6.2　地基沉降计算

将上述荷载相加,即得基底附加应力 p_0:

$p_0 = 0.44 + 1.11 + 0.23 + 0.67 + 0.14 + 0.46 + 9.69 + 0.71 = 13.45$ kN/m²

各个土层相关物理性质见表 5.6.2。

表 5.6.2　各土层物理性质表

土层号	层厚度 (m)	饱和重度 γ (kN/m³)	浮容重 γ' (kN/m³)	压缩模量 E_s (kPa)
①	1.4	19.75	9.5	30
②	6.4	20.46	10.21	12.91
③	2.2	19.75	9.50	6.07
④	2.8	21.25	11	44.15

1. 各个土层界面的自重应力 σ_{si} 计算

第一层上表面:

$$\sigma_{s0} = 0$$

第二层上表面(即第一层下表面):

$$\sigma_{s1} = 1.4 \times 9.50 = 13.30 \text{ kPa}$$

第三层上表面(即第二层下表面):

$$\sigma_{s2} = 13.30 + 6.4 \times 10.21 = 78.64 \text{ kPa}$$

第四层上表面(即第三层下表面):

$$\sigma_{s3} = 78.64 + 2.2 \times 9.50 = 99.54 \text{ kPa}$$

第四层下表面:

$$\sigma_{s4} = 99.54 + 2.8 \times 11 = 130.34 \text{ kPa}$$

2. 各个土层附加应力 σ_{zi} 计算

由于防波堤地基很大,可以近似看作无限长、宽的矩形地基,各土层的中轴线将矩形划分为两个小矩形。根据《水运工程地基设计规范》(JTS147—2017)中相关沉降计算的规定:

$$\sigma_{zi} = K_{ci} \cdot \sigma_{z0} \tag{5.6.2}$$

式中,K_{ci} 为矩形面上均布垂直荷载作用下,角点以下各土层底高程的附加应力系数,其值可以查《水运工程地基设计规范》(JTS147—2017)之附录 L 的表 L.0.1-1。

各土层附加应力计算结果如表 5.6.3 所示。

表 5.6.3　各土层附加应力 σ_{zi} 计算表($B = 89.17$ m)

	Z(m)	$m = L/B$	$n = Z/B$	K_c	σ_{zi}(kPa)
第一层下表面	1.4	>10	0.015 7	0.25	3.36
第二层下表面	7.8	>10	0.087 5	0.25	3.36
第三层下表面	10	>10	0.112 1	0.25	3.36
第四层下表面	12.8	>10	0.143 5	0.25	3.36

3. 垂直线各层平均附加应力 $\bar{\sigma}_{zi}$ 计算

$$\bar{\sigma}_{z1} = (\sigma_{z0} + \sigma_{z1})/2 = 3.36 \text{ kPa}$$

$$\bar{\sigma}_{z2} = (\sigma_{z1} + \sigma_{z2})/2 = 3.36 \text{ kPa}$$

$$\bar{\sigma}_{z3} = (\sigma_{z2} + \sigma_{z3})/2 = 3.36 \text{ kPa}$$

$$\bar{\sigma}_{z4} = (\sigma_{z3} + \sigma_{z4})/2 = 3.36 \text{ kPa}$$

4. 各土层沉降量以及总沉降量计算

$$S_1 = \frac{\Delta p_1}{E_{s1}} \times h_1 = \frac{\bar{\sigma}_{z1}}{E_{s1}} \times h_1 = \frac{3.36}{30} \times 1.4 = 0.16 \text{ cm}$$

$$S_2 = \frac{\Delta p_2}{E_{s2}} \times h_2 = \frac{\bar{\sigma}_{z2}}{E_{s2}} \times h_2 = \frac{3.36}{12.9} \times 6.4 = 1.67 \text{ cm}$$

$$S_3 = \frac{\Delta p_3}{E_{s3}} \times h_3 = \frac{\bar{\sigma}_{z3}}{E_{s3}} \times h_3 = \frac{3.36}{6.07} \times 2.2 = 1.22 \text{ cm}$$

$$S_4 = \frac{\Delta p_4}{E_{s4}} \times h_4 = \frac{\bar{\sigma}_{z4}}{E_{s4}} \times h_4 = \frac{3.36}{44.15} \times 2.8 = 0.21 \text{ cm}$$

总沉降量：

$$S = S_1 + S_2 + S_3 + S_4 = 0.16 + 1.67 + 1.22 + 0.21 = 3.26 \text{ cm}$$

满足沉降要求。

事实上，防波堤在建设过程中每填一定厚度都需要进行强夯，在建设过程中已经完全沉降。在防波堤建成后堤顶又没有任何较大荷载作用（除发生地震作用外），所以基本上可以不考虑防波堤沉降问题。

6 直立堤结构设计案例

本章介绍直立堤的设计案例。

6.1 设计条件

6.1.1 设计水位

设计高水位:2.30 m。
设计低水位:0.00 m。
极端高水位:2.99 m。
极端低水位:-0.99 m。

6.1.2 设计波浪

表 6.1.1 设计波浪要素表(极端高水位)

重现期 (年)	波向	$H_{1\%}$ (m)	$H_{4\%}$ (m)	$H_{5\%}$ (m)	$H_{13\%}$ (m)	T (s)
50	NNW	2.52	2.11	2.03	1.66	5.6
	N	2.04	1.70	1.64	1.36	4.4
	NNE	2.36	2.02	1.95	1.59	8.1
2	NNW	0.90	0.76	0.73	0.60	4.8
	N	0.38	0.32	0.31	0.25	3.9
	NNE	0.37	0.31	0.30	0.26	7.1

表 6.1.2　设计波浪要素表(设计高水位)

重现期 (年)	波向	$H_{1\%}$ (m)	$H_{4\%}$ (m)	$H_{5\%}$ (m)	$H_{13\%}$ (m)	T (s)
	NNW	2.41	2.02	1.94	1.59	5.5
50	N	1.91	1.59	1.53	1.27	4.4
	NNE	2.23	1.91	1.84	1.50	8.1
	NNW	0.89	0.75	0.72	0.59	4.8
2	N	0.36	0.30	0.29	0.24	3.9
	NNE	0.35	0.29	0.28	0.25	7.1

6.1.3　地质

工程区所揭露地层可分为 8 个工程地质层。

第 1 层淤泥:流塑状,含水量高,强度低。

第 2 层粉砂:实测标贯击数为 6 击,松散状,强度一般。

第 3 层粉质黏土:实测标贯击数为 6 击,可塑状,强度一般。

第 4 层中砂、细砂:实测标贯击数为 20 击,中密状,强度较高。

第 5 层粉质黏土:实测标贯击数为 12 击,可塑状,强度较高。

第 6 层中砂:实测标贯击数为 24 击,中—密实状,强度较高。

第 7 层中粗砂:实测标贯击数为 32 击,含砾,中—密实状,强度较高。

第 8 层强风化花岗岩。

在勘探深度范围内第 4 层及以下各层,强度较高,性质好,均可作为基础持力层,基础埋深和宽度视设计荷载大小和实际地质情况确定。

6.1.4　地震

根据《中国地震动参数区划图》(GB18306—2015),场区地震动峰值加速度为 $0.10g$,对应抗震设防烈度为 7 度,设计地震分组为第一组。

6.1.5　材料重度标准值

钢筋混凝土沉箱:$\gamma=25$ kN/m^3,$\gamma'=15.0$ kN/m^3。

沉箱浮游稳定计算时:$\gamma=24.5$ kN/m^3,$\gamma'=14.5$ kN/m^3。

混凝土胸墙:$\gamma=24.0$ kN/m³,$\gamma'=14.0$ kN/m³。

沉箱内填块石:$\gamma=18.0$ kN/m³,$\gamma'=11.0$ kN/m³。

基床块石:$\gamma'=11.0$ kN/m³。

6.1.6 结构安全等级

结构安全等级按照《防波堤与护岸设计规范》(JTS154—2018)之表 3.1.7 确定,该防波堤结构采用二级,破坏后果为严重。

6.2 断面的确定

根据《防波堤与护岸设计规范》(JTS154—2018)之 5.2.1,选择沉箱作为直立堤的墙身结构。上部结构采用直立面,并将胸墙后移,以达到减小波浪力的作用。

6.2.1 堤顶高程

根据使用要求,按允许少量越浪考虑。根据《防波堤与护岸设计规范》(JTS154—2018)之 5.2.2,堤顶高程宜定在设计高水位以上不小于 0.6 倍设计波高值处,即

$$堤顶高程=设计高水位+0.6H_{1\%}$$
$$=2.30+0.6\times2.52$$
$$=3.812 \text{ m}$$

结合总体布置综合考虑,确定堤顶高程为 4.0 m。

6.2.2 堤顶宽度

根据构造和工艺及使用要求综合确定,取沉箱腰身宽度 6.5 m,沉箱底宽 8.5 m,上部结构外侧堤顶宽度 3.7 m、内侧宽度 3 m。

6.2.3 墙身构造

根据《防波堤与护岸设计规范》(JTS154—2018)之 5.2.3,重力式直立堤墙身的顶高程宜高出施工水位不少于 0.3 m,故取沉箱顶高程为 1.5 m。根据规范之 5.4.3 的规定,上部结构的厚度不宜小于 1.0 m,沉箱堤身的上部结构嵌入沉箱的深度不宜小于 0.3 m。

根据《防波堤与护岸设计规范》(JTS154—2018)之 5.4.9,相邻两个沉箱之间设置垂直缝作为变形缝,缝宽 50 mm。

6.2.4 基床构造

按照工程地质情况,需先对直立堤的基础做块石地基换填,再设置抛石基床。故直立堤的基床形式确定为混合基床。基床采用 10～100 kg 的块石构成。

根据《防波堤与护岸设计规范》(JTS154—2018)之 5.2.4,确定明基床的外肩和内肩宽度分别为:

0.6 倍墙身宽度＝0.6×6.5＝3.9 m,取 4.0 m;

0.4 倍墙身宽度＝0.4×6.5＝2.6 m,取 3.0 m。

明基床的边坡坡度,外侧采用 1：2,内侧采用 1：1.5。

基床的厚度不小于 1.0 m,取 2.0 m。

6.2.5 堤头段

根据《防波堤与护岸设计规范》(JTS154—2018)之 5.4.11,堤头段的长度取堤身宽度的 1.5～2.0 倍;堤头段明基床的边坡应比堤身段的边坡适当放缓。故取堤头段长 12.79 m,堤身宽度 9.6 m,墙底宽 10.6 m;明基床边坡放缓至 1：1.5,外肩宽 5.0 m,内肩宽 4.0 m。

6.2.6 确定防波堤断面图

经过上述计算,绘制该防波堤堤身和堤头断面图如下:

防波堤堤身的结构如图 6.2.1 所示;

防波堤堤头的结构如图 6.2.2 所示。

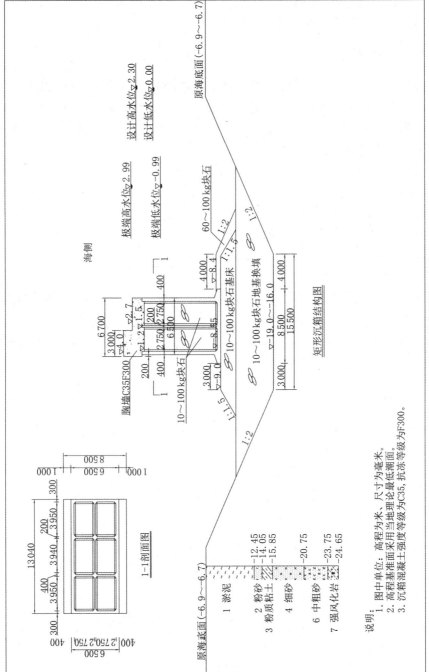

图6.2.1 防波堤堤身断面尺寸图

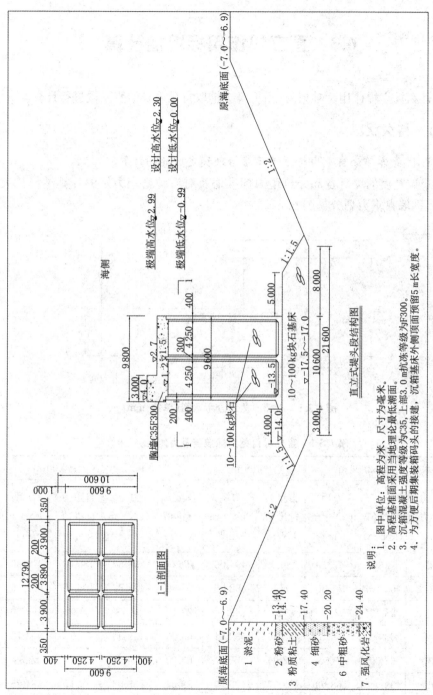

图6.2.2　防波堤堤头断面尺寸图

6.3 直立堤作用标准值计算

计算堤立堤作用标准值时,沿堤身纵轴取每延米长的直立段进行计算。

6.3.1 持久状况

1. 堤身各部分自重力标准值及对后踵稳定力矩的计算

单位宽度的堤身各部分自重力标准值及对后踵稳定力矩的计算结果见表 6.3.1,胸墙自重力划分见图 6.3.1。

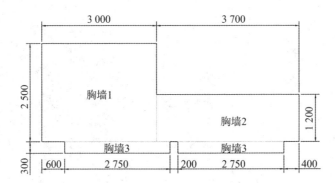

图 6.3.1 胸墙自重划分示意图(单位:mm)

表 6.3.1 直立堤自重力标准值及力矩(每延米)

设计水位	2.99 m		−0.99 m		2.30 m		0.00 m	
力和 力矩 项目	自重力 标准值 (kN/m)	力矩 〔(kN·m) /m〕	自重力 标准值 (kN/m)	力矩 〔(kN·m) /m〕	自重力 标准值 (kN/m)	力矩 〔(kN·m) /m〕	自重力 标准值 (kN/m)	力矩 〔(kN·m) /m〕
胸墙 1	135.30	311.19	180.00	414.00	156.00	358.80	180.00	414.00
胸墙 2	62.16	351.20	106.56	602.06	76.96	434.82	106.56	602.06
胸墙 3	23.10	98.18	39.60	168.30	23.10	98.18	39.60	168.30
前壁	63.00	459.90	72.96	532.61	63.00	459.90	69.00	503.70
后壁	63.00	75.60	72.96	87.55	63.00	75.60	69.00	82.80
侧壁	39.54	168.03	46.07	195.79	39.54	168.03	43.47	184.75

(续表)

设计水位	2.99 m		−0.99 m		2.30 m		0.00 m	
力和 力矩 项目	自重力 标准值 (kN/m)	力矩 [(kN·m) /m]	自重力 标准值 (kN/m)	力矩 [(kN·m) /m]	自重力 标准值 (kN/m)	力矩 [(kN·m) /m]	自重力 标准值 (kN/m)	力矩 [(kN·m) /m]
底板	38.48	163.52	38.48	163.52	38.48	163.52	38.48	163.52
纵隔墙	28.76	122.24	33.51	142.43	28.76	122.24	31.62	134.40
横隔墙	38.15	162.14	44.45	188.92	38.15	162.14	41.95	178.27
内角	5.38	22.88	6.19	26.31	5.38	22.88	5.83	24.76
底角	1.52	6.45	1.52	6.45	1.52	6.45	1.52	6.45
前趾	9.75	77.50	9.75	77.50	9.75	77.50	9.75	77.50
后趾	9.75	5.37	9.75	5.37	9.75	5.37	9.75	5.37
填料	535.59	2 276.27	612.15	2 601.63	535.59	2 276.27	577.54	2 454.55
$\sum$	1 053.48	4 300.47	1 273.94	5 212.44	1 088.98	4 431.70	1 224.06	5 000.44

2. 波浪力标准值及力矩计算

(1)波峰作用力标准值及力矩。按《港口与航道水文规范》(JTS145—2015)的规定确定堤前的波态。波压力标准值的计算按规范中的规定,波峰作用下波浪力标准值 P、波浪浮托力标准值 P_u 及其对后踵力矩 M_P、M_u 计算结果列于表6.3.2。

表 6.3.2　直立堤波峰作用力标准值及力矩(每延米)

设计水位(m)	2.99	−0.99	2.30	0.00
水深 d(m)	13.99	10.01	13.30	11.00
波高 H(m)	2.52	2.41	2.41	2.41
波周期 T(s)	5.6	5.5	5.5	5.5
波态	$\left.\begin{array}{l}T\sqrt{g/d}<8\\ d>2H\end{array}\right\}$ 立波	$\left.\begin{array}{l}T\sqrt{g/d}<8\\ d>2H\end{array}\right\}$ 立波	$\left.\begin{array}{l}T\sqrt{g/d}<8\\ d>2H\end{array}\right\}$ 立波	$\left.\begin{array}{l}T\sqrt{g/d}<8\\ d>2H\end{array}\right\}$ 立波
深水波长 L_0(m)	48.91	47.18	47.18	47.18

（续表）

设计水位（m）	2.99	—0.99	2.30	0.00
d/L_0	0.286 0	0.212 2	0.281 9	0.233 1
d/L	0.299 6	0.235 4	0.295 9	0.253 3
H/L	1/18.53	1/17.64	1/18.65	1/18.02
波长 L（m）	46.70	42.52	44.95	43.42
波压力图形 （标高以 m 计）	P_l ▽4.0 P_0 P_s △2.99 P_b ▽-9.0 P_d ▽-11.0	P_l ▽1.42 P_s ▽-0.99 P_b ▽-9.0 P_d ▽-11.0	P_l ▽4.0 P_0 P_s ▽2.3 P_b ▽-9.0 P_d ▽-11.0	P_l ▽2.41 P_s ▽0.0 P_b ▽-9.0 P_d ▽-11.0
P_s（kPa）	25.83	24.70	24.70	24.70
P_1（kPa）	0	0	0	0
P_0（kPa）	15.48	—	7.28	—
P_b（kPa）	7.97	11.17	7.81	10.07
P_d（kPa）	7.69	10.70	7.51	9.66
P（kN/m）	200.26	158.72	182.88	167.31
M_P[（kN·m）/m]	1 688.40	910.10	1 543.71	1 094.66
P_u（kN/m）	33.85	47.47	33.19	42.78
M_u[（kN·m）/m]	191.84	269.02	188.10	242.41

（2）波谷作用力标准值及力矩。波谷作用下的波浪力标准值 P、浮托力标准值 P_u 及对前趾相应力矩标准值计算结果列于表 6.3.3。

表 6.3.3　直立堤波谷作用力标准值及力矩（每延米）

设计水位（m）	2.99	—0.99	2.30	0.00
水深 d（m）	13.99	10.01	13.30	11.00
波高 H（m）	2.52	2.41	2.41	2.41
波周期 T（s）	5.6	5.5	5.5	5.5

（续表）

设计水位(m)	2.99	−0.99	2.30	0.00
波态	$T\sqrt{g/d}<8$ $d>2H$ 立波	$T\sqrt{g/d}<8$ $d>2H$ 立波	$T\sqrt{g/d}<8$ $d>2H$ 立波	$T\sqrt{g/d}<8$ $d>2H$ 立波
深水波长 L_0(m)	48.91	47.18	47.18	47.18
d/L_0	0.286 0	0.212 2	0.281 9	0.233 1
d/L	0.299 6	0.235 4	0.295 9	0.253 3
H/L	1/18.53	1/17.64	1/18.65	1/18.02
波长 L(m)	46.70	42.52	44.95	43.42
超高 h_s(m)	0.448	0.476	0.426	0.457
波谷作用力图形（标高以 m 计）	P_0 ▽2.99 ▽0.92 P'_s P'_b ▽−9.0 P'_d ▽−11.0	P_0 ▽−0.99 ▽−2.92 P'_s P'_b ▽−9.0 P'_d ▽−11.0	P_0 ▽2.3 ▽0.32 P'_s P'_b ▽−9.0 P'_d ▽−11.0	P_0 ▽0.0 ▽−1.95 P'_s P'_b ▽−9.0 P'_d ▽−11.0
P'_s(kPa)	21.24	19.82	20.33	20.02
P'_b(kPa)	9.96	12.96	9.78	11.95
P'_d(kPa)	7.69	10.70	7.51	9.66
P_0(kPa)	0	0	0	0
P'(kN/m)	176.74	118.76	160.45	132.21
M'_P[(kN·m)/m]	1 093.27	452.49	931.00	580.84
P'_u(kN/m)	42.33	55.08	41.57	50.79
M'_u[(kN·m)/m]	119.94	156.05	117.77	143.89

3. 箱格压力计算

以前舱格的箱格压力为例，后舱格箱格压力计算方法与前舱格相同。

箱格尺寸：$H=9.75$ m。

箱格平面尺寸：$L \times B = 3.95 \text{ m} \times 2.75 \text{ m}$。

按《码头结构设计规范》(JTS167—2018)之附录 S 计算：

$$\frac{H}{L} = \frac{9.75}{3.95} = 2.47 > 1.5$$

故按深舱计算。

箱内填石：$\varphi = 45°$，δ 取 $2\varphi/3 = 30°$；$\gamma = 11 \text{ kN/m}^3$。

根据式(S.0.1-1)～式(S.0.1-3)得

$$K = 1 - \sin\varphi = 1 - \sin45° = 0.293$$

$$U = 2 \times (2.75 + 3.95) = 13.4 \text{ m}$$

$$S = 3.95 \times 2.75 = 10.86 \text{ m}^2$$

$$A = KU\tan\delta / S = 0.293 \times 13.4 \times \tan30° \div 10.86 = 0.209$$

箱格压力计算结果见表 6.3.4。

表 6.3.4　箱格压力计算结果表

$Z(\text{m})$　　箱格压力(kPa)	$\sigma_z = \dfrac{\gamma}{A}(1 - e^{-AZ}) + qe^{-AZ}$	$\sigma_x = \sigma_z K$
0	0	0
2	17.98	5.27
3.725	28.47	8.34
4	29.82	8.74
6	37.61	11.02
8	42.74	12.52
9.54	45.46	13.32
9.95	46.05	13.49

6.3.2　短暂状况

1. 堤身自重力标准值及力矩

沉箱内填充块石，假定填至标高▽−2.0 m 处，堤身各部分自重力标准值及对后踵稳定力矩的计算结果详见表 6.3.5。

表 6.3.5 直立堤自重力标准值及力矩（每延米）

设计水位(m)	2.30		0.00	
力和力矩 项目	自重力标准值 (kN/m)	对后踵力矩 [(kN·m)/m]	自重力标准值 (kN/m)	对后踵力矩 [(kN·m)/m]
前壁	63.00	459.90	69.00	503.70
后壁	63.00	75.60	69.00	82.80
侧壁	39.54	168.03	43.47	184.75
底板	38.48	163.52	38.48	163.52
纵隔墙	28.76	122.24	31.62	134.40
横隔墙	38.15	162.14	41.95	178.27
内角	5.38	22.88	5.83	24.76
底角	1.52	6.45	1.52	6.45
前趾	9.75	77.50	9.75	77.50
后趾	9.75	5.37	9.75	5.37
箱内填块石	359.81	1 529.18	359.81	1 529.18
Σ	657.13	2 792.82	680.17	2 890.72

2. 波峰作用下波浪力标准值及力矩

因短暂状况下，波高小于 1.0 m，故可不计波浪力。

6.4 直立堤稳定性验算

验算直立堤稳定性时，沿堤身纵向取每延米长的直立堤进行计算。

6.4.1 结构断面沿堤底的抗滑稳定性验算

结构断面沿堤底抗滑稳定性的承载能力极限状态设计表达式如式(2.3.3)所示。根据上述作用标准值的计算，结构断面沿堤底抗滑稳定的计算结果见表6.4.1。

表 6.4.1　持久组合下结构断面沿堤底抗滑稳定性验算（每延米）

计算状况	2.99 m 水位+波压力	−0.99 m 水位+波压力	2.30 m 水位+波压力	0.00 m 水位+波压力
G(kN/m)	1 053.48	1 273.94	1 088.98	1 224.06
P(kN/m)	200.26	158.72	182.88	167.31
P_u(kN/m)	33.85	47.47	33.19	42.78
$\gamma_0\gamma_P P$	240.31	206.34	237.74	217.51
$(\gamma_G G-\gamma_u P_u)f$	607.71	727.34	627.50	701.07
结果判定	稳定	稳定	稳定	稳定

计算结果表明其抗滑稳定性均满足要求。

6.4.2　结构断面沿堤底的抗倾稳定性验算

结构断面沿堤底抗倾稳定性的承载能力极限状态设计表达式如式（2.3.4）所示，根据上述作用标准值的计算，结构断面沿堤底抗倾稳定的计算结果见表6.4.2。

表 6.4.2　持久组合下结构断面沿堤底抗倾稳定性验算（每延米）

计算状况	2.99 m 水位+波压力	−0.99 m 水位+波压力	2.30 m 水位+波压力	0.00 m 水位+波压力
M_G(kN/m)	4 300.47	5 212.44	4 431.70	5 000.44
M_P(kN/m)	1 688.40	910.10	1 543.71	1 094.66
M_u(kN/m)	191.84	269.02	188.10	242.41
$\gamma_0(\gamma_P M_P+\gamma_u M_u)$	2 256.28	1 532.85	2 251.36	1 738.20
$\gamma_G M_G/\gamma_d$	3 440.38	4 169.96	3 545.36	4 000.35
结果判定	稳定	稳定	稳定	稳定

计算结果表明抗倾稳定性均满足要求。

6.4.3 结构断面沿基床底面的抗滑稳定性验算

结构断面沿基床底面的抗滑稳定性承载能力极限状态设计表达式如式(2.3.5)所示,结构断面沿基床底面的抗滑稳定计算结果见表6.4.3。

表6.4.3 持久组合下结构断面沿基床底面的抗滑稳定性验算(每延米)

计算状况	2.99 m 水位 +波压力	−0.99 m 水位 +波压力	2.30 m 水位 +波压力	0.00 m 水位 +波压力
$G(kN/m)$	1 053.48	1 273.94	1 088.98	1 224.06
$g'(kN/m)$	253.00	253.00	253.00	253.00
$P_u(kN/m)$	33.85	47.47	33.19	42.78
$P(kN/m)$	200.26	158.72	182.88	167.31
$\gamma_0\gamma_P P$	240.31	190.47	219.45	200.78
$[\gamma_G(G+g')-\gamma_u P_u]f$	632.93	732.61	649.41	710.72
结果判定	稳定	稳定	稳定	稳定

计算结果表明沿基床底面的抗滑稳定性满足要求。

6.5 基床与地基承载力验算

开展基床与地基承载力验算时,沿堤身纵向取每延米长的直立堤进行。

6.5.1 基床承载力验算

1. 承载能力极限状态设计表达式

根据《防波堤与护岸设计规范》(JTS154—2018)之规定,基床承载力验算应满足式(2.3.6)的要求。其中,基床顶面的最大应力 σ_{max} 应根据 ξ 与 $B/3$ 的大小关系分别按式(2.3.7)和式(2.3.8)计算。

2. 设计状况及与之对应的设计组合

(1)持久组合:计算结果见表6.5.1。

表 6.5.1 持久组合下基床承载力验算(每延米)

设计状况	2.99 m 水位 +波压力	−0.99 m 水位 +波压力	2.30 m 水位 +波压力	0.00 m 水位 +波压力
$M_R[(kN \cdot m)/m]$	4 300.47	5 212.44	4 431.70	5 000.44
$M_P+M_u[(kN \cdot m)/m]$	1 880.23	1 179.12	1 731.81	1 337.08
$G'(kN/m)$	1 019.63	1 226.47	1 055.78	1 181.28
ξ	2.37	3.29	2.56	3.10
判断	$\xi<B/3=2.83$	$\xi \geqslant B/3$	$\xi<B/3$	$\xi \geqslant B/3$
$\sigma_{max}(kPa)$	286.37	242.21	275.24	251.67
$\sigma_{min}(kPa)$	0	46.37	0	26.28
结果判定	满足要求	满足要求	满足要求	满足要求

计算结果表明基床承载力满足设计要求。

(2)短暂组合:施工期荷载小于持久组合,承载力满足要求,故不再计算。

(3)偶然组合(设计低水位+地震):作用于质点 i 的水平向地震惯性力标准值计算如下。

重心位置计算结果见表 6.5.2。

表 6.5.2 重心位置计算(每延米)

项目 部位	各部分重量 (kN/m)	重心高度 (m)	各部分重量对底面力矩 [(kN·m)/m]
胸墙 1	180.00	11.75	2 115.00
胸墙 2	106.56	11.10	1 182.82
胸墙 3	39.60	10.35	409.86
前壁	105.00	5.25	551.25
后壁	105.00	5.25	551.25
侧壁	65.90	5.475	360.78
底板	64.13	0.225	14.43
纵隔墙	47.94	5.475	262.46

（续表）

项目 部位	各部分重量 (kN/m)	重心高度 (m)	各部分重量对底面力矩 [(kN·m)/m]
横隔墙	63.58	5.475	348.12
内角	8.97	5.475	49.12
底角	3.08	0.517	1.59
前趾	16.25	0.335	5.45
后趾	16.25	0.335	5.45
填料	855.47	5.325	4 555.38
$\sum$	1 677.73		10 412.95

重心高度：$y_c = 10\,412.95/1\,677.73 = 6.21$ m。

加速度分布见图 6.5.1。

$$P_i = CK_H\alpha_iW_i \qquad (6.5.1)$$

式中，P_i 为作用于质点 i 的水平向地震惯性力标准值（kN/m）；C 为综合影响系数，取 0.25；K_H 为水平地震系数，取 0.1；α_i 为加速度分布系数；W_i 为重力标准值（kN/m）。

$$\alpha_i = 1 + 1.0 \times 6.21/13.0 = 1.48$$

$$W_i = 1\,677.73 \text{ kN/m}$$

$$P_i = 0.25 \times 0.1 \times 1.48 \times 1\,677.73 = 61.98 \text{ kN/m}$$

$$M_i = P_iy_c = 61.98 \times 6.21 = 384.68 \text{ (kN·m)/m}$$

$$M_G = 5\,000.44 \text{ (kN·m)/m}$$

$$G = 1\,224.06 \text{ kN/m}$$

$$\xi = \frac{M_G - M_i}{G} = \frac{5\,000.44 - 384.68}{1\,224.06} = 3.77 \text{ m} > \frac{B}{3} = 2.83 \text{ m}$$

$$e = \frac{B}{2} - \xi = \frac{8.5}{2} - 3.77 = 0.48 \text{ m}$$

$$\sigma_{\min}^{\max} = \frac{G}{B}\left(1 \pm \frac{6e}{B}\right) = \frac{1\,224.06}{8.5}\left(1 \pm \frac{6 \times 0.48}{8.5}\right) = \frac{192.71}{95.30} \text{ kPa} < 600 \text{ kPa}$$

满足要求。

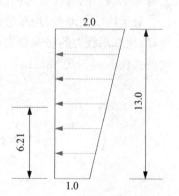

图 6.5.1 加速度分布图
（单位：m）

6.5.2 地基承载力验算

1. 极限状态设计表达式

按《防波堤与护岸设计规范》(JTS154—2018),计算重力式直立堤地基应力时,基床底面应力应按式(2.3.9)～式(2.3.11)计算。

非岩基上的重力式直立堤的地基承载力应按《水运工程地基设计规范》(JTS147—2017)的有关规定执行。地基承载力验算的极限状态设计表达式如下式所示:

$$\gamma_0 V_d \leqslant \frac{1}{\gamma_R} F_k \tag{6.5.2}$$

式中,γ_0 为重要性系数,安全等级为一级、二级、三级的建筑物分别取 1.1、1.0、1.0;V_d 为作用于计算面上竖向合力的设计值(kN/m);γ_R 为抗力分项系数,取值按《水运工程地基设计规范》(JTS147—2017)之5.3.3规定确定;F_k 为计算面上地基承载力的竖向合力标准值(kN/m)。

对于均质土地基、均布边载且 $\varphi > 0$ 的情况,竖向合力的设计值按式(6.5.3)计算,地基承载力的竖向合力标准值可简化为式(6.5.4),其中各参数的计算公式见式(6.5.5)～式(6.5.10)。

$$V_d = \gamma_s V_k \tag{6.5.3}$$

$$F_k = B_e (0.5 \gamma_k B_e N_\gamma + q_k N_q + c_k N_c) \tag{6.5.4}$$

$$N_c = \left\{ \exp\left[\left(\frac{\pi}{2} + 2\bar{\alpha} - \bar{\varphi}_k \right) \tan \varphi_k \right] \tan^2\left(45° + \frac{\varphi_k}{2} \right) \frac{1 + \sin\varphi_k \sin(2\alpha - \varphi_k)}{1 + \sin\varphi_k} - 1 \right\} / \tan \varphi_k \tag{6.5.5}$$

$$N_q = N_c \tan\varphi_k + 1 \tag{6.5.6}$$

$$N_\gamma \approx 1.25 \left\{ (N_q + 0.28 + \tan\delta') \tan\left[\varphi_k - 0.72\delta'(0.945\ 5 + 0.55\tan\delta') \right] \right\}$$
$$\cdot \left[1 + \frac{1}{\sqrt{1 + 0.8\left[\tan\varphi_k - 0.7(1 - \tan\delta') \right]} + (\tan\varphi_k - \tan\delta')\lambda} \right] \tag{6.5.7}$$

$$\tan\left(\alpha - \frac{\varphi_k}{2} \right) = \frac{\sqrt{1 - (\tan\delta'/\tan\varphi_k)^2} - \tan\delta'}{1 + \tan\delta'/\sin\varphi_k} \tag{6.5.8}$$

$$\tan \delta' = \frac{\gamma_h H_k}{V_k + B_e c_k / \tan \varphi_k} \tag{6.5.9}$$

$$\lambda = \gamma_k B_e / (c_k + q_k \tan\varphi_k) \tag{6.5.10}$$

式中,γ_s 为作用综合分项系数,可取 1.0;V_k 为作用于计算面上竖向合力的标准值(kN/m)；B_e 为计算面宽度(m)；γ_k、c_k、q_k 分别为地基土的重度(kN/m³)、黏聚力(kPa)、边载(kPa)的标准值；N_γ、N_c、N_q 分别为地基土处于极限平衡状态下的承载力系数；$\bar{\alpha}$、$\bar{\varphi}_k$ 为以弧度表示的 α、φ_k；φ_k 为内摩擦角标准值(°)，可取均值；α、δ'、λ 为计算参数；$\tan\delta'$ 为作用于抛石基床底面合力倾斜率，$\tan\delta' = H_k/V_k$；γ_h 为水平抗力分项系数，取 1.3；H_K 为作用于计算面以上的水平合力标准值(kN/m)；其余符号意义同前。

2. 设计状况及与之对应的设计组合

(1)持久组合：具体计算结果见表 6.5.3。

表 6.5.3　持久组合下地基承载力验算(每延米)

设计状况	2.99 m 水位 +波压力	−0.99 m 水位 +波压力	2.30 m 水位 +波压力	0.00 m 水位 +波压力
B_1(m)	7.12	8.50	7.67	8.50
σ'_{max}(kPa)	205.37	186.71	202.91	193.14
σ'_{min}(kPa)	22.00	24.07	22.00	23.13
结果判定	满足要求	满足要求	满足要求	满足要求
e'	1.49	1.61	1.56	1.64
V_k	1 198.52	1 430.74	1 243.71	1 384.23
H_k	200.26	158.72	182.88	167.31
$\tan\delta'$	0.17	0.11	0.15	0.12
B_e	8.13	9.28	8.54	9.22
γ_k	9	9	9	9
q_k	22	22	22	22
c_k	0	0	0	0
λ	5.12	5.85	5.38	5.81
α	47.95	52.49	49.57	51.69
N_c	26.87	30.65	28.20	29.97
N_q	18.45	20.91	19.31	20.46
N_γ	17.59	21.45	18.92	20.70

（续表）

设计状况	2.99 m 水位 ＋波压力	−0.99 m 水位 ＋波压力	2.30 m 水位 ＋波压力	0.00 m 水位 ＋波压力
F_k	8 534.12	12 593.21	9 840.78	12 077.84
F_k/γ_R	3 023.79	4 219.49	3 368.78	3 895.70
结果判定	满足要求	满足要求	满足要求	满足要求

计算结果表明，基床底面应力最大值 σ'_{max} 以及基础面上竖向合力设计值 V_d 均满足《防波堤与护岸设计规范》(JTS154—2018)及《水运工程地基设计规范》(JTS147—2017)的设计要求。

（2）短暂组合：施工期荷载小于持久组合，承载力满足要求，故不再计算。

（3）偶然组合（设计低水位＋地震）：

$$\sigma'_{max}=\frac{B_1}{B_1+2t}\cdot\sigma_{max}+\gamma_b t=\frac{8.5}{8.5+2\times 2}\times 192.71+11\times 2=153.04 \text{ kPa}$$

$$\sigma'_{min}=\frac{B_1}{B_1+2t}\cdot\sigma_{min}+\gamma_b t=\frac{8.5}{8.5+2\times 2}\times 95.30+11\times 2=86.81 \text{ kPa}$$

$$e'=\frac{B_1+2t}{6}\cdot\frac{\sigma'_{max}-\sigma'_{min}}{\sigma'_{max}+\sigma'_{min}}=\frac{8.5+2\times 2}{6}\times\frac{153.04-86.81}{153.04+86.81}=0.58 \text{ m}$$

$$B_e=B_1+2t-2e'=8.5+2\times 2-2\times 0.58=11.35 \text{ m}$$

$$\lambda=\frac{\gamma_k B_e}{c_k+q_k\tan\varphi_k}=\frac{9\times 11.35}{22\tan 33°}=7.15$$

$$H_k=P_i=61.98 \text{ kN/m}$$

$$V_k=1\,224.06+11.35\times 2\times 11=1\,473.75 \text{ kN/m}$$

$$\tan\delta'=H_k/V_k=61.98/1\,473.75=0.042$$

$$N_c=35.55$$

$$N_q=24.09$$

$$N_\gamma=26.61$$

$$F_k=21\,439.05 \text{ kN/m}$$

$$F_k/\gamma_R=10\,719.53 \text{ kN/m}$$

$$V_d=\gamma_s V_k=1\,473.75 \text{ kN/m}$$

$$\gamma_0 V_d<F_k/\gamma_R$$

满足要求。

6.6　整体稳定性验算

开展整体稳定性验算时,沿堤身纵向取每延米长的直立堤进行。

6.6.1　极限状态设计表达式

按《水运工程地基设计规范》(JTS147—2017)的有关规定,整体稳定性验算的极限状态设计表达式为式(2.2.19)～式(2.2.21)。

本计算结果由"丰海港口工程计算系统"计算得出,所考虑的情况为持久状况。

6.6.2　计算条件

1. 土层信息

土层线总数:13,各土层线信息列于表6.6.1中。

表 6.6.1　土层线信息表

土层线序号:1。节点数:19					
节点号	X 坐标(m)	Y 坐标(m)	节点号	X 坐标(m)	Y 坐标(m)
1	−200	−7	11	−3.7	2.6
2	−28.5	−7	12	0	2.6
3	−20.5	−11	13	0	−8.15
4	−13.5	−11	14	0.625	−8.4
5	−10.5	−9	15	5	−8.4
6	−7.5	−9	16	10.2	−11
7	−7.5	−8.55	17	15	−11
8	−6.7	−8.23	18	23	−7
9	−6.7	4	19	200	−7
10	−3.7	4			

（续表）

土层线序号:2。节点数:6					
节点号	X 坐标(m)	Y 坐标(m)	节点号	X 坐标(m)	Y 坐标(m)
1	0.625	−8.4	4	4.764	−9
2	1	−8.55	5	7.764	−11
3	1	−9	6	10.2	−11

土层线序号:4。节点数:4					
节点号	X 坐标(m)	Y 坐标(m)	节点号	X 坐标(m)	Y 坐标(m)
1	−20.5	−11	3	5	−16
2	−10.5	−16	4	15	−11

土层线序号:3。节点数:2			土层线序号:9。节点数:2		
节点号	X 坐标(m)	Y 坐标(m)	节点号	X 坐标(m)	Y 坐标(m)
1	−7.5	−9	1	−200	−15.85
2	1	−9	2	−10.8	−15.85

土层线序号:5。节点数:2			土层线序号:10。节点数:2		
1	−200	−12.45	1	5.3	−15.85
2	−17.6	−12.45	2	200	−15.85

土层线序号:6。节点数:2			土层线序号:11。节点数:2		
1	12.1	−12.45	1	−200	−20.75
2	200	−12.45	2	200	−20.75

土层线序号:7。节点数:2			土层线序号:12。节点数:2		
1	−200	−14.05	1	−200	−23.75
2	−14.4	−14.05	2	200	−23.75

土层线序号:8。节点数:2			土层线序号:13。节点数:2		
1	8.9	−14.05	1	−200	−24.65
2	200	−14.05	2	−200	−24.65

2. 土层物理力学指标

各土层的物理力学指标见表 6.6.2。

表 6.6.2 各土层物理力学指标汇总表

土层	黏聚力 (kPa)	内摩擦角 (°)	天然重度 (kN/m³)	浮重度 (kN/m³)	饱和重度 (kN/m³)
1	0	45	17	11	17
2	10 000	45	23	13	23
3	0	45	17	11	17
4	10	10	18	10	18
5	10	10	18	10	18
6	0	28	18	9	18
7	0	28	18	9	18
8	20.6	12.4	20	10	20
9	20.6	12.4	20	10	20
10	0	25.773	18	9.5	18
11	0	28.438	18	9.5	18
12	0	27.713	18	9.5	18

3. 滑弧控制条件

计算滑弧底高程个数为 8,滑弧底高程分别为 -23 m、-22 m、-21 m、-20 m、-19 m、-18 m、-17 m、-16 m。

4. 其他条件

地震烈度 7。

水平向地震系数 $K_h = 0.10$。

综合影响系数 $C = 0.25$。

分布系数 $\xi = 1$。

6.6.3 计算结果

1. 滑弧计算结果

各滑弧的计算图示见图 6.6.1,对应的计算结果汇总于表 6.6.3。

表 6.6.3 滑弧计算结果表

圆心坐标 (m)	滑弧半径 (m)	抗滑力 (kN)	滑动力 (kN)	抗力分项系数	滑弧底高程 (m)
(15.88,4.00)	27.000	3 099.754	891.854	3.476	−23
(14.70,4.00)	26.000	2 888.104	898.367	3.215	−22
(13.21,4.00)	25.000	2 656.691	872.234	3.046	−21
(12.03,4.00)	24.000	2 470.361	864.976	2.856	−20
(10.54,4.00)	23.000	2 302.593	830.645	2.772	−19
(10.26,4.00)	22.000	2 154.545	809.619	2.661	−18
(9.07,4.00)	21.000	2 109.854	819.540	2.574	−17
(7.88,4.30)	20.300	2 090.371	790.360	2.645	−16

2. 抗力分项系数最小时滑弧计算结果

表 6.6.4 抗力分项系数最小时滑弧计算结果

圆心坐标(m)	滑弧半径(m)	抗力分项系数
(9.07,4.00)	21.000	2.574

即圆弧滑动最危险位置:

每延米滑动力矩设计值:$M_{sd}=819.54$ (kN·m)/m

每延米抗滑力矩标准值:$M_{Rk}=2\,109.854$ (kN·m)/m

根据《水运工程地基设计规范》(JTS147—2017)中对抗力分项系数的相关规定,可取 $\gamma_R=1.3$,则 $M_{Rk}/M_{sd}=2.574>1.3$,满足设计要求。

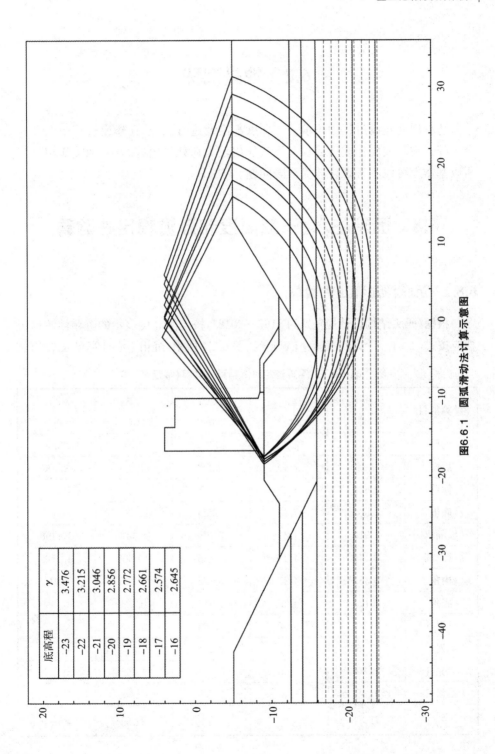

底高程	γ
-23	3.476
-22	3.215
-21	3.046
-20	2.856
-19	2.772
-18	2.661
-17	2.574
-16	2.645

图6.6.1　圆弧滑动法计算示意图

6.7 地基沉降

防波堤在建设过程中每填一定厚度都需要进行强夯,在建设过程中已经完全沉降。在防波堤建成后堤顶又没有任何较大荷载作用(除发生地震作用外),所以基本上可以不考虑防波堤沉降问题。

6.8 沉箱吃水、干舷高度和浮游稳定性验算

6.8.1 沉箱浮游稳定性验算

根据《码头结构设计规范》(JTS167—2018),按定倾高度表示的沉箱浮游稳定性应按式(2.3.13)计算。沉箱仓格布置如图 6.2.1 所示,沉箱重心计算见表 6.8.1。

表 6.8.1 浮游稳定时沉箱重心计算(每延米)

计算项目	体积 V_i (m^3)	重心 X_i (m)	重心 Y_i (m)	$V_i X_i$ (m^4)	$V_i Y_i$ (m^4)
前壁	4.20	1.20	5.25	5.04	22.05
后壁	4.20	7.30	5.25	30.66	22.05
侧壁	2.636	4.25	5.475	11.202	14.431
底板	2.565	4.25	0.225	10.901	0.577
纵隔墙	1.918	4.25	5.475	8.149	10.498
横隔墙	2.543	4.25	5.475	10.809	13.925
内角	0.359	4.25	5.325	1.525	1.911
底角	0.123	4.25	0.517	0.524	0.064
前趾 1	0.20	0.67	0.583	0.133	0.117
前趾 2	0.45	0.50	0.225	0.225	0.101
后趾 1	0.20	7.83	0.583	1.567	0.117
后趾 2	0.45	8.00	0.225	3.60	0.101
Σ	19.84			84.34	85.94

1. 无加载时浮游稳定计算

$G = 19.84 \times 13.04 \times 24.5 = 6\ 339.70$ kN

对底面矩：$M_G = 85.94 \times 13.04 \times 24.5 = 27\ 456.69$ kN·m

重心高：$y_c = M_G/G = 4.33$ m

排水体积：$V = G/\gamma_水 = 618.51$ m³

吃水：$T = \dfrac{V - V_趾}{A} = \dfrac{618.51 - 1.3 \times 13.04}{13.04 \times 6.5} = 7.10$ m

浮心高：$y_w = \dfrac{(V - V_趾) \times T/2 + V_趾\ y_v}{V}$

$$= \frac{(618.51 - 1.3 \times 13.04) \times 7.10 \div 2 + (0.101 + 0.117) \times 2}{618.51}$$

$$= 3.45\ \text{m}$$

重心距浮心的距离：$a = y_c - y_w = 4.33 - 3.45 = 0.88$ m

沉箱水面处的断面对纵轴惯性矩之和：$I = \dfrac{LB^3}{12} = \dfrac{13.04 \times 6.5^3}{12} = 298.43$ m⁴

定倾半径：$\rho = I/V = 0.48$ m

定倾高度：$m = \rho - a = -0.40 < 0$

不满足浮游稳定，因此需要加水压舱。

2. 压载时浮游稳定计算

压载后：前舱加水 1.0 m，后舱加水 1.5 m，此时：

$G = 6\ 339.70 + 10.25 \times [1 \times (3.95 \times 2 + 3.94) \times 2.75 - 1.044 +$

$\qquad 1.5 \times (3.95 \times 2 + 3.94) \times 2.75 - 1.164] = 7\ 151.42$ kN

对底面矩：$M_G = 27\ 456.69 + 323.04 \times 0.95 + 488.68 \times 1.2 = 28\ 350.00$ kN·m

重心高：$y_c = M_G/G = 3.96$ m

排水体积：$V = G/\gamma_水 = 697.70$ m³

吃水：$T = \dfrac{V - V_趾}{A} = \dfrac{697.70 - 1.3 \times 13.04}{13.04 \times 6.5} = 8.03$ m

浮心高：$y_w = \dfrac{(697.70 - 1.3 \times 13.04) \times 8.03/2 + (0.101 + 0.117) \times 2}{697.70} = 3.92$ m

重心距浮心的距离：$a = y_c - y_w = 3.96 - 3.92 = 0.04$ m

如图 6.2.1 所示压舱水水面面积对其纵轴的惯性矩之和：$i = (3.95 \times 2 \times 2.75^3 + 3.94 \times 2.75^3) \times 2 \div 12 = 41.04$ m⁴

定倾半径：$\rho = (I - i)/V = (298.43 - 41.04) \div 697.70 = 0.37$ m

定倾高度：$m=\rho-a=0.32\geqslant0.2$
满足浮游稳定性要求。

6.8.2 沉箱吃水计算

此时沉箱重：$G=19.689\times13.04\times25+10.25\times[1\times(3.95\times2+3.94)\times2.75-1.044+1.5\times(3.95\times2+3.94)\times2.75-1.164]=7\,280.81$ kN

排水量：$V=G/\gamma_水=710.32$ m^3

吃水：$T=\dfrac{V-V_趾}{A}=\dfrac{710.32-1.3\times13.04}{13.04\times6.5}=8.18$ m

6.8.3 沉箱干舷高度计算

$$B=8.5\text{ m},\theta=8°,S=1\text{ m},h=0$$

$$F=H-T=2.32\text{ m}>\frac{B}{2}\tan\theta+\frac{2h}{3}+S=1.60\text{ m}$$

式中，F 为沉箱干舷高度（m）；H 为沉箱高度（m）；T 为沉箱吃水（m）；B 为沉箱宽度（m）；θ 为沉箱的倾斜角度（°）；h 为波高（m）；S 为干舷的富余高度（m），一般取 $0.5\sim1.0$ m。
满足干舷高度要求。

6.9 沉箱结构内力计算

根据稳定性验算的计算结果，沉箱构件的内力分别按承载能力极限状态和正常使用极限状态下不同作用效应组合的情况进行计算，采用"丰海港口工程计算系统"进行。本算例仅给出沉箱构件（前面板、前底板）承载力控制情况的计算结果，其余构件的计算方法与此相同。

6.9.1 承载能力极限状态下的内力计算

1. 沉箱前面板

根据《码头结构设计规范》（JTS167—2018）规定，底板以上 $1.5l$ 区段按三边固定、$1.5l$ 一边简支板计算，区段以上按两端固定的连续板计算。

（1）前面板受由外向里的荷载作用时（短暂状况）：沉箱施工期下沉中，当箱内灌水 $1.5l$（$l=3.95$ m），沉箱吃水 $T=11.54$ m 时，所受的荷载最大。

根据《码头结构设计规范》(JTS167—2018)规定,面板所受水压力的分项系数取永久作用中静水压力的分项系数,取值1.2,计算得前面板的内力结果列于表6.9.1。

表 6.9.1 短暂状况下前面板内力(每延米)

区段	内侧跨中弯矩[(kN·m)/m]		外侧支座弯矩[(kN·m)/m]	
	水平向	竖向	水平向	竖向
1.5l 以下	35.49	13.43	−74.36	−53.57
1.5l 以上	39.57	—	−79.14	—

(2)前面板受由里向外的荷载作用时(持久状况):使用期前面板主要受波谷压力和贮仓压力作用,以设计低水位时为不利情况,贮仓压力的分项系数取1.35,波谷压力的分项系数取1.5,计算得前面板受力结果列于表6.9.2。

表 6.9.2 持久状况下前面板内力(每延米)

区段	内侧跨中弯矩[(kN·m)/m]		外侧支座弯矩[(kN·m)/m]	
	水平向	竖向	水平向	竖向
1.5l 以下	29.80	11.17	−62.53	−45.87
1.5l 以上	35.81	—	−71.62	—

2. 沉箱前底板

根据《码头结构设计规范》(JTS167—2018)规定,底板按四边固定板计算。底板上的主要荷载有底板自重、基床反力、贮仓压力、填料自重以及动水浮托力。计算的分项系数分别为:贮仓压力取1.35,动水浮托力取1.5,底板自重取1.3,基床反力取1.35。分别计算各设计状况与作用组合下底板的受力,汇总计算结果列于表6.9.3。

表 6.9.3 前底板内力包络值(每延米)

部位	跨中弯矩[(kN·m)/m]		支座弯矩[(kN·m)/m]	
	横向	纵向	横向	纵向
最小值	−33.35	−17.50	−150.05	−117.73
最大值	69.59	36.30	71.38	56.34

6.9.2 正常使用极限状态下的内力计算

根据以上计算得出的沉箱构件内力的控制情况,进行正常使用极限状态计算。作用组合同前。

1. 沉箱前面板

根据《码头结构设计规范》(JTS167—2018)规定,短暂状况的永久作用与可变作用的代表值取标准值,分项系数均取 1.0;持久状况的可变作用的准永久值系数取 0.6。

(1)前面板受由外向里的荷载作用时(短暂状况):计算得前面板的内力结果列于表 6.9.4。

表 6.9.4 短暂状况下前面板内力(每延米)

区段	内侧跨中弯矩[(kN·m)/m]		外侧支座弯矩[(kN·m)/m]	
	水平向	竖向	水平向	竖向
1.5l 以下	29.58	11.19	−61.96	−44.64
1.5l 以上	32.97	—	−65.95	—

(2)前面板受由里向外的荷载作用时(持久状况):计算得前面板受力结果列于表 6.9.5。

表 6.9.5 持久状况下前面板内力(每延米)

区段	内侧跨中弯矩[(kN·m)/m]		外侧支座弯矩[(kN·m)/m]	
	水平向	竖向	水平向	竖向
1.5l 以下	16.81	6.16	−35.42	−27.05
1.5l 以上	18.09	—	−36.18	—

2. 沉箱前底板

计算得前底板的受力计算结果汇总于表 6.9.6。

表 6.9.6 前底板内力包络值(每延米)

部位	跨中弯矩[(kN·m)/m]		支座弯矩[(kN·m)/m]	
	横向	纵向	横向	纵向
最小值	44.33	23.14	0	0
最大值	40.65	21.33	48.34	38.15

习 题

1. 防波堤具备哪些功能？

2. 按结构形式和平面布置形式划分，防波堤有哪些类型？

3. 防波堤的布置原则主要有哪些？

4. 防波堤的口门对防波堤设计有什么影响？

5. 防波堤沿纵轴线如何划分？各部分在设计时有哪些注意事项？

6. 防波堤的设计条件主要有哪些？

7. 斜坡堤主要由哪些部分构成？各部分在设计时应注意哪些内容？

8. 设计斜坡堤时，应进行哪些方面的计算？

9. 已知某工程区水深 5 m 处的水位资料及波浪状况如下表所示，拟在该处新建一斜坡堤，试确定下列内容：①堤顶高程；②外坡护面块体稳定重量。

表 1 设计水位、设计波浪一览表

波要素		$H_{1\%}$ (m)	$H_{13\%}$ (m)	L (m)	T (s)
方向	水位				
N	设计高水位 2.59 m	3.91	2.84	54.48	7.2
	设计低水位－0.13 m	3.17	2.49	41.66	6.8
	极端高水位 4.77 m	4.05	2.91	58.22	7.0
重现期为 2 年的设计高水位		2.87	—	38.63	5.5

10. 如图 2.2.11 所示防波堤结构断面,现要进行胸墙的稳定性验算,试绘制极端高水位情况下胸墙的受力示意图。

11. 防波堤设计时应考虑哪些设计水位,如何获得各设计水位?

12. 防波堤的设计波浪标准如何确定?

13. 估计波高的设计重现值时,常用的统计分布有哪几种?

14. 若只有 1~3 年的实测波高数据,如何推算设计波高重现值?

15. 若海岸工程建筑物的使用年限为 m 年,设计波浪重现期为 T 年,建筑物发生危险的概率为 q,试推导三者之间的关系。

16. 波浪对直立堤作用时,会出现哪些波浪形态? 它们各自的产生条件是什么?

17. 海岸工程中提出的防波堤护面块体超过百种,试举出我国常用的几种护面块体。

18. 防波堤边坡失稳分哪几类? 常用的失稳滑动计算方法有哪几种?

19. 举出几种治理防波堤失稳的常用工程措施。

20. 重力式直立堤的稳定性验算中主要考虑哪些作用力?

21. 重力式直立堤的基本组成有哪些? 各部分在设计时应注意什么?

22. 重力式直立堤的计算包括哪些内容?

23. 如下图所示为构成某重力式直立堤墙身的沉箱结构断面,沉箱近程浮运,试确定该沉箱是否满足浮游稳定的要求。

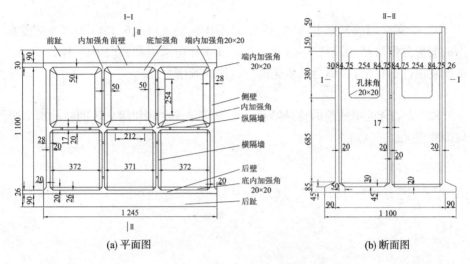

(a) 平面图   (b) 断面图

图1 沉箱平面图和断面图

24. 在斜坡堤的设计中,为降低波浪爬高,可采取哪些措施?

25. 防波堤的允许越浪量通常如何确定?

26. 常用的人工护面块体有哪几种? 选择的依据是什么?

27. 什么是波浪的数值模拟? 实现波浪数值模拟都包含哪些步骤?

28. 针对图 4.1-11 中的直立堤,试运用 Fluent 软件计算设计高水位:波高 $H=182.5$ mm、周期 $T=1.8$ s 时的各个测点的最大正向波压力和最大负向波压力,并与书中的周期 $T=1.407$ s 的结果进行比较,体会周期大小对波浪力的影响。

29. 波浪的数值模拟中,造波技术都有哪几种?

30. 已知平均波高为 0.058 m,平均周期为 0.72 s,试编制程序绘制 JON-SWAP 谱的谱形。

31. 在第 3 题的基础上,以本书 4.3.2 节中的公式(4.3.6)和(4.3.7)为越浪波谱的能量分配法则,编制程序绘制图 4.3.13 中相应潜堤和波况下的 JONSWAP 谱的越浪波的谱形,并体会发生越浪后波浪的频率变化。

32. 请结合近岸波浪的传播特征分析或推导浅水区和深水区的防波堤哪个危险性更大。

参考文献

[1] GB18306—2015 中国地震动参数区划图[S]. 北京：中国标准出版社，2015.

[2] GB50068—2018 建筑结构可靠性设计统一标准[S]. 北京：中国建筑工业出版社，2018.

[3] JTJ/T234—2001 波浪模型试验规程[S]. 北京：人民交通出版社股份有限公司，2001.

[4] JTS145—2015 港口与航道水文规范[S]. 北京：人民交通出版社股份有限公司，2015.

[5] JTS146—2012 水运工程抗震设计规范[S]. 北京：人民交通出版社股份有限公司，2012.

[6] JTS147—2017 水运工程地基设计规范[S]. 北京：人民交通出版社股份有限公司，2017.

[7] JTS154—2018 防波堤与护岸设计规范[S]. 北京：人民交通出版社股份有限公司，2018.

[8] JTS167—2018 码头结构设计规范[S]. 北京：人民交通出版社股份有限公司，2018.

[9] 陈更，董胜. 液舱晃荡的 CIP 法数值模拟[J]. 工程力学，2016，33(8)：1-7.

[10] 陈曦，董胜，徐海博. 海滨吹填区软土地基固结沉降的预测研究[J]. 港工技术，2012，49(1)：58-60.

[11] 代英男，柳淑学，常江，等. 斜坡堤越浪流厚度及堤后次生波的试验研究[J]. 水运工程，2011(12)：1-5.

[12] 董胜，陈更. 浅水调谐液体阻尼器阻尼力的模拟研究[J]. 中国海洋大学学报，2017，47(12)：110-117.

[13] 董胜，董祥科，张华昌. 人工岛游艇码头泊稳试验与数值模拟研究[J]. 中

国海洋大学学报，2018，48(6)：102-108.

[14] 董胜，纪巧玲，桑松，等. 港口工程建设项目比选的交互式多目标决策分析[J]. 中国海洋大学学报，2010，40(7)：145-148.

[15] 董胜，姜逢源，张鑫，等. 圆弧面防波堤可靠性分析[J]. 中国海洋大学学报，2018，48(12)：105-111.

[16] 董胜，孔令双. 海洋工程环境概论[M]. 青岛：中国海洋大学出版社，2005.

[17] 董胜，李晨阳，巩艺杰. 防波堤设计与施工规范中护面块体三视图的修正[J]. 海洋湖沼通报，2017(3)：45-52.

[18] 董胜，刘超，陶山山. 港口工程结构可靠度研究进展[J]. 中国海洋大学学报，2019，49(10)：101-109，117.

[19] 董胜，刘伟，宁进进. 台风波高重现值的泊松最大熵分布估计[J]. 中国造船，2009，50(4)：13-21.

[20] 董胜，宋大千，宁萌. 港口工程水文气象信息系统研究[J]. 海洋湖沼通报，2013(3)：188-194.

[21] 董胜，宋艳，杨志. 考虑季节变化的风暴增水随机统计分析[J]. 海洋工程，2003，21(3)：68-72.

[22] 董胜，陶山山. 港口航道与海岸工程结构可靠度[M]. 北京：人民交通出版社股份有限公司，2019.

[23] 冯春明，董胜，吉星明. 基于能量平衡方程的多向随机波数学模型的研究与改进[J]. 海洋湖沼通报，2013(4)：181-188.

[24] 郭子坚. 港口规划与布置[M]. 3 版. 北京：人民交通出版社股份有限公司，2015.

[25] 韩新宇，董胜，崔俊男. 潜堤上孤立波传播的格子 Boltzmann 法数值模拟[J]. 工程力学，2019，36(9)：247-256.

[26] 韩新宇，罗鑫，董胜. 复式防波堤断面尺度对波浪爬高的影响研究[J]. 工程力学，2019，36(s)：261-267.

[27] 交通部第一航务工程局. 港口工程施工手册[M]. 北京：人民交通出版社，1994.

[28] 交通部第一航务工程勘察设计院有限公司. 海港工程设计手册[M]. 2 版. 北京：人民交通出版社股份有限公司，2018.

[29] 李静静，董胜，张磊. 直立式防波堤可靠性分析[J]. 中国海洋大学学报，2015，45(7)：125-130.

[30] 李雪，董胜，陈更. 港池泊稳的能量平衡方程数值模拟[J]. 中国海洋大学学报，2014，44(7)：100-106.

[31] 李炎保，马青山，蒋学炼. 防波堤风险分析研究框架[J]. 海洋通报，2006(1)：16-23.

[32] 李玉成. 波浪与开孔沉箱结构相互作用的研究. 第十三届中国海洋(岸)工程学术讨论会论文集[C]，2007：167-177.

[33] 李玉成，刘大中. 作用于直墙堤上不规则波破波波浪力的统计分布特性[J]. 水动力学研究与进展(A辑)，1995，10(1)：48-60.

[34] 李玉成，刘洪杰，滕斌，等. 开孔沉箱在斜向入射波作用下受力研究[J]. 海洋学报，2003，25(1)：100-109.

[35] 林逸凡，董胜. 考虑风向分布的芝罘岛极值风速季节变化研究[J]. 中国海洋大学学报，2018，48(11)：132-139.

[36] 刘勇，李玉成，滕斌. 带隔板局部开孔沉箱在斜向波作用下的受力研究[J]. 海洋学报，2008，30(2)：137-146.

[37] 孙大鹏，张玉彬，夏志盛，等. 明基床上开孔沉箱垂直力峰值对应的水平力分析[J]. 海洋工程，2014，32(6)：49-58.

[38] 田文华，董胜，纪巧玲. 孤立波在陡墙上爬高的SPH法数值模拟[J]. 中国海洋大学学报，2012，42(10)：111-115.

[39] 王浩霖，张华昌，董胜. 直立堤上任意方向入射波的波压力研究[J]. 工程力学，2018，35(5)：246-256.

[40] 王浩天，董胜. 基于 $p-y$ 曲线法的高桩码头全结构段和单排架模型对比研究[J]. 工程力学，2019，36(s)：278-284.

[41] 王元战. 港口与海岸水工建筑物[M]. 北京：人民交通出版社股份有限公司，2013.

[42] 吴亚楠，王智峰，董胜，等. 山东沿海台风暴潮数值模拟与统计分析[J]. 自然灾害学报，2015，24(3)：169-176.

[43] 杨运泽. 混凝土异形护面块体的现状及展望[J]. 港工技术，1996(2)：24-33.

[44] 于龙基，董胜，段成林，等. 直立式防波堤的迎浪面波压力计算研究[J].

中国海洋大学学报, 2016, 46(12): 126-132.

[45] 张磊, 董胜, 张向东. 直接积分法在防波堤可靠性分析中的应用[J]. 海洋工程, 2011, 29(4): 103-107.

[46] 张玉彬, 孙大鹏, 夏志盛. 明基床上开孔沉箱总力矩试验研究[J]. 海洋工程, 2012, 30(3): 51-58.

[47] 中华人民共和国交通运输部. 中国水运建设60年——建设技术卷[M]. 北京: 人民交通出版社, 2011.

[48] Burcharth H F, Sorensen J S, Christiani E. On the evaluation of failure probability of monolithic vertical wall breakwaters. Proceedings of Wave Barriers in Deep Waters[C]. Yokosuka, Japan: Port and Harbour Research Institute, 1994: 458-468.

[49] Carevic D, Loncar G, Prsic M. Wave parameters after smooth submerged breakwater[J]. Coastal Engineering, 2013, 79: 32-41.

[50] Dong S, Li J J, Li X, Wei Y. Study of vertical breakwater reliability based on copulas[J]. Journal of Ocean University of China, 2016, 15(2): 232-240.

[51] Dong S, Tao S S, Li X, Guedes Soares C. Trivariate maximum entropy model of significant wave height, wind speed and relative direction[J]. Renewable Energy, 2015, 78: 538-549.

[52] Dong S, Wang N N, Liu W, Guedes Soares C. Bivariate maximum entropy distribution of significant wave height and peak period[J]. Ocean Engineering, 2013, 59: 86-99.

[53] Goda Y. Random seas and design in maritime structures[M]. Tokyo: University of Tokyo Press, 1985.

[54] Huang W N, Dong S. Probability distribution of wave periods in combined sea states with finite mixture models[J]. Applied Ocean Research, 2019, 92: 101938.

[55] Huang Z H, Li Y C, Liu Y. Hydraulic performance and wave loadings of perforated/slotted coastal structures: A review[J]. Ocean Engineering, 2011, 38: 1031-1053.

[56] Ji Q L, Dong S. Modelling wave transmission and overtopping based on

energy balance equation[J]. Journal of Ocean University of China, 2018, 17(5): 1033-1043.

[57] Ji Q L, Dong S, Luo X, Guedes Soares C. Wave transformation over submerged breakwaters by the constrained interpolation profile method [J]. Ocean Engineering, 2017, 120: 294-303.

[58] Ji Q L, Dong S, Zhao X Z, Zhang G W. Numerical simulation of multi-directional random wave transformation in a yacht port[J]. Journal of Ocean University of China, 2012, 11(3): 315-322.

[59] Li X, Dong S. A Preliminary study on the intensity of cold wave storm surge of laizhou bay[J]. Journal of Ocean University of China, 2016, 15(6): 987-995.

[60] Lin Y F, Dong S. Wave energy assessment based on trivariate distribution of significant wave height, mean period and direction[J]. Applied Ocean Research, 2019, 87: 47-63.

[61] Lin Y F, Dong S, Tao S S. Modelling long-term joint distribution of significant wave height and mean zero-crossing wave period using a copula mixture[J]. Ocean Engineering, 2019, 197: 106856.

[62] Mase H. Multi-directional random wave transformation model based on energy balance equation[J]. Coastal Engineering Journal, 2001, 43(4): 317-337.

[63] Nadaoka K, Beji S, Nakakawa Y. A fully-dispersive nonlinear wave model and its numerical solutions. Proceedings of the 24th International Conference on Coastal Engineering[C], ASCE, Kobe, Japan, 1994: 427-441.

[64] Romate J E. Absorbing boundary conditions for free surface waves[J]. Computational Physics, 1992, 99: 135-145.

[65] Tabet-Aoul E, Lambert E. Tentative new formula for maximum horizontal wave forces acting on perforated caisson[J]. Journal of Waterway, Port, Coastal, and Ocean Engineering, 2003, 129(1): 34-40.

[66] Takahashi S. Design of vertical breakwaters[R]. Yokosuka, Japan: Port and Harbour Research Institute, 1996.

[67] Tao S S, Dong S, Wang N N, Guedes Soares C. Estimating storm surge intensity with Poisson bivariate maximum entropy distributions based on Copulas[J]. Natural Hazards, 2013, 68(2): 791-807.

[68] van der Meer J W, Regeling E, de Waal J P. Wave transmission: spectral changes and its effects on run-up and overtopping. Proceedings of the 27th International Conference on Coastal Engineering[C], 2000: 2156-2168.

[69] Wang D X, Dong S, Sun J W. Numerical modeling of interactions between waves and the Jarlan-type caisson breakwater using OpenFOAM [J]. Ocean Engineering, 2019, 188: 106230.

[70] Zhuang F, Lee J J. A viscous rotational model for wave overtopping over marine structure. Proceedings of the 25th International Conference on Coastal Engineering[C], ASCE, Orlando, Florida, 1996: 2178-2191.